VERSCHOLLEN AM
Mount
Everest

PETER FIRSTBROOK

VERSCHOLLEN AM Mount Everest

Die spektakuläre Suche nach George Mallory

Die Deutsche Bibliothek – CIP-Einheitsaufnahme –
Ein Titeldatensatz für diese Publikation ist bei Der Deutschen Bibliothek erhältlich.

Copyright © BBC Worldwide Ltd 1999
Copyright © am Text weltweit bei Peter Firstbrook
This translation of VERSCHOLLEN AM MOUNT EVEREST
first published in 1999 by BBC Books under the title LOST ON EVEREST
is published by arrangement with BBC Worldwide Limited

Bildnachweis:
Cover vorne: John Noel Photographic Collection (Ausschnitt)
Cover hinten: George Ingle Finch Photographic Archive (oben Mitte), Royal Geographic Society (oben rechts, unten), Salkeld Collection (oben links)
Innenteil:
Alpine Club 4 unten rechts, 5 unten rechts; © BBC 10 unten, 12, 13 unten, 14, 16; British Library (WD3114) 2 unten; Chinese Mountaineering Association 11; George Ingle Finch Photographic Archive 9; John Noel Photographic Collection 1 unten rechts, 4 unten rechts, 6 oben, 7 unten, 15; Royal Geographic Society 1 unten, 2 oben, 3 oben (© Noel Collection), 3 unten, 4 oben links und rechts, 5 oben links und rechts, unten rechts, 6 unten (© Noel Collection), 7 oben, 8, 10 oben, 13 oben (© Noel Collection); Salkeld Collection 1 oben

ISBN 3-933731-20-8 – 1. Auflage 1999
Covergestaltung: Susanne Gebert
Satz: Reiner Swientek Fotosatz
Copyright © der deutschen Ausgabe
Burgschmiet Verlag GmbH,
Burgschmietstraße 2-4, 90419 Nürnberg

Alle Rechte vorbehalten

Ins Deutsche übertragen von Martin A. Baltes

Printed in Germany

Inhalt

Karten	6
Danksagungen	11
Einleitung	17
KAPITEL EINS Ein geringes Maß an Sicherheit	25
KAPITEL ZWEI ‚Haben Sie schon was vor?'	45
KAPITEL DREI ‚Näher am Himmel, als man sich vorzustellen wagte'	65
KAPITEL VIER ‚Der Einsatz hat sich gelohnt'	77
KAPITEL FÜNF ‚Die Zukunft verspricht, abenteuerlich zu werden'	105
KAPITEL SECHS ‚Ein teuflischer Berg'	135
KAPITEL SIEBEN ‚Eine triste Welt aus Schnee und schwindenden Hoffnungen'	173
KAPITEL ACHT ‚Ein Berg des schönen Gedenkens'	215
KAPITEL NEUN ‚Ein Treffen – jetzt und mit allen!'	251
KAPITEL ZEHN ‚Weil Mallory Mallory war'	293
ANHANG I Glossar	319
ANHANG II Personen	323
Anmerkungen	333
Ausgewählte Bibliographie	347

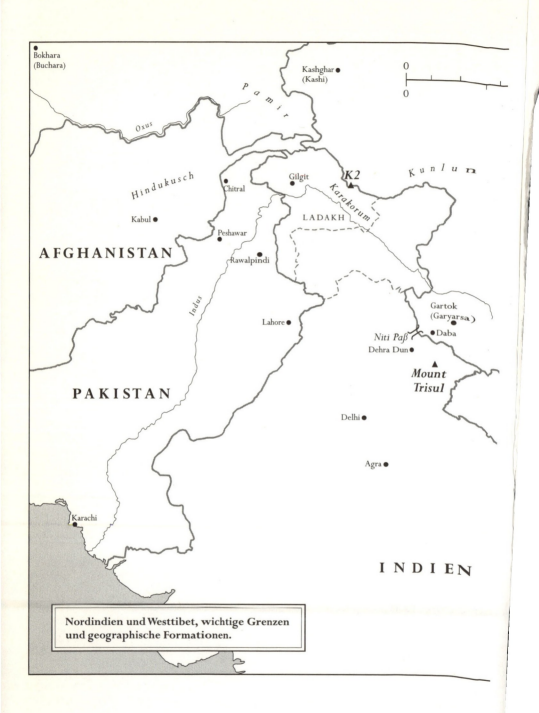

Nordindien und Westtibet, wichtige Grenzen und geographische Formationen.

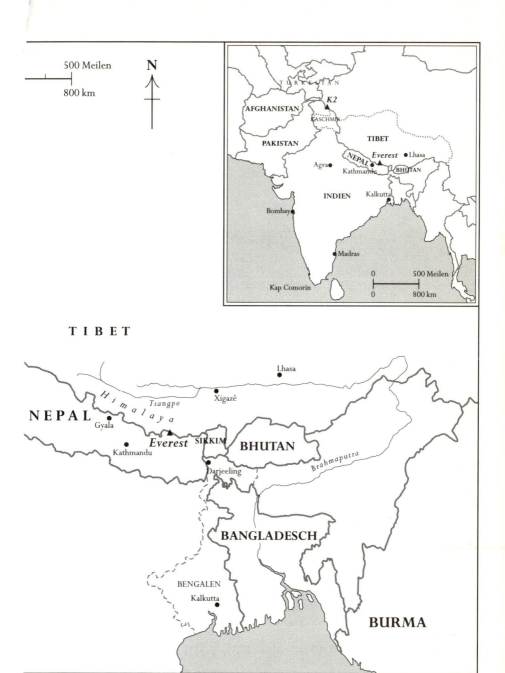

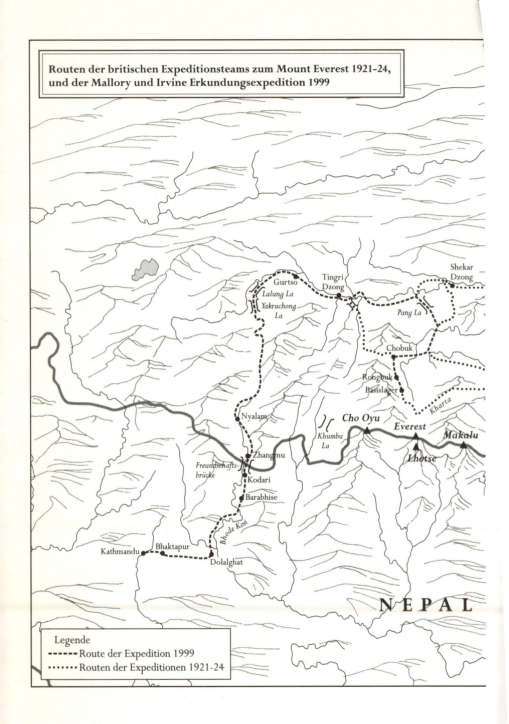

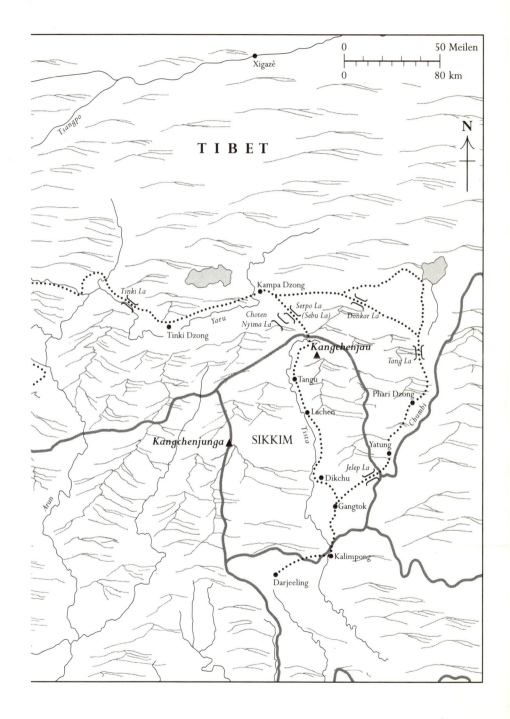

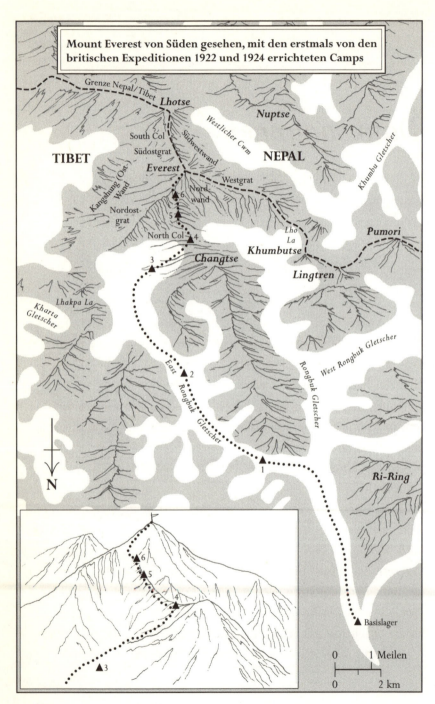

Danksagungen

Im Jahr 1971 veröffentlichte der Amerikaner Tom Holzel einen Artikel über das rätselhafte Verschwinden von Mallory und Irvine und belebte damit erneut die Auseinandersetzung darüber, was mit den beiden Bergsteigern im Jahr 1924 geschehen war. Seither haben Holzel und die britische Historikerin Audrey Salkeld das Interesse an den beiden mit immer neuen, äußerst informativen Veröffentlichungen wachgehalten. Jochen Hemmleb hat, selbst von den Veröffentlichungen der beiden angeregt, wichtige Nachforschungen für unsere eigene Expedition angestellt.

Kein Buch könnte über George Mallory geschrieben werden, ohne sich der drei Biographien – von David Pye, David Robertson und Dudley Green – über ihn zu bedienen. Walt Unsworths *Everest* ist eine unschätzbare Informationsquelle über den größten Berg der Erde. Der *Alpine Club*, die *Royal Geographical Society* und das *Magdalene College* in Cambridge verfügen alle über wichtige Dokumente, und ich bin den dortigen Verantwortlichen für ihre Hilfe zu großem Dank verpflichtet.

Meinen Dank möchte ich auch denen aussprechen, die ihr Leben im Berg riskiert haben: den Kletterern Conrad Anker, Dave Hahn, Jake Norton, Andy Politz, Tap Richards und Eric Simonson, den Sherpas Ang Passang, Danuru, Dawa Nuru (Sirdar), Kami, Lakpa Rita, Panuru, Phinjo und Tashi.

Danken möchte ich außerdem den Filmemachern, die auf dem Berg dabei waren: Liesel Clark, Ned Johnston, Thom Pollard und Jyoti Lal Sana; und ganz besonders auch Graham Hoyland, der dreißig Jahre lang davon träumte, nach Mallorys Kamera zu suchen. Bei der *BBC Worldwide* möchte ich Sheila Ableman und Katy Lord besonders hervorheben, die mir beim Schreiben dieses Buches stets geholfen haben.

Von Anfang an haben die Familien von Mallory und Irvine unsere Dokumentation unterstützt und das plötzliche Interesse der Öffentlichkeit im Mai 1999 mit Geduld und großer Würde gemeistert. Wir sollten nie vergessen, daß es sich für sie um eine Familienangelegenheit handelt.

Schließlich möchte ich noch meiner Frau und meinen Kindern danken, die ohne mich auskommen mußten – wieder einmal.

Ich habe nichts unversucht gelassen, eine Abdruckerlaubnis für die im Buch verwendeten Materialien zu erhalten, und gehe davon aus, diese Aufgabe vollständig erledigt zu haben. Aber trotz aller Sorgfalt bei der Bearbeitung des Manuskripts bleibt meine größte Sorge, daß sich im Text noch immer Fehler verbergen. Sollte dies der Fall sein, ist das alleine meine Schuld. Ich hoffe nur, sie sind nicht so schwerwiegend, daß sie die Lektüre einer – hoffentlich – faszinierenden Geschichte verderben.

IN MEMORIAM

George Leigh Mallory
1886 – 1924

und

Andrew Comyn Irvine
1902 – 24

für Paula

Einleitung

‚Weil es ihn gibt'

George Leigh Mallory, 1923

Wenn man am Morgen im Rongbuktal aus seinem Zelt kriecht und sich nach Süden wendet, wirft man einen tiefen Blick in die Geschichte. Zwanzig Kilometer von hier entfernt – die trockene, klare Himalaya-Luft läßt es viel näher erscheinen – liegt der Mount Everest. Die gewaltige Nordseite dominiert das ganze Tal und überragt den im Vordergrund liegenden Changtse, der mit 7550 Metern selbst nicht gerade ein Zwerg ist.

Der Mount Everest – tibetisch Chomolungma „Göttin-Mutter" – beherrscht die unfruchtbare, felsige Mondlandschaft des Rongbuktal wie eine kolossale Zitadelle, eine Festung, die geduldig auf den nächsten Angriff wartet. Technisch gesehen ist der Everest nicht der am *schwierigsten* zu besteigende Berg, aber er ist der höchste. Und deshalb geht von ihm eine magische Anziehung aus wie von keinem anderen.

Mehr als tausend Kletterer haben den Gipfel der „Göttin-Mutter" bestiegen, einige Dutzend sogar ohne künstliche Sauerstoffversorgung. Aber alle, die sich in ihre Flanken wagten, kannten den Preis für mangelnde Demut: Seit 1922 sind hier über 160 Bergsteiger ums Leben gekommen. Extreme Höhe, eisige Kälte und mörderische Winde sorgen für eine äußerst unwirkliche Umgebung. Die Chancen, von der riskanten Gipfelbesteigung später *nicht* mehr berichten zu können, stehen etwa eins zu sechs.

George Leigh Mallory und Andrew „Sandy" Irvine waren nicht die ersten, die ihr Leben auf diesem Berg ließen. Im Jahr 1922 wurden sieben Sherpas von einer Lawine verschüttet, und 1924 starben zwei Gurkhas an Erfrierungen. Aber es sind die Namen Mallory und Irvine, die für immer untrennbar mit dem Everest verbunden sind. Sie waren die ersten, die beim Gipfelsturm untergingen. Ihr Tod schockierte eine ganze Nation. Niemand wollte glauben, daß Mallory, der große Held der Bergwelt, gescheitert war. Und doch, die beiden Kletterer blieben spurlos verschwunden, das größte Rätsel in der Geschichte des Alpinismus ungelöst. Die Geschichte von Mallory und Irvine hat denselben mystischen Rang wie Scotts Expedition zum Südpol oder Shackletons Mammutreise vom südlichen Polarmeer bis nach Südgeorgien. Seit einem dreiviertel Jahrhundert haben sich die Geschichtsbücher eingehend mit der Frage beschäftigt, was mit den beiden Männern geschah. Doch genauso lange hat der Everest dieses Geheimnis gehütet.

Am 29. Mai 1953 erreichten Edmund Hillary und der Sherpa Tenzing Norgay den Gipfel des Mount Everest und

EINLEITUNG

kehrten triumphierend zurück. Ihre sorgfältig geplante Besteigung des höchsten Gipfels der Erde gehört noch immer zu den größten Ereignissen der Nachkriegszeit, wobei zur stürmischen Begeisterung sicherlich auch die Tatsache beigetragen haben dürfte, daß die Erfolgsmeldung am Vorabend der Krönung von Queen Elizabeth II. in London eintraf. Dennoch blieben Zweifel, ob sie wirklich als erste ganz oben auf dem Dach der Welt gestanden hatten.

Hillary und Tenzing bestiegen den Berg über die Südseite von Nepal her. Auf dem Gipfel starrte Hillary, wie er selbst berichtet, durch seine dunklen Brillengläser und suchte nach Spuren der Vorkriegsexpedition. Aber wie in dieser extremen Umgebung, in einer Höhe von mehr als 8 000 Metern über dem Meeresspiegel, nicht anders zu erwarten sah er nichts als Schnee, Eis und nacktes Gestein.

Als Mallory und Irvine 29 Jahre vor Hillary und Tenzing den Berg bestiegen hatten, steckte das britische Hochgebirgsklettern noch in den Kinderschuhen. Es fehlte an Erfahrung, und der Everest war eine gänzlich unbekannte Größe. Die Briten unternahmen im Jahr 1921 zunächst eine Erkundungsexpedition, auf die aber schon 1922 ein ernsthafter Versuch folgte, den Gipfel zu bezwingen. Letzterer schlug leider fehl, aber als man es dann zwei Jahre später noch einmal in Angriff nahm, war man sehr zuversichtlich.

Die britische Everestexpedition von 1924 traf im März in Darjeeling ein. Damals konnte man nur zu Fuß von Indien nach Tibet gelangen, und die Expedition brauchte, unterstützt von einer ganzen Armee von Trägern und Sherpas, allein schon mehrere Wochen bis ins Basislager. Im Mai 1924 wurden mehrere Anläufe unternommen, um den Gipfel zu bezwingen – jedoch ohne Erfolg. Anfang Juni, kurz vor dem Sommermonsun und den schweren Schneefällen, die weitere Versuche wegen der großen Lawinengefahr zu gefährlich machten, blieb der Expedition nur noch Zeit für einen allerletzten Versuch. Danach mußte sie sich aus dem Gebirge zurückziehen. Übertragen wurde die verantwortungsvolle Aufgabe dem erfahrensten Bergsteiger im Team: George Mallory.

Zur Überraschung der anderen Expeditionsmitglieder (und aller Historiker seither) wählte Mallory den relativ unerfahrenen Andrew Irvine als Partner. Mit 22 Jahren war Irvine der jüngste Teilnehmer der gesamten Unternehmung. Er hatte am Merton College in Oxford Ingenieurwissenschaften studiert und vertrat die berühmte Universitätsstadt bei Wettkämpfen sowohl im Rudern als auch im Squash. Im Bergsteigen war er zwar relativ unerfahren, aber Irvine als Partner mitzunehmen, brachte Mallory einige entscheidende Vorteile: Irvine war jung, gesund und mit Begeisterung bei der Sache; am wichtigsten aber waren seine technischen Kenntnisse, um den Betrieb der störanfälligen Sauerstoffgeräte sicherzustellen.

Am 7. Juni 1924 stiegen die beiden Männer hinauf in das Zweimannzelt, das in einer Höhe von 8170 Metern einsam an der Nordseite hing. Hier verbrachten sie ihre letzte Nacht. Die Bedingungen waren gut, das Wetter schien zu halten. Sie hatten allen Grund, optimistisch zu sein. Mallory war schon bei den vorangegangenen Everestexpeditionen dabei gewesen und kannte den Berg gut. Die Bergsteiger wußten auch, welche

EINLEITUNG

zusätzlichen Probleme sie in großer Höhe erwarteten, doch ihre sperrigen Sauerstofftanks – Garanten für das Erreichen des Gipfels – waren leichter und zuverlässiger als je zuvor. Das wichtigste jedoch war Mallorys bemerkenswerte Entschlossenheit. Er war 38 Jahre alt und wußte, daß dies seine letzte Chance war, sich zu verewigen: als der Mann, der den Everest bezwungen hatte. Kaum ein Expeditionsteilnehmer hatte Zweifel – weder an seinen Fähigkeiten noch an seinem Erfolg.

Am Morgen des 8. Juni 1924 brachen Mallory und Irvine sehr früh vom Camp VI auf und kletterten in die Geschichte. Noel Odell, einer ihrer Teamgefährten, befand sich an diesem Tag zu ihrer Unterstützung ebenfalls im Berg. Er war der letzte, der die beiden lebend zu Gesicht bekommen sollte: um 12.50 Uhr, nur rund 240 Meter unterhalb des Gipfels und noch immer „entschlossen auf ihrem Weg nach oben". Schon wenige Minuten später waren die beiden Bergsteiger jedoch in einem Schneesturm verschwunden und wurden nie mehr gesehen. Odells letzter Eindruck löste eine leidenschaftlich geführte Debatte darüber aus, ob Mallory und Irvine es schafften, vor ihrem Verschwinden den Gipfel zu erreichen oder nicht.

Unsere Expedition des Jahres 1999, die aus britischen und amerikanischen Bergsteigern sowie einem Kamerateam bestand, erregte weltweit Aufsehen, als bekannt wurde, daß wir Mallorys Leiche gefunden hatten. Heute wissen wir, daß die beiden Bergsteiger an der Nordseite starben. Aber hatten sie zuvor den Gipfel erreicht? War ihnen für einen Augenblick das Glück vergönnt, auf die majestätischen Gipfel unter sich zu blicken, in der Gewißheit, als erste Menschen auf dem Dach der Erde zu stehen, und mit dem Gefühl, daß ihnen die ganze Welt zu Füßen lag?

Im Lauf der Jahre gab es widersprüchliche Informationen über die Ereignisse des letzten Tages – genug Material, um eine leidenschaftliche Auseinandersetzung zu führen, aber zu wenig, um Licht in die Sache zu bringen. Im Jahr 1933 entdeckte eine britische Expedition auf einer leicht abfallenden Felsplatte einen Eispickel, der später als derjenige von Andrew Irvine identifiziert werden konnte. Aber war er dort vielleicht bei einer Rast liegengeblieben? Oder ihm beim Sturz in die Tiefe aus der Hand gefallen?

Nach dem Zweiten Weltkrieg wurde Bergsteigern aus dem Westen die Einreise nach Tibet verwehrt, und so kam es zu keinen weiteren britischen Besteigungsversuchen über die Nordseite. Dafür stand die Südroute über Nepal offen, über die Hillarys Expedition 1953 den Gipfel erreichte.

Chinesische und russische Teams versuchten es jedoch weiterhin über die Nordroute. Im Jahr 1979 unternahm ein japanisches Team mit Unterstützung chinesischer Bergsteiger die erste nicht-kommunistische Erkundung des Berges seit dem Krieg. Ein zufälliges Gespräch zwischen dem Führer des japanischen Teams und Wang Hung-bao, einem chinesischen Bergsteiger, brachte eine erstaunliche Geschichte zutage.

Wang erzählte dem Japaner, er sei 1975 bei einer Expedition auf der Nordseite in einer Höhe von etwa 8 150 Metern auf die Leiche eines Mannes gestoßen, den er für einen

EINLEITUNG

Engländer gehalten habe. Mit Gebärden brachte er zum Ausdruck, wie die Leiche bekleidet war. Die Art der Kleidung, der Zustand des Leichnams und seine Lage auf dem Berg ließen vermuten, daß es sich um einen der beiden verschwundenen Engländer handelte, aber niemand wußte, ob es Mallory oder Irvine war. Die Neuigkeit verbreitete sich wie ein Lauffeuer. Doch der Everest gibt seine Geheimnisse nicht so leicht preis, und das Schicksal schlug erneut zu, als Wang am nächsten Tag in einer Lawine ums Leben kam. Niemand konnte die Details seiner Geschichte bestätigen.

Die Beweisstücke sind faszinierend, aber sie sind nichts weiter als Hinweise darauf, was den Bergsteigern zugestoßen ist. Mallorys Freunde waren sich sicher, daß er bis zum Gipfel weitermarschiert wäre, ganz gleich, was sich ereignet hatte. Er war besessen davon, den Everest zu bezwingen, koste es, was es wolle. Ohne weitere Beweise würde das Rätsel jedoch nicht gelöst werden können.

Im Jahr 1999 jährte sich der Tod der beiden englischen Bergsteiger zum 75. Mal. Es schien an der Zeit, einen neuen Blick auf die Ereignisse vom Nachmittag des 8. Juni 1924 zu werfen. Mittels einiger Berechnungen und neuer Erkenntnisse über die Lage des Camps der chinesischen Expedition von 1975 waren wir zuversichtlich, eine Suche nach neuen Beweisen mit Erfolg durchführen zu können.

Einige hunderttausend Pfund und mehrere Monate Vorbereitung brachten eine Gruppe erfahrener Bergsteiger und ein Fernsehteam auf die Nordseite des Everest. Der Einsatz für alle Beteiligten war hoch, die Aussichten vage, das Wetter unbeständig. Krankheit, Unfälle, starke Winde oder schon eine dünne Schneeschicht konnten die Suche in dieser Höhe vereiteln. Aber wir hatten Glück. Am 1. Mai 1999 um 11.45 Uhr schrieb der Bergsteiger Conrad Anker Geschichte: Er fand die Leiche des Mannes, der für den Everest gelebt hatte und schließlich auch für ihn gestorben war. Er fand die Leiche von George Mallory.

KAPITEL EINS

Ein geringes Maß an Sicherheit

‚Er liebte es zweifellos, Risiken einzugehen, oder vielleicht ist es richtiger zu sagen, ein Leben lang Dinge mit einem nur geringen Maß an Sicherheit zu tun.'

David Pye über George Mallory

Im Sommer 1909, im Alter von 23 Jahren, erhielt George Mallory die Einladung zu einer Klettertour in den Alpen. Er hatte gerade seinen Abschluß in Cambridge gemacht und, obwohl er kein sonderlich erfahrener Bergsteiger war, ließen seine gelegentlichen Ausflüge ins Hochgebirge bereits eine außerordentliche Begabung erkennen. Zwei Begebenheiten, die sich in jenem Sommer in den Alpen ereigneten, vermitteln einen ersten Eindruck von dem Bergsteiger George Mallory.

Die erste Begebenheit ereignete sich bei einer Überquerung von Mallorys Gruppe am schwierigen Südgrat des Finsteraarhorns. Es war ein sonniger, aber sehr kalter Tag. Geoffrey Winthrop Young erinnerte sich später: „Die Kälte auf dem extrem hohen und exponierten Kegel ließ einen regelrecht erstarren. Selbst die Schneehaut der Felsen schien davon Runzeln zu bekommen... George jagte mir noch einen zusätzlichen Schrecken ein, als er den Vorschlag machte –

wahrscheinlich war es Galgenhumor –, wir sollten den Weg abkürzen und uns einfach die schrecklich eisige, unendliche Westflanke hinuntergleiten lassen." [1]

Die Bergsteiger erreichten den Gipfel, aber es war kein Tag zum Verweilen. Also übernahm Mallory die Führung über den Abstieg der Gruppe an der Nordseite des Berges. Young war noch nicht sehr weit über den steilen Grat gegangen, als er bemerkte, daß Mallory vergessen hatte, sich anzuseilen. Mallory hing an einer besonders ungeschützten und gefährlichen Stelle mit nur einem Tritt, den er in die Eisplatte gepickelt hatte – ohne jegliche Absicherung. Fast zwei Kilometer unter ihm lag der Finsteraarhorn-Gletscher.

Young war entsetzt. Er wollte Mallory auf keinen Fall erschrecken, und so schrie er nicht, sondern flüsterte ihm zu, er solle genau dort bleiben, wo er sei, und sich keinen Zentimeter weiterbewegen. Unterdessen näherte sich Young Donald Robertson, dem zweiten Kletterer, um vorsichtig nach unten abzusteigen und Mallory mit dem Seil zu sichern, das dieser nach ihrer Rast auf dem Gipfel vergessen hatte anzulegen. Robertson rutschte ein wenig ab und machte dabei einen solchen Lärm, daß Mallory sich auf seiner kleinen Eisstufe abrupt umdrehte. Young war sicher, Mallory würde in die Tiefe stürzen. Er konnte fast nicht hinsehen, solche Verrenkungen machte dieser so hoch über dem Gletscher.

Mallory jedoch behielt das Gleichgewicht und zeigte wenig Verständnis für die Ernsthaftigkeit der Lage, in die er sich selbst gebracht hatte. Anschließend aber beendete eine doch sehr stille und ernste Seilschaft an diesem Nachmittag den langen Abstieg vom Finsteraarhorn. Young erinnerte sich später: „Meine Panik war unbegründet, die Absicherung durch ein Seil bedeutete Mallory gar nichts. Er hatte einen so sicheren Tritt und war so flink wie die sprichwörtliche Bergziege."[2]

Die zweite Begebenheit ereignete sich nur wenige Tage später, um 6 Uhr abends, am Ende eines langen Tages, den sie mit dem Versuch verbracht hatten, den noch nie bestiegenen Südostgrad des Nesthorns zu bezwingen. Mallory hatte gerade erst die Führung der Gruppe übernommen und versuchte, einen Weg um die vierte und letzte senkrechte Spitze in der Nähe des Gipfels zu finden. Er befand sich etwa sechs Meter über Young; Donald Robertson war von einer Kante verdeckt. Zu beiden Seiten verschwand der Grat unter ihnen in der Abenddämmerung.

Mallory hatte einen Überhang vor sich, der sich als große Schwierigkeit für das Weiterkommen auf der Nordseite entpuppte. Mit einem kraftvollen Schwung versuchte er, das Hindernis zu überwinden und stürzte dabei rückwärts von der Felswand. Er fiel ganze zwölf Meter in die Tiefe, bevor Young merkte, was passiert war und den freien Fall mit dem Seil abbremsen konnte. Später schrieb Young über die Besteigung: „Ich sah nur noch, daß seine Stiefel nicht mehr an der Wand waren, kein Abrutschen, kein Geräusch war zu hören, nur ein grauer Blitz flimmerte an mir vorbei in die Tiefe, bis ich ihn nicht mehr sah. Der Fels, an dem er sich zuvor so lange festgehalten hatte, hing so stark über, daß er von dem Moment an, als er abrutschte, nirgends mehr Halt finden konnte, bis das Seil seinen Fall auf halbem Weg über dem Gletscher stoppte."[3]

Young war schockiert: „Zunächst konnte ich nichts tun, als ihn zu halten und zu warten, bis die Pendelbewegung des straff gespannten Seils nachließ. Auf meine ersten vorsichtigen Rufe hin erhielt ich keine Antwort. Dann kam aus dem Nichts eine ruhige Stimme, die verlangte, mehr Seil zu geben und ihn ‚abzulassen.'... Er hatte im Fallen nicht einmal seinen Pickel losgelassen. Der ganze Vorfall hatte sich so schnell und ohne Emotionen ereignet – fast bin ich versucht zu sagen mit einer gewissen Noblesse – daß Donald, zwanzig Fuß unter uns und hinter einem Felsvorsprung verborgen, auf der Nordseite gar nicht mitbekommen hatte, was geschehen war. Solange wir im Berg waren, verrieten wir es ihm auch nicht."[4]

Als Mallory wieder auftauchte, wirkte er ganz munter, kletterte an Young vorbei und führte weiter den Grat hinauf. Aber trotz seiner Unbekümmertheit hatte er großes Glück gehabt, denn später fanden sie heraus, daß das Seil für eine solche Belastung eigentlich zu schwach war. Die drei Freunde kletterten weiter, und ihnen gelang tatsächlich die Erstbesteigung des Nesthorn über den Südostgrad. Erst nach Mitternacht erreichten sie wieder ihr Hotel. Mallory schrieb anschließend an seine Mutter: „Wir waren einundzwanzig Stunden unterwegs und im großen und ganzen sehr zufrieden mit uns. Bei schlechtem Wetter waren wir losgezogen, aber es klärte sich auf und wurde wunderschön."[5] Seinen beinahe fatalen Sturz ließ er unerwähnt.

Diese beiden Vorfälle innerhalb nur weniger Tage werfen ein bezeichnendes Licht auf Mallorys Charakter. Sich nicht anzuseilen, ist eine alarmierende Form von Fahrlässigkeit. Das schlimmste daran aber ist, daß man damit nicht nur sich selbst, sondern auch seine Gefährten in Gefahr bringt.

Zugegeben, Mallory war damals noch ein Anfänger, die grundlegenden Sicherheitstechniken aber werden jedem Bergsteiger schon in der allerersten Stunde eingeschärft, und deshalb verrät uns dieser Vorfall mehr über seine chronische Vergeßlichkeit als über seine Unerfahrenheit. Überhaupt war er in praktischen Dingen meist nicht richtig bei der Sache und mußte sich wirklich bemühen, sich an die einfachsten Sicherungsvorkehrungen zu erinnern, die anderen erfahrenen Kletterern in Fleisch und Blut übergegangen sind. Dies war ein Problem, mit dem er ein Leben lang zu kämpfen hatte und das auch maßgeblich dafür gewesen sein könnte, daß ihm 1924 die Position des Expeditionsleiters am Everest verwehrt blieb, obwohl er als einer der erfahrensten Bergsteiger der Welt galt. General Charles Bruce, der die Expedition leitete, sagte einmal über ihn: „Er ist ein klasse Bursche, läßt aber überall seine Stiefel herumstehen." [6]

Trotzdem überwogen Mallorys Fähigkeiten im Berg bei weitem seine Schwächen. Sein sicherer Tritt auf dem eisigen Grat, als er sich abrupt umdrehte, um nach der Ursache für die Geräusche zu sehen, war eine eindrucksvolle Demonstration seines Gleichgewichtssinns und seiner Gelenkigkeit. Später, als er mehr Erfahrung gesammelt und sich im Lauf der Jahre stark verbessert hatte, waren viele Menschen von seinen Fähigkeiten so beeindruckt, daß sie ihn für unfehlbar hielten. Andere hingegen hielten ihn für anmaßend oder zumindest für vorschnell in seinen Urteilen. War er impulsiv und geistesabwesend und deshalb immer potentiell eine Gefahr im Berg? Oder war er ein außergewöhnlicher Kletterer, dessen Fähigkeiten die der meisten anderen bei weitem überstiegen? Das waren die Fragen, die viele Kletterkameraden bereits vor Mallorys Tod beschäftigten.

Einige Jahre später verbrachte Mallory Ostern in Pen-y-Pas auf einem der beliebten Frühjahrstreffen für Kletterer in Wales. In diesem Jahr waren einige sehr erfahrene Bergsteiger gekommen, darunter auch Dr. Karl Blodig, ein ausgezeichneter österreichischer Bergsteiger, der bereits die meisten 4000er in den Alpen bestiegen hatte. Bei einer besonders anspruchsvollen Passage, bei der es einen Eiskamin zu erklimmen galt, beobachtete Blodig Mallory. Später schrieb er: „...mit viel Schwung und einer wunderbaren Technik arbeitete (er) sich die glatte Oberfläche hinauf, bis er aus unserem Sichtfeld verschwand. Begeisterte ‚Hurra' und ‚Bravo'-Rufe würdigten diese außerordentliche Demonstration bergsteigerischen Könnens."[7] Obwohl Blodig von Mallorys Kletterkünsten überaus angetan war, machte er sich schon damals Sorgen wegen seiner mangelnden Besonnenheit. Eines Abends ließ er sich sogar zu einer erschreckend prophetischen Bemerkung hinreißen: „Dieser junge Mann wird nicht lange leben!"[8]

Mallory war erschüttert über diese Äußerung, aber seine Freundin Cottie Sanders sprang ihm sofort zur Seite: „Gemessen an seinen eigenen Standards hat er besonnen gehandelt. Nur waren seine Standards nicht die eines mittelmäßigen Kletterers. Schwierige Felsen waren zu seiner natürlichen Umwelt geworden. Seine Ausdauer, seine Kraft und seine bewundernswerte Technik verliehen ihm eine katzenartige Beweglichkeit, mit der er sich auch in Felsen absolut sicher bewegte, die weniger gute Kletterer als großes Kletterwagnis einstuften ... Nicht ein einziges Mal habe ich ihn an steilen Felsen etwas Rücksichtsloses oder Unüberlegtes tun sehen. Er haßte die unverantwortliche Dummheit und Ignoranz, die ahnungslose Menschen in gefährliche Situationen brachte."⁹

Geboren wurde George Mallory am 18. Juni 1886 in Mobberley, Cheshire, einem ländlichen Städtchen etwa 24 Kilometer südlich von Manchester. Mallorys Vater, Herbert, war der Geistliche von Mobberley und zugleich Gutsherr. Mit seiner Frau Annie hatte er vier Kinder: Mary, George, Victoria (Avie) und Trafford, der später Vizeluftkommandeur der Royal Air Force wurde.

Für die Kinder war Mobberley ein kleines Paradies. Dort konnten sie auf Bäume klettern und auch am Bach gab es immer etwas zu entdecken. Mallorys jüngere Schwester erinnerte sich gerne an ihre Kindheit zurück: „Es machte immer viel Spaß, etwas mit George zu unternehmen. Er hatte die Gabe, alle Dinge interessant zu machen und oftmals auch recht gefährlich. Er kletterte auf alles, worauf man gerade noch klettern konnte. Sehr früh lernte ich, daß es ein Fehler war, ihm zu sagen, ein Baum sei zu hoch für ihn."¹⁰

Die Kinder führten ein idyllisches Leben, ohne von den moralischen Wertvorstellungen des spätviktorianischen England allzu sehr eingeengt zu werden. Avie erinnerte sich, daß sie und ihre Geschwister im Vergleich zu anderen widerspenstig waren und schlechte Manieren hatten. Einmal wurde George im Alter von sieben Jahren auf sein Zimmer geschickt, weil er sich zur Teezeit nicht anständig benommen hatte. Kurz darauf war er nirgendwo mehr zu finden, bis man ihn schließlich auf dem Dach der Kirche entdeckte. Zu seiner Rechtfertigung sagte er, er sei ja auf sein Zimmer gegangen, aber nur, um seine Mütze zu holen.

Hochwürden Herbert Leigh Mallory war ein freundlicher Mann, galt aber als recht distanziert und gleichgültig gegenüber seiner Gemeinde. Er war das jüngste von zehn Kindern, die alle in Manor House in Mobberley zur Welt gekommen waren. Die Mallorys waren mit der alten Cheshire Leigh Familie aus High Leigh verwandt und hatten seit über 200 Jahren den Pfarrer und Gutsherren von Mobberley gestellt. Herbert setzte diese Tradition fort, als er 1885 das Amt von seinem Vater übernahm. Ob er seine Tätigkeit als Berufung verstand oder darin nur eine angenehme Art sah, seinen Lebensunterhalt zu bestreiten, läßt sich heute nicht mehr mit Sicherheit in Erfahrung bringen. Fest steht jedenfalls, daß ihm die Stellung in Mobberley vorherbestimmt war. Man kann davon ausgehen, daß George sehr an seinem Vater hing. Nach allem, was die Leute über ihn berichteten, muß er ein freundlicher und verständiger Vater gewesen sein.

George Mallorys impulsiver und waghalsiger Charakter zeichnete sich bereits in frühester Jugend ab. Als er acht oder neun Jahre alt war, verbrachte seine Familie den Sommer in dem Badeort St. Bees im Lake District. George fragte sich, wie es wohl sei, wie ein Gestrandeter von der Flut eingeschlossen zu sein, und so kletterte er bei Ebbe auf einen großen Felsen und wartete auf die Flut. Allerdings hatte er nicht berechnet, daß der Fels selbst von der Flut überspült werden würde. Schon bald stand ihm das Wasser bis zu den Füßen. Seine Großmutter flehte einen Badegast an, den Jungen zu retten. Der unfreiwillige Freiwillige watete hinaus in die Flut und nach einigen Versuchen hatte er schließlich Erfolg. Doch George schien der Vorfall nicht im geringsten beunruhigt zu haben.

Einmal ertappte ihn seine Mutter, wie er ein großes Eisenpier hinaufkletterte. Sofort mußte er wieder heruntersteigen, und während seine Mutter sich um ihn ängstigte, schien er in völliger Gleichmut an den Streben hinunterzuklettern. Seiner Schwester sagte er, es sei ganz ungefährlich, sich zwischen Eisenbahnschienen zu legen und einen Dampfzug über sich fahren zu lassen (glücklicherweise führte er dieses Experiment nie durch). Ein andermal kletterte er die Regenrinne seines Elternhauses hinauf bis aufs Dach und das bereits mit der Fähigkeit und Fertigkeit eines geborenen Bergsteigers. David Pye, ein Freund aus Cambridge-Tagen und Mallorys erster Biograph, schrieb: „Er liebte es zweifellos, ein Leben lang Risiken einzugehen, oder vielleicht ist es richtiger zu sagen, Dinge zu tun mit einem nur geringen Maß an Sicherheit. Den Zug erreichte er immer gerade noch fünf Sekunden und nicht fünf Minuten, bevor er abfuhr: etwas, worüber sich seine Freunde regelmäßig ärgerten und auch dadurch nicht zu beschwichtigen waren, daß er sich damit rechtfertigte, den Zug ja doch noch bekommen zu haben."[11]

Damals war es üblich, selbst Jungen aus nur einigermaßen wohlhabenden Mittelstandsfamilien aufs Internat zu schicken, und als 1896 der Rektor der Schule von West Kirby starb, kam George nach Glengorse, einem Internat in Eastbourne an der Südküste Englands. Er schien sich dort äußerst wohl zu fühlen, nach zwei Jahren aber lief er zusammen mit einem anderen Jungen davon – offensichtlich nur, weil der andere Junge nicht allein fortlaufen wollte. Es dauerte nicht lange, bis einer der Hilfslehrer die beiden Missetäter einholte. Das einzige, was George als Gepäck mitgenommen hatte, waren seine Geometriebücher, die er zuvor fein säuberlich in braunes Papier eingeschlagen hatte. Der Lehrer versprach den Jungen, sie nicht zu bestrafen, wenn sie freiwillig mit zurück nach Glengorse kämen – ein Versprechen, das sich leicht geben ließ und sofort gebrochen wurde, als sie zurückkehrten. George war außer sich angesichts dieses Verrats.

Im Jahr 1900 erhielt George im Alter von 14 Jahren ein Mathematikstipendium für das Winchester College. Kurz nach seiner Ankunft dort schrieb er an seine Mutter: „Hier gefällt es mir viel besser – viel besser als in Glengorse. Auch die *Männer* mag ich lieber. (Statt ‚Burschen' sagen wir immer ‚Männer'.) Wir müssen sehr hart arbeiten, und ich fürchte, ich werde euch eine sehr teure Bücherrechnung bescheren."[12]

George hatte Glück. Sein Betreuungslehrer in Winchester war ein erfahrener Kletterer namens Graham Irving, der regelmäßig mit einem anderen Lehrer zum Bergsteigen ging. Als dieser Freund starb, suchte Irving unter den älteren Jungen der Schule nach Ersatz. Er wollte jemanden ausbilden, um bei seinen alpinen Exkursionen eine Begleitung zu haben. Zwei Jungen schienen in die engere Wahl zu kommen: George Mallory und sein Freund Harry Gibson (der bereits einmal in den Alpen gewesen und zu einem begeisterten Gebirgswanderer geworden war). Das war der Zeitpunkt, als Mallory anfing, von Grund auf richtig klettern zu lernen. Ihre kleine Klettergruppe nannten sie den Winchester Ice Club, dessen Präsident Irving war. Weitere Schüler-Mitglieder waren Harry Gibson, George Mallory, Guy Bullock und Harry Tyndale.

Im Sommer 1904 machte der achtzehnjährige Mallory seinen ersten Kletterbesuch in den Alpen. Die Gruppe fuhr nach Bourg St-Pierre, mit der Absicht, den Mont Vélon zu besteigen, einen 3650 Meter hohen und technisch nicht sehr anspruchsvollen Berg. Für absolute Neulinge aber stellte er eine große Herausforderung dar, und beide Jungen wurden 180 Meter unterhalb des Gipfels höhenkrank und mußten umkehren. Trotz dieses unheilvollen Beginns nahm Mallory später erfolgreich noch an zwei weiteren Kletterexpeditionen mit Irving teil.

Nach der Rückkehr von seinem ersten Gipfel schrieb Mallory an seine Mutter: „Die letzten 700 Meter haben wir in guter Verfassung in nur einer halben Stunde geschafft. Der Grand Combin ist 14 100 Fuß hoch und der Blick vom Gipfel ist natürlich famos." [13]

Später, nach einer Unterbrechung wegen schlechten Wetters, kletterten sie noch eine Traverse über den Mont Blanc, vom Dôme bis zu den Grands Mulets. „Endlich, nach der langen Zeit, während der wir auf Grund der Stürme festsaßen und nur von ein paar Keksen und Honigresten lebten!" [14]

Vielen Menschen mag dieses Sommerklettern in den Alpen wie eine Feuertaufe erschienen sein. Und auch für Mallory war es Grund genug, im folgenden Jahr mit einer anderen Gruppe von Winchester-Schülern zurückzukehren. Zu ihnen gehörte auch Guy Bullock, der Mallory 1921 zu seiner Erkundungsexpedition an den Everest begleitete. Die beiden Sommer in den Alpen sollten einen dauerhaften Einfluß auf Mallory ausüben.

Zweifellos hinterließ auch Graham Irving einen bleibenden Eindruck. Sein Lehrer war ein erfahrener, aber widersprüchlicher Kletterer. Er gehörte zu den ersten, die sich für alpines Klettern ohne Führer einsetzten, was damals an sich schon eine radikale Position war, die von vielen älteren Bergsteigern verurteilt wurde. Sogar noch umstrittener war Irvings Gewohnheit, einige der leichteren Routen alleine in Angriff zu nehmen. Das galt als völlig unverantwortlich, und diese Haltung dem Klettern gegenüber stand in krassem Widerspruch zu den gängigen Ansichten in England zu jener Zeit.

Einige Jahre später, im Dezember 1908, hielt Irving eine Rede im renommierten *Alpine Club* in London – der ältesten, 1857 gegründeten, Bergsteigervereinigung der Welt. Sein Vortrag trug den Titel Fünf Jahre mit Anfängern. Er wußte, daß seine Ansichten über das Bergsteigen umstritten waren, und rechnete mit Kritik aus den Reihen der Zuhörer. In seiner anschließend im Alpine Journal veröffentlichten Rede stand: „Einigen von Ihnen mag es verantwortungslos erscheinen, sich über die Experten von Meiringen und Zermatt hinwegzusetzen. Es ist sogar möglich, daß man mich anklagt, die Jugend zu verderben..."[15]

Wie nicht anders zu erwarten, löste Irvings Rede im *Alpine Club* einen Sturm der Entrüstung aus und 14 Mitglieder der Organisation unterschrieben eine Erklärung, mit der sie jede Verantwortung ablehnten, „... für eine etwaige Ermunterung, Expeditionen auf diese Art durchzuführen, falls der Beitrag veröffentlicht werden sollte." [16]

Zurück in England im Herbst 1905 ist Mallory fest entschlossen, seine mit Irving neu erworbenen Fähigkeiten nicht gleich wieder zu verlieren. Seine Familie war im Jahr zuvor in die Gemeinde Birkenhead umgezogen, und bei einem seiner Besuche zu Hause bat er Harold Porter, einen Schulfreund, ihm zu helfen, das Dach des Pfarrhauses zu besteigen. Der Plan sah vor, aus einem der Fenster des oberen Stockwerks zu klettern und sich am überhängenden Dachgesims festzuhalten. Dann wollte sich Mallory kräftig abstoßen und mit einem Schwung aufs Dach hochziehen. Leider trat er beim Aufschwingen eine Fensterscheibe ein, die mit lautem Klirren zersprang, wodurch seine Mutter aufgeweckt wurde. Annie Mallory rannte ins Zimmer ihres Sohnes und entdeckte Mallorys Freund – dem die Situation äußerst peinlich war –, wie er verzweifelt ein Seil aus dem Fenster gleiten ließ, an dessen anderem Ende ihr Sohn befestigt sein mußte. Aber der war schon über das Dach das Hauses verschwunden. Harold Porter erinnerte sich: „... George rannte quer übers Dach zu einem ihm bekannten Abstieg auf der anderen Seite und ließ mich mit der peinlichen Aufgabe alleine, seine aufgewühlte Mutter zu beruhigen, bis er wieder auftauchte." [17]

Auch nach seiner Rückkehr ins Internat nach Winchester war Mallory auf außerschulische Heldentaten aus. Einmal bestieg er den Turm einer alten Kirche in Romsey. Ein andermal erklomm er denselben Turm, um den letzten Tag vor den Sommerferien zu feiern, indem er sich mit den Füßen gegen die Backsteine stemmte und die Schultern an den daneben stehenden Kamin preßte. 15 Meter unter ihm befand sich das Straßenpflaster, und natürlich hatte sich eine Gruppe von Schuljungen eingefunden, um bei seiner Heldentat dabeizusein. Einer der begeisterten Zeugen erinnerte sich später, ihm sei beim Anblick Mallorys in so großer Höhe beinahe schlecht geworden – ein anderer schrieb, ihm sei der Aufstieg wie Zauberei erschienen.

Man kann sich leicht vorstellen, welchen Einfluß Graham Irvings unkonventionelle Vorstellung vom Bergsteigen auf einen Schuljungen von Winchester hatte. Da war ein erwachsener Mann mit großer Bergerfahrung und einer echten Leidenschaft fürs Klettern, der den noch sehr jungen Mallory in die Alpen mitnahm und so seine lebenslange Liebe zum Klettern begründete. Und Irvings Stil und seine Technik waren den damals herrschenden Ansichten weit voraus und so verstärkte er natürlich Mallorys Neigung, waghalsig und unorthodox zu klettern.

Nach Mallorys Tod machte sich Graham Irving Vorwürfe, George in die Welt der Berge eingeführt zu haben, und fragte sich, ob er dadurch nicht in irgendeiner Weise an seinem Tod mitschuldig war. Er warf aber auch die Frage auf, ob das Bergsteigen nicht vielleicht unvermeidbar in Mallorys Leben war, kam aber zu dem Schluß, daß ein talentierter und tatendurstiger Mann wie George mit großer Sicherheit in einer Reihe von Sportarten Erfolg gehabt hätte.

Im Oktober 1905 wechselte George Mallory an das Magdalene College in Cambridge, um Geschichte zu studieren. In jenen Tagen herrschte an dem kleinen College eine sehr angenehme Atmosphäre. Es lag abgeschieden von den übrigen Colleges auf der anderen Uferseite des Cam und hatte nur etwa 50 Studenten. Zu den ersten Dingen, die Mallory tat, gehörte ein Besuch bei Arthur Benson, seinem neuen Tutor. Benson notierte in seinem Tagebuch: „Ich habe nie einen schlichteren, einfallsreicheren, natürlicheren und von Grund auf interessierteren Jungen gesehen. Er ist mir unterstellt worden, und der Gedanke daran erfüllt mich mit Freude. Er scheint voller Bewunderung für alle guten und edlen Dinge zu sein, ohne dabei altgescheit zu wirken." [18]

Mallory und sein Tutor wurden enge Freunde, und Benson riet seinem neuen Schützling, hart zu arbeiten und zu lesen, unter anderem auch Boswells *Denkwürdigkeiten aus Johnsons Leben,* womit die Begeisterung Mallorys für den berühmten Biographen Samuel Johnson begann. Der neue Student gab sich Mühe bei seinen Aufsätzen, schaffte es aber meistens nicht, sie rechtzeitig einzureichen. Er war auch im Ruderteam seines College, aber trotz seines Arbeitseifers und all der Freizeitangebote war er in seinem ersten Jahr dort nicht besonders glücklich. Im Vergleich zu Winchester empfand er Cambridge als „seicht".

Im zweiten Jahr sollte sich das aber ändern. Er lernte neue Freunde kennen, von denen sich einige später als äußerst einflußreich entpuppten. Dazu gehörten Charles Darwin (dessen Großvater über die *Entstehung der Arten* geschrieben hatte), der Zoologe A.E. Shipley, der begabte junge Dichter Rupert Brooke, der Ökonom Maynard Keynes und dessen Bruder Geoffrey.

Die Studienfreundschaften wurden für Mallory äußerst wichtig, und seine Kletterfreundin Cottie Sanders notierte einmal, daß George und seine Freunde „persönliche Beziehungen für so wichtig hielten, daß es darüber hinaus für sie nur ganz wenige Dinge gab, denen sie überhaupt Bedeutung beimaßen. Konventionelle Belanglosigkeiten bedeuteten ihnen gar nichts. Sie hingen sehr stark aneinander; sie standen sich näher als Brüder; es gab wirklich nichts, was der eine nicht für den anderen getan hätte." [19]

Politisch tendierten sie alle zu den Linksliberalen und Mallory wurde Mitglied der Cambridge Union Fabian Society, was seinen Vater sehr beunruhigte. Aber Mallorys hauptsächliches politisches Anliegen war das Wahlrecht für die Frau, und so wurde er Sekretär seines Colleges für das Komitee der Suffragettenvereinigung.

In seinem zweiten Studienjahr schnitt Mallory in den Examen gar nicht gut ab und schaffte nur eine Drei im ersten Teil der Geschichtsprüfung. Er bezeichnete das selbst als „wertlose Darbietung". Aber trotz der schlechten Resultate zeigte Mallory großes Interesse für Literatur und Malerei. Er ließ sich die Haare wachsen und trug „schwarze Flanellhemden und bunte Krawatten" – aber er gehörte nicht ausschließlich zur Gruppe der Ästheten und verlor nie seine Liebe für das Leben in der freien Natur.

In den Ferien ging Mallory mit seinem Bruder Trafford, Geoffrey Keynes und anderen Freunden klettern, meist in Wales oder im Lake District. Aber er hatte auch weiterhin großes Interesse am Rudern und wurde im Studienjahr 1907/1908 Steuermann des Magdalene Boat Club, ein Jahr, in dem das College übrigens außergewöhnlich gut abschnitt. Auch seine akademischen Leistungen verbesserten sich, und im zweiten Teil seiner Geschichtsprüfung schnitt er schon eine ganze Note besser ab.

Mallory genoß sein Abschlußjahr in Cambridge. Im Frühjahr wurde das Aufsatzthema für den Member's Prize bekanntgegeben: James Boswell, eines von Mallorys Lieblingsthemen. Er beschloß, am Wettbewerb teilzunehmen. In seinem Aufsatz analysierte er Boswells Charakter: „Hier lag sein Genius. Die Geschichte von Boswells Leben ist die Geschichte eines Kampfes zwischen Einflüssen und Ambitionen, die ihn letztlich zum Gemeinplatz führten, während die tief in seinem Inneren eingepflanzten außergewöhnlichen Qualitäten ihn unaufhörlich in die entgegengesetzte Richtung drängten."[20] Sein Fazit lautete, Boswell habe trotz seiner außergewöhnlichen Fähigkeiten als Biograph leicht ins Mittelmaß abrutschen können. Allein seine Entschlossenheit und sein Ehrgeiz hätten ihn davor bewahrt. Mallorys Kommentar zu Boswell gibt auch Aufschluß über sein eigenes Leben und seine eigenen Ziele.

Im Jahr 1909 begegnete Mallory auch dem zehn Jahre älteren, erfahrenen Bergsteiger Geoffrey Winthrop Young, der sein wichtigster Ansprechpartner in allen Kletterfragen wurde und mit dem ihn eine lebenslange Freundschaft verband. Nur wenige Wochen, nachdem sie sich kennengelernt hatten, gingen sie schon gemeinsam nach Wales zum Klettern. Bei diesen Treffen in Pen-y-Pas machte Mallory die Bekanntschaft einiger großer Pioniere des Bergsteigens, von denen die meisten bereits mittleren Alters waren. Zu ihnen gehörte Oscar Eckenstein, der schon zweimal im Karakorum gewesen war, das erste Mal bereits 1892 mit dem großen englischen Himalayaentdecker Martin Conway. Ein anderer Kletterpartner war Percy Farrar, der bereits 17 Jahre Alpenerfahrung besaß. Er wurde später Präsident des *Alpine Club,* und er war es auch, der Mallory als Mitglied für die erste Expedition zum Everest vorschlug. Mallory war dabei, Anschluß an äußerst einflußreiche Kreise zu finden.

Im Sommer 1909 beschäftigte Mallory sich mit der Frage, was er eigentlich aus seinem Leben machen wollte. Er hatte daran gedacht, Schriftsteller zu werden, fürchtete aber, damit seinen Lebensunterhalt nicht verdienen zu können. Er zog sogar in Betracht, in die Fußstapfen seines Vaters zu treten und eine Kirchenlaufbahn anzustreben. 1907 schrieb er an Edmund Morgan, einen Freund aus Winchester, der später Bischof wurde: „Für mich ist das Wesen von Christus – was ich auch sonst glauben mag – unsterblich ... An der Existenz Gottes habe ich nie gezweifelt. Diese Überzeugung scheint an jeder meiner Empfindungen Teil zu haben."[21]

Dennoch begann er in Cambridge, die traditionelle religiöse Weltanschauung in Frage zu stellen. Er glaubte weiterhin an die Grundlagen des Christentums, aber er zweifelte jetzt doch stark an seiner Eignung für das geistliche Amt und vertraute sich seinem Tutor Benson an: „... Mit so vielen Menschen, denen ich begegne, bin ich uneins. Die meisten von ihnen sind außerordentlich gute Menschen, viel besser, als ich es je sein werde, aber ihre Güte scheint manchmal ihrer Vernunft im Wege zu stehen."[22]

Die Unsicherheit bezüglich seiner Zukunft hielt an, aber im Moment stand etwas Wichtigeres auf dem Programm. Für den Sommer hatte Geoffrey Young eine Klettertour in den Alpen geplant. Und nicht zum letzten Mal schob Mallory seine Berufspläne beiseite, weil er die Chance bekam, klettern zu gehen.

KAPITEL ZWEI

„Haben Sie schon was vor?"

‚Die Gruppe bricht im April auf und kommt im Oktober zurück. Haben Sie schon was vor?'

Einladung des Everestkomitees an George Mallory, 1921

Der Sommer 1909 war eine entscheidende Phase in Mallorys Entwicklung als Bergsteiger. Trotz seines Sturzes beim Anstieg auf das Nesthorn und seiner Nachlässigkeit bei der Traverse am Finsteraarhorn, bei der er nicht angeseilt war, hatte er doch sehr viel gelernt. Auf dieser Reise war er auch Cottie Sanders begegnet, die zu einer großen Bewunderin seiner Kletterfähigkeiten wurde.

„Er sah kurios aus, fast ungepflegt, war in weites graues Flanell gekleidet und trug ein Tuch um den Hals; was mich auf ihn aufmerksam werden ließ, war sein gutes Aussehen und sein Teint. Die Haut dieses Mannes war rein und glatt wie die eines Mädchens."[1]

Mallory hatte offensichtlich großen Eindruck auf die junge Frau gemacht. Er war höflich, wirkte aber zugleich schüchtern und reserviert. Er las lieber in einem Buch, als sich an Gesprächen zu beteiligen.

Mallory hatte mittlerweile den Ruf weg, unpraktisch zu sein. Sanders zufolge war er „in allen praktischen Belangen sehr geistesabwesend und schlampig... (Wir) amüsierten uns immer köstlich über Geoffrey Youngs Bemühungen, George anzutreiben, um rechtzeitig zum Aufbruch mit Packen und Frühstücken fertig zu werden."[2] Einmal hatte Mallory die Aufgabe, das Essen für die ganze Gruppe einzukaufen. Aber leider hatte er da gerade entdeckt, daß Cottie Sanders einen Wecker dabei hatte. Weil er nie zuvor einen gesehen hatte und von dieser technischen Neuheit so fasziniert war, vergaß er darüber völlig seine Besorgungen.

Nach seiner Rückkehr aus den Alpen hatte Mallory im September 1909 einen Unfall, der viel folgenreicher war als sein Sturz am Nesthorn. Als er mit seinen Schwestern in Birkenhead spazieren ging, kamen sie an einem aufgelassenen Steinbruch vorbei. Mallory konnte der Versuchung nicht widerstehen, die steile Sandsteinwand hinaufzuklettern. Auf dem Weg nach oben löste sich ein Stein, und Mallory fiel rücklings zu Boden, wobei er sehr unglücklich mit dem Knöchel aufkam. Zunächst dachte er, es handle sich nur um eine Verstauchung, aber die Heilung dauerte viel länger als erwartet. Er schrieb an Geoffrey Young: „...der besagte Knöchel wollte einfach nicht heilen, und ich humpelte beschämt durch die Gegend. Eigentlich ist er noch immer in einem ziemlich schlechten Zustand. Auch wenn ich mit dem Laufen über kleine Distanzen keine Mühe mehr habe, für die Berge wird es kaum reichen..."[3] Der Bruch heilte nie mehr völlig aus und Mallory wurde im Ersten Weltkrieg sogar von der Front zurückgeschickt, weil er die Schmerzen nicht mehr ertragen konnte. Als man ihn operierte, entdeckte man, daß er den

‚HABEN SIE SCHON WAS VOR?'

Knöchel gebrochen hatte und die Fraktur nicht richtig zusammengewachsen war. Seine Verletzung bereitete ihm auch nach der Operation noch Probleme, selbst 1924 beim Aufstieg zum Everest.

Mallory ließ sich noch immer treiben und wußte nicht so recht, welchen Weg er beruflich einschlagen sollte. Die Aussicht auf eine Anstellung an seiner ehemaligen Schule, Winchester, zerschlug sich, da er nicht wirklich dafür geeignet war, Mathematik, Französisch und Deutsch zu unterrichten. Den Winter über lebte er bei der Familie Bussy im Süden Frankreichs. Simon Bussy war Maler und mit Renoir befreundet. Mallory verbrachte die Zeit mit Badeausflügen ans Mittelmeer und Spaziergängen in den Bergen – sofern sein Knöchel das zuließ. In dieser Zeit erfuhr er auch, daß sein Essay über Boswell den Member's Prize nicht gewonnen hatte, worüber er verständlicherweise sehr enttäuscht war.

Im Februar 1910 reiste Mallory durch Norditalien und besuchte Florenz, Pisa und Genua. Anschließend blieb er eine Weile bei Freunden in Basel, bevor er nach Paris weiterzog. Dort verbrachte er mehrere Wochen und gab sich große Mühe, sein Französisch zu verbessern, indem er häufig ins Theater ging, viel las und Vorlesungen an der Sorbonne hörte. Daß er am jährlichen Osterklettern in Wales nicht teilnehmen konnte, schmerzte ihn sehr, doch vielleicht war es gerade sein Glück, denn sein Freund Donald Robertson stürzte ab, erlitt einen Schädelbruch und starb kurz danach im Krankenhaus von Bangor.

Mallory ging allmählich das Geld aus und er machte sich zunehmend Sorgen wegen seiner Zukunft. Auch sein Vater setzte ihn unter Druck und drängte, er solle sich endlich für einen Beruf entscheiden. Trotz der Enttäuschung darüber, den Posten in Winchester nicht bekommen zu haben, wollte Mallory weiterhin Lehrer werden. Vorübergehend bekam er eine Stelle am Royal Naval College in Dartmouth, wo es ihm sehr gut gefiel. Nach dieser positiven Erfahrung verbrachte er den Frühsommer mit der Bewerbung für andere Unterrichtstätigkeiten und wurde zu einer Reihe von Vorstellungsgesprächen eingeladen, bevor er schließlich probeweise als Hilfslehrer an der Charterhouse School angestellt wurde – für ein Gehalt von 270 Pfund im Jahr.

Da seine Tätigkeit aber erst im September begann, begleitete er im August einen 15 Jahre alten Jungen in die Schweiz. Die Eltern des Jungen nahmen offensichtlich an, daß ein Monat Wandern und Klettern sich positiv auf seine „Charakterbildung" auswirken würde. Doch Mallory und der Junge waren kein gutes Team. Der Junge zeigte sich wenig begeistert von den Bergen und erlitt schon zu einem relativ frühen Zeitpunkt eine Knieverletzung. Nichts war gewonnen: Es war eine frustrierender Monat für Mallory, der mit der unbeweglichen Last in den Bergen festhing. Aber allem Anschein zu Folge kümmerte er sich um den Jungen und verlor niemals die Geduld.

Am 21. September 1910 trat Mallory seine Stellung in Charterhouse an, die ersten Monate wurden allerdings alles andere als einfach. Zwar war der Direktor ein umgänglicher Mann, aber die Disziplin in der Schule ließ sehr zu wünschen übrig. Mallory war nicht viel älter als die ältesten Schüler, und seine jugendliche Erscheinung führte häufig dazu, daß die Eltern ihn für einen Schüler hielten.

Sein jungenhaftes Aussehen und seine geringe Lehrerfahrung erleichterten ihm nicht die Aufgabe, seine Klassen unter Kontrolle zu halten. Aber er war optimistisch und schrieb an seine Mutter: „Mir gefällt es hier, auch wenn mich manchmal Zweifel plagen. Ich habe viel mit den kleineren Jungen zu tun, die viel schwieriger zu unterrichten und ruhig zu halten sind als die größeren. Aber ich habe meine Freude daran, und das ist großartig. Langeweile ist das schlimmste, was einem als Lehrer passieren kann, und solange ich sie von mir fernhalte, werde ich sicher lernen, mich nützlich zu machen."[4]

Mallorys Hauptproblem war, daß er im Klassenzimmer mehr auf Begeisterung als auf Autorität setzte, und so sah sich ein älterer Kollege veranlaßt, ihm ein paar freundliche Ratschläge zu geben, wie er besser für Disziplin sorgen könnte. Hin und wieder suchte er aber auch ganz von selbst sein Heil in den althergebrachten Erziehungsmethoden, wie ein ehemaliger Schüler zu berichten weiß: „Eines Tages, als ich die Nachbarklasse mit Gestank ausräuchern wollte, indem ich Tinte auf Kalziumkarbid durch die Verbindungstür kippte, griff sich Mallory einen alten Tisch, legte mich darüber und hinterließ auf meinen Hinterteil eine eindrucksvolle Demonstration seiner Muskelkraft."[5] Ansonsten war Mallory ein gewissenhafter Lehrer und neben seinen anderen Verdiensten erkannte und förderte er das poetische Talent von Robert Graves, der zu seinen Schülern zählte.

In Mallorys erstem Winter in Charterhouse schlugen ihn Geoffrey Young und Graham Irving als Mitglied des *Alpine Club* vor, und am 5. Dezember 1910 wurde er aufgenommen. Silvester verbrachte er in Wales, wo er wieder mit seinen Freunden kletterte. Young und Cottie Sanders waren auch mit von der Partie. Mittlerweile war sein Klettertalent nicht mehr zu übersehen, und die ihn bewundernde Miss Sanders schrieb: „Er war niemals eine Angeber; die minutiöse Präzision des Stils war seine Sache nicht. Im Gegenteil, er schien sich mit großer kräftiger Leichtigkeit über die Steine zu bewegen, was sehr trügerisch war, wenn man ihm folgen wollte. Einem Grataufschwung, der seine Kräfte auf die Probe stellte, warf er sich mit solch aggressiver Energie entgegen, als wolle er ihm den Schneid abkaufen – wie ein Terrier einer Ratte."[6]

Auch in diesem Sommer war Mallory knapp bei Kasse, und seine Kletterpläne gerieten dadurch ins Wanken. Außerdem hatte sich sein Herz einen beunruhigenden Ton zugelegt, aber gegen Ende Juli wurde er für gesund und fit erklärt und machte sich mit Graham Irving und Harry Tyndale auf in die Alpen. Mallory wurde allmählich selbst zu einem vollkommenen Eiskletterer, und Tyndale schrieb Jahre später über ihn: „Er hackte eine perfekte Treppe in das Eis, mit unnachahmlicher Leichtigkeit und Anmut und einer perfekten Krafteinteilung. Wenn man George bei der Arbeit zusah, wurde man sich weniger der physischen Kraft bewußt als vielmehr seiner Geschmeidigkeit und seines Gleichgewichtssinns; so rhythmisch und harmonisch arbeitete er sich an allen steilen Passagen vor, vor allem aber auf Vorsprüngen, daß seine Bewegungen in ihrer Anmut an die einer Schlange erinnerten."⁷

Als Mallory im September 1911 nach Charterhouse zurückkehrte, war der alte Rektor in den Ruhestand versetzt worden, und Frank Fletcher hatte die Position übernommen. Er war von Marlborough, einer anderen englischen Privatschule, gekommen und galt als streng und hart. Obwohl auch er ein Bergsteiger und Mitglied des *Alpine Club* war, brauchte Mallory einige Zeit, bis er mit seinem neuen Chef zurechtkam.

Mallory hatte eine unkonventionelle Art zu unterrichten, die für die damalige Zeit sehr fortschrittlich war und in krassem Gegensatz zum neuen Regime an der Schule stand. Die traditionelle Feindseligkeit zwischen Lehrern und Schülern lehnte er ab, womit er sich einige Kollegen zu Feinden machte, aber auch einige Schüler befremdete. Robert Graves behauptete, daß Mallorys Talent in Charterhouse vergeudet wurde. Wie Graham Irving so nahm auch Mallory die Jungen in den Osterferien mit zum Klettern nach Wales – vorausgesetzt, die Eltern waren einverstanden.

Den Sommer 1912 verbrachte Mallory in den Alpen mit Geoffrey Young, Humphry Owen Jones und Hugh Rose Pope – beide Bergsteiger, mit denen er und Young schon oft in Wales geklettert waren. Jones hatte erst ein paar Wochen zuvor geheiratet und nahm seine Braut mit in die Alpen. Aber es war kein gutes Jahr zum Klettern. Das Wetter war so schlecht, daß sich niemand an eine vergleichbar miserable Lage erinnern konnte. Die Katastrophe geschah, als Jones und seine Frau zusammen mit ihrem Bergführer auf dem Gamba ums Leben kamen. Die übrigen Kletterer waren bestürzt und begruben die Opfer in Courmayeur. Mitten im Oktober, nur wenige Wochen nach seiner Rückkehr nach Charterhouse, erfuhr Mallory auch noch vom Tod Popes am Pic du Midi d'Ossau.

Mallory nahm seine Schüler auch weiterhin mit zum Klettern und machte sich schriftliche Notizen, wieviel Spaß er dabei hatte. Einige Jungen nannten ihn „Onkel George" und ließen dann später den „Onkel" einfach weg. Er genoß die Ferien auf dem Lande, das Klettern in Wales und im Lake District. Als Lehrer wurde er immer sicherer und dadurch auch allgemein zufriedener. „Mein Leben ist zum jetzigen Zeitpunkt so angenehm, wie man es sich nur wünschen kann. Wenn wir das nächste Mal die Sonne in diesem grünen Paradies aufgehen sehen, werde ich zu reinem Geist verdampfen." [8]

Nachdem er den Sommer 1913 mit einem Segelturn vor der irischen Küste verbracht hatte, anstatt in den Alpen bergsteigen zu gehen, kehrte Mallory wieder zurück nach Charterhouse, wo er noch immer das Erziehungssystem bekämpfte und sich über die „maschinelle Atmosphäre" der Schule beklagte.

Nach dem Weggang von Cambridge hatte Mallory seine Abschlußarbeit über Boswell veröffentlicht, aber der Verleger schrieb ihm, das Buch verkaufe sich nicht gut und es ließe sich kein Geld damit verdienen – oder wie man das damals mit viel Eduardischer Noblesse auszudrücken pflegte: Das Buch hatte es nicht geschafft, „sich positiv auf das pekuniäre Interesse auszuwirken". [9] Aber trotz aller Rückschläge und Widrigkeiten blieb er unbekümmert und glücklich. Der Grund dafür wurde allmählich klar: George Mallory, ein 27jähriger Hilfslehrer an der Charterhouse School, war auf dem besten Weg, sich zu verlieben.

Hugh Thackeray Turner war Architekt und lebte in einem edlen Haus auf einem Hügel westlich von Godalming, von dem aus man den Blick über das bewaldete Flußtal des Wey genoß. Sein Anwesen Westbrook lag nicht weit entfernt von der Charterhouse School. Mallory war häufig zu Gast, aber es waren nicht die gelungenen Proportionen des Hauses und des Gartens, die ihn anlockten, auch nicht die Spaziergänge durch die Wälder oder die Billiardpartien, die er mit Turner spielte. Die Hauptattraktion waren Turners Töchter, Marjorie, Ruth und Mildred.

Mallory war der Familie Turner zum ersten Mal begegnet, als sie eine Theatervorführung in der Schule besucht hatten, in der Mallory mitgewirkt hatte. Turner (der Witwer war) und seine Töchter wurden danach auch noch zu einer Shakespearelesung eingeladen, und seither war Mallory häufig zu Gast in Westbrook. Turner beabsichtigte Ostern 1914 mit den Mädchen in Venedig zu verbringen und lud Mallory ein, sie zu begleiten. Zum ersten Mal seit vielen Jahren verzichtete er auf die ausgetretenen Kletterpfade in Pen-y-Pas und verliebte sich hoffnungslos in Turners mittlere Tochter Ruth. Am 1. Mai 1914 verlobten sich die beiden.

Ruth war nicht Mallorys erste große Liebe. In Cambridge hatte er sich in die Tochter eines Doktors verliebt, der in der Nähe von Birkenhead lebte. Sie war erst 16 Jahre alt gewesen, aber er hatte ihr hoch und heilig versprochen, sie eines Tages zu heiraten. Später hatte Mallory mehrere Jahre eine Beziehung mit Cottie Sanders, die er im Alter von 23 Jahren in den Alpen kennengelernt hatte.

Diese Beziehung endete ein Jahr, bevor Mallory Ruth kennenlernte, doch er und Cottie blieben, auch nachdem sie geheiratet hatte, weiterhin sehr gute Freunde. (Cottie Sanders war als Romanautorin auch unter dem Namen Ann Bridge bekannt.)

Wie die Zufälle des Lebens so spielen, schrieb Rosamund Wills, eine Tante von Ruth, an eine Bekannte: „Meine Nichte Ruth Turner hat sich mit einem jungen Mann verlobt, der in Charterhouse unterrichtet. Sein Name ist George Mallory – Ich hoffe, er ist gut genug für sie, aber das kann ich mir kaum vorstellen."[10] Ihre Freundin war keine andere als die frisch vermählte Cottie Sanders, die jetzt den Namen Lady O'Malley trug. Sie antwortete sichtlich erheitert, Ruth würde wohl bald einen der ungewöhnlichsten Menschen ihrer Generation heiraten und es käme ihr vor, als könne *sie* nicht annähernd gut genug sein für *ihn!*

Ruths Vater jedoch hatte keine Eile, in die Ehe einzuwilligen. Er sah einen stattlichen jungen Mann, in den seine Tochter eindeutig verliebt war, aber wie sollte er sie von seinen geringen Einkünften als Hilfslehrer ernähren? Rechnete er mit ihren Privateinkünften? Mallory zeigte sich entsetzt angesichts dieser Vermutung und antwortete, er könne unmöglich eine Frau mit eigenem Vermögen heiraten. Mr. Turners weise Antwort lautete, er könne sie unmöglich *ohne* heiraten.

Turner hielt es für angebracht, seine Töchter auf eine Reise mit nach Irland zu nehmen. Das junge Liebespaar schrieb beinahe täglich Briefe, und angesichts dieser Leidenschaft willigte Turner in die Verbindung ein. Am 29. Juli 1914 wurde das Paar getraut, wobei Georges Vater die Rolle des Gastgebers und Geoffrey Young die des Trauzeugen übernahm.

Unterdessen war in Europa der Krieg ausgebrochen, eine Hochzeitsreise in die Alpen kam also gar nicht in Frage. Statt dessen brachen die Frischvermählten nach Westengland in den Campingurlaub auf, wo der Anblick der beiden jungen Leute unter dem Zeltdach eine solches Interesse bei den neugierigen Einheimischen erregte, daß sie vorübergehend verhaftet wurden: unter dem Verdacht, deutsche Spione zu sein.

Je mehr sich die Kriegshandlungen auf Frankreich konzentrierten, desto schlechter wurden die Aussichten, ein normales Eheleben zu führen. Ruth arbeitete in einem Krankenhaus in Godalming, und Mallory unterrichtete weiterhin in Charterhouse. Aber das gefiel ihm immer weniger, weil er wußte, daß seine Freunde sich bereits dazu entschlossen hatten, ein Opfer fürs Vaterland zu bringen. Er schrieb an seinen ehemaligen Tutor A.C. Benson: „Es hat etwas Unanständiges, wenn man, während so viele Freunde all die Schrecken durchleben, einfach unbekümmert weiter seiner Arbeit nachgeht."[11]

Mallorys Anträge auf Einberufung wurden vom Direktor seiner Schule, Mr. Fletcher, regelmäßig unterlaufen. Zufällig war Fletcher Vorsitzender der Rektorenkonferenz und hatte die Regierung aufgefordert, ihre Position bezüglich der Freistellung von Lehrern für den Kriegseinsatz unmißverständlich darzulegen. General Kitcheners rätselhafte Antwort aus dem Kriegsministerium lautete, daß die Rektoren in der Frage, wer sich für die Offiziersausbildung eigne, ihrer eigenen Urteilsbildung vertrauen sollten. Und so vereitelte Fletcher alle Versuche Mallorys, zum Militär zu gehen. In den ersten Monaten des Jahres 1915 verpaßte er eine Einberufung zur Marine und später die Chance, dem Royal Naval Air Service beizutreten.

Mittlerweile war es Mai geworden, und Mallorys Unzufriedenheit wuchs wie eine heimtückische Krebserkrankung. Ruth erwartete im September ihr erstes Kind. Vorm Haus blühten Narzissen, Anemonen, Schlüssel- und Glockenblumen. Eigentlich waren sie glücklicher, als sie es sich jemals erträumt hatten. Aber alle Freunde Mallorys hatten bereits den Ärmelkanal überquert und waren in den Krieg gegen Deutschland gezogen. Sein Bruder Trafford war seit März an der Front, Geoffrey Young hatte die Schlacht von Ypres überlebt, George Trevelyan gehörte zur britischen Sanitätskolonne in Italien, Hugh Wilson zu den Worcestershires und Geoffrey Keynes war im Royal Army Medical Corps in Frankreich. Robert Graves war bei den Welch Fusiliers, Alan Goodfellow wurde zum Piloten ausgebildet, Hilton Young war mit einem Marineeinsatz unterwegs nach Serbien. Und George Mallory war noch immer Hilfslehrer in Charterhouse.

George und Ruth bekamen am 19. September 1915 eine Tochter, die sie Frances Clare nannten. Mallory suchte weiterhin nach einem Weg, um Geschichte anders zu unterrichten, aber je mehr Nachrichten von der Front eintrafen, desto unruhiger wurde er. Rupert Brooke erlag im

April 1915 einer Blutvergiftung, Jack Sanders starb im selben Monat im ersten deutschen Gasangriff, Harry Garret hatte in der Türkei eine Kugel in den Kopf bekommen und im September fiel Hugh Wilson in Hébuterne. Mallory spürte den starken Widerspruch zwischen seiner Rolle als Ehemann und Vater einerseits und seiner patriotischen Pflicht, in den Krieg zu ziehen, andererseits.

Kurz darauf fing Mallory an, sich noch stärker um eine Einberufung als Artillerieoffizier zu bemühen. Zufällig hatte Fletcher gleichzeitig jemanden als Vertretung für den Geschichtsunterricht zur Hand, und so kam es, daß sich Leutnant George Mallory schon bald im Krieg befand, als Teil der Royal Garrison Artillery. Trotz seiner geringen praktischen Veranlagung wurde er in so komplizierten Dingen wie Belagerungstechnik und dem Umgang mit den größten Haubitzen der ganzen Armee unterwiesen. Am 4. Mai 1916 setzte er über den Ärmelkanal und meldete sich zum Dienst bei der 40. Belagerungsbatterie nördlich von Armentières.

Zu seinen Pflichten als junger Offizier gehörte auch das Vorrücken zu einem Beobachtungsposten an der Front und der Bericht über die Treffgenauigkeit ihres Beschusses. Bei diesen Einsätzen, die oft mehrere Tage dauerten, wurde er meist nur von ein paar Funkern begleitet. Später, als man ihm die Verantwortung für die Batterie übertragen hatte, schrieb er nach Hause und berichtete über seine Erlebnisse an der Gefechtslinie: „Ich war sehr deprimiert. Vorgestern war ich in den Schützengräben – ziemlich früh (allerdings auch wieder nicht so früh – Frühstück um 7.15), um auch sicher etwas erledigt zu bekommen. Die Schützengräben waren auf Grund einer mehr oder weniger vergeblichen Attacke unserer Männer am Vorabend in schlechtem Zustand. Leichen kann ich schon sehen, solange sie noch frisch sind. Mit Verwundeten ist das anders: Ihr Anblick nimmt mich immer sehr stark mit."

Im August 1916 fing der Knöchel, den er sieben Jahre zuvor gebrochen hatte, wieder stark zu schmerzen an. Und die Schmerzen wurden noch schlimmer, als der Herbstregen einsetzte und die Schützengräben in Sümpfe verwandelte. Trotz der widrigen Umstände las Mallory noch immer drei oder vier Bücher pro Woche. Neun Monate später, als er den Knöchel von einem Militärarzt untersuchen ließ, wurde er nach London zurückgeschickt, um sich operieren zu lassen. Diesmal wuchsen die Knochen besser zusammen. Im Sommer war er schon wieder auf Klettertour in Schottland und verkündete, sein Knöchel sei wieder heil.

Die zweite Tochter der Mallorys, Beridge Ruth (benannt nach ihrer Großmutter und ihrer Mutter), wurde am 16. September 1917 geboren. Nun, mit zwei Kindern, machte sich Ruth Sorgen wegen des Geldes. In einem Brief hatte Mallory erwähnt, daß er ein Buch bestellt hatte. Ruths Antwort war schroff: „Du fragst mich, ob ich etwas dagegen habe, und ich kann nur hoffen, daß dieser Brief dich noch rechtzeitig erreicht, um dich von der Bestellung abzuhalten. Ich habe nämlich tatsächlich etwas dagegen. Ich glaube nicht, daß wir das Recht dazu haben, mehr Geld für Bücher auszugeben, als mir für Kleidung zur Verfügung steht. Ich gebe mir die größte Mühe, sparsam zu haushalten, und da macht es einem nicht gerade Mut, wenn Du 50 Pfund ausgibst, ohne mich ernsthaft nach meiner Meinung zu fragen."[12] Fünfzig Pfund waren mehr als zwei Monatsgehälter Mallorys in Charterhouse.

Mallorys Freude über die Geburt seiner Tochter wurde von der Nachricht überschattet, daß Geoffrey Young in der Schlacht von Monte San Gabriele schwer verwundet worden war. Man hatte ihm das linke Bein oberhalb des Knies abgenommen. Auch Mallory wurde verwundet, aber unter weniger heldenhaften Umständen. Bei der Rückkehr zu seinem Posten fuhr er mit dem Motorrad gegen einen Pfeiler am Eingang zum Lager und quetschte sich dabei den rechten Fuß. Den Rest des Jahres 1917 „verplemperte er in England auf eine Weise, wie man das nur bei der Armee tun kann".[13]

Den Großteil des Sommers 1918 war Mallory in Newcastle stationiert, wo er mit den Tests an einer neuen Superwaffe beschäftigt war. Ende September ging er wieder nach Frankreich und verbrachte die letzten Kriegswochen in einer Batterie in der Nähe von Arras. Da man jederzeit mit dem Waffenstillstand rechnete, hatte er genügend Zeit, über seine beiden Kriegsjahre nachzudenken. Mitte Oktober schrieb er an seinen Vater: „ Wenn schon nicht als Held, dann wäre ich wenigstens gerne als ein Krieger nach Hause zurückgekehrt, der mehr im Einsatz war als ich. Mein Beitrag ist einfach zu gering. Ich verspüre einen inneren Drang, mehr zu kämpfen – für mich."[14] Diese Frustration mag zu Mallorys Bedürfnis beigetragen haben, sich selbst zu beweisen und etwas Bedeutendes zu erreichen.

Den letzten Kriegstag verbrachte Mallory mit Geoffrey Keynes, seinem alten Freund aus Cambridge, der als Chirurg in einem Lazarett in der Nähe von Cambrai arbeitete.

Am 12. November 1918 schrieb Mallory an seine Frau Ruth: „Den Frieden haben wir letzte Nacht zu fünft im Offiziersclub von Cambrai in sehr angenehmer Gesellschaft gefeiert. Alles in allem war es ein schöner Abend, so wie man ihn von einem britischen Offizier vom Typ Privatschullehrer erwarten kann, sehr ausgelassen, aber ohne sich zu betrinken. Das vorherrschende Gefühl, das ich zum Teil auch selbst empfinde, ist einfach eine Aufgekratztheit wie nach einem wichtigen Spiel oder einem Rennen, das man in einem Kampf gewonnen hat und in dem jeder bis zum letzten alles gegeben hat. Wie frei fühlt man sich jetzt doch! Wellen der Erregung scheinen durch mich hindurchzulaufen, und ich scheine einer ungetrübten Freude fähig zu sein, wie ich sie seit Kriegsbeginn vor vier Jahren nicht mehr verspürt habe!" [15]

Das Schlachten war vorüber. Aber erst, nachdem vier von zehn Studienkollegen Mallorys aus Cambridge gefallen waren.

Nicht selten kommt es vor, daß diejenigen, die aus dem Krieg zurückkehren, ihr Leben überdenken, und George Mallory machte da keine Ausnahme. Oberflächlich gesehen konnte alles gar nicht besser sein. Er war unversehrt, lebte glücklich mit Frau und Töchtern und unterrichtete wieder an seiner alten Schule. Sein Verhältnis zu Fletcher hatte sich verbessert, und er durfte jetzt mehr Englisch unterrichten, worüber er sich sehr freute.

Aber Mallory hatte sich noch immer nicht mit dem System der Privatschulen abgefunden: Die Trennung von Schule und Zuhause hielt er für ungesund. Die Jungen hatten kaum Gelegenheit, Kinder aus anderen sozialen Verhältnissen kennenzulernen. Spielen und Lernen wurden als grundverschiedene Dinge angesehen. Es wurde zu großen Wert auf Mannschaftssport gelegt und sich zu wenig um andere Aktivitäten im Freien gekümmert. Heute sind Mallorys Ansichten nicht besonders außergewöhnlich, aber zu Beginn des 20. Jahrhunderts waren sie radikal.

Eine Zeitlang dachte er darüber nach, gemeinsam mit Geoffrey Young eine „Schule der Zukunft" aufzubauen, die ihrem sozialen Idealismus entsprechen würde. Auch interessierte er sich zunehmend für Politik und redete von einem neuen Patriotismus und einer zivilisierteren und gerechteren Gesellschaft. Sein Interesse an sozialen Reformen war mehr als ein bloßes Theoretisieren am Ende des Krieges.

In den Weihnachtsferien reiste er nach Irland, um sich selbst ein Bild über die anglo-irischen Auseinandersetzungen zu machen. Über die Gefahren war er sich durchaus im klaren: Er gab acht, keine verräterischen Briefe bei sich zu tragen, wenn er auf die Straße hinausging, versuchte, so gut es ging, englischen Polizisten, den sogenannten Black and Tans, aus dem Weg zu gehen, behielt die Hände in den Taschen und rannte auch nicht davon, wenn er versehentlich die Aufmerksamkeit auf sich zog.

Eines Nachts wurde ihm der Ernst der Lage vor Augen geführt, als ihn ein Eindringling mit einer Fackel in der einen und einem Revolver in der anderen Hand weckte: „Wer bist du? Wie heißt du? Wo bist du geboren?"[16] Mallory erinnerte sich auch, daß er ihn schließlich noch fragte, ob er Protestant sei. Als er antwortete, sein Vater sei Geistlicher der Kirche von England, zog die britische Patrouille wieder ab, ohne auch nur sein Zimmer durchsucht zu haben. Er sah ein, daß es Ungerechtigkeit auf beiden Seiten gab, blieb aber dennoch ein Befürworter der irischen Unabhängigkeit.

Unterdessen waren die Bergsteiger, die den Krieg überlebt hatten, begierig darauf, ihre Klettertouren wieder aufzunehmen und die Tradition der Ostertreffen in Pen-y-Pas fortzusetzen. Geoffrey Young war mit dem ihm verbliebenen gesunden Bein unter den ersten auf dem Gipfel. Man sagte, seine Klettertechnik sei nach wie vor hervorragend. Im Sommer kehrte Mallory nach einer Pause von sieben Jahren in die Alpen zurück und entdeckte zum ersten Mal seine Liebe zum Eisklettern. Gegen Ende August machte er sich gemeinsam mit George Finch zu einer Überquerung des Matterhorns auf. Finch war damals einer der besten und erfahrensten Kletterer in Europa. Später spielte er eine bedeutende, aber umstrittene Rolle bei der Erkundung des Everest.

Regelmäßig schrieb Mallory an seinen alten Freund Geoffrey Young, der in England geblieben war. Young hatte den Eindruck, daß Mallory im Lauf der Jahre reifer geworden war. „Seine frühere Vorstellung von ‚Führung'", betonte Young in Anspielung auf die jüngsten Ereignisse, „war, den Gipfel im Sturm zu erobern. Was ihm fehlte, war die Distanz eines Offiziers." [17] Mit seinen Kriegserfahrungen schien sich sein Urteilsvermögen wesentlich verbessert zu haben. Auch im folgenden Jahr war Mallory begierig darauf, in die Alpen zu reisen, aber Ruth erwartete Ende August ihr drittes Kind. Schließlich einigten sie sich darauf, daß er im Juli fahren

‚HABEN SIE SCHON WAS VOR?'

sollte, um rechtzeitig zur Geburt zurück zu sein. Unbeständiges Wetter machte das Klettern zu einer Enttäuschung, und als Mallory am Morgen des 21. August heimkehrte, hatte er die Geburt seines Sohnes um genau eine halbe Stunde verpaßt. Er war begeistert und verkündete, John sei „schon jetzt ein ganzer Kerl, der ihn um eine halbe Stunde geschlagen habe."

Bereits kurz nach Kriegsende war die Idee zu einer Exkursion zum Everest entstanden. Im März 1919 hielt John Noel einen Vortrag vor der *Royal Geographical Society,* in dem er von seiner heimlichen Reise zum Everest im Jahre 1913 berichtete. Unbemerkt war er 64 Kilometer weit auf tibetisches Gebiet vorgedrungen, bevor ihn Soldaten entdeckt und des Landes verwiesen hatten. Es war eine Geschichte, die man nicht so schnell wieder vergaß. „Jetzt, da man an den Polen gewesen ist", verkündete er, „hält man es gemeinhin für die nächst wichtige Aufgabe, den Mount Everest zu erkunden und zu kartographieren." [18]

Natürlich waren Höhe und Lage des Everest bereits 70 Jahre zuvor bei der großen Landvermessung Indiens ermittelt worden. 1852 hatte man die Höhe des höchsten Berges der Erde mit 8 840 Metern angegeben, aber kein Landvermesser hatte sich dem Gipfel mehr als 160 Kilometer genähert. Der Weg zum Everest führte durch ein seltsames Land namens Tibet, über das man wenig wußte. Aber genau das machte den Gedanken an eine Expedition noch verheißungsvoller. Noels Zuhörer, zu denen die Großen und Wichtigen sowohl der *Royal Geographical Society* als auch des *Alpine Club* gehörten, waren vor Faszination wie erstarrt von dieser Aussicht.

Noels Idee weckte in ihnen mehr als nur Abenteuerlust und Wettkampffieber. Es ging um das Ansehen Englands. Nord- und Südpol waren vor dem Krieg „erobert" worden, aber beide Male waren die englischen Expeditionen von „Ausländern" geschlagen worden. An diesem Abend waren sich alle einig: Das letzte große Ziel, die Eroberung des „Dritten Pols" sollte ein britischer Triumph werden.

Nepal, über das man die Südflanke des Bergs erreichen konnte, war für Ausländer geschlossen, und so mußte von Tibet die Erlaubnis für einen Zugang zur Nordflanke eingeholt werden. Percy Farrar, der Präsident des *Alpine Club,* fing unterdessen schon einmal damit an, eine Liste potentieller Bergsteiger für die Expedition zusammenzustellen. Der erste Name, den er auf seine Liste setzte, war George Mallory.

Ende Januar 1921 schrieb Farrar an Mallory: „Es sieht ganz danach aus, als würden wir diesen Sommer den Everest in Angriff nehmen. Die Gruppe bricht im April auf und kommt im Oktober zurück. Haben Sie schon was vor?" [19]

KAPITEL DREI

‚Näher am Himmel, als man sich vorzustellen wagte'

‚Allmählich, ganz allmählich sahen wir die großen Hänge des Berges, Gletscher und Grate, immer nur ein Stück und dann ein anderes, wenn der Himmel aufriß, bis schließlich, viel näher am Himmel, als man sich vorzustellen wagte, der weiße Gipfel des Everest auftauchte.'

George Mallory, 1921

Berichten zufolge stürzte eines Tages im Jahre 1852 der indische Landvermesser Radhanath Sikdhar in das Büro von Sir Andrew Waugh, dem Beauftragten für die Landvermessung Indiens. Sikdhar war der Leiter der Rechenstelle der großen trigonometrischen Vermessung des indischen Subkontinents (GTS), und er brachte Neuigkeiten mit, auf die man seit Jahren sehnsüchtig gewartet hatte. „Sir", rief er außer Atem, „ich habe den höchsten Berg der Erde entdeckt."[1]

Die mit äußerster Sorgfalt durchgeführte Berechnung der höchsten Gipfel des Himalaya hatte schließlich zur Nominierung eines Gewinners geführt. Die GTS hatte einen

Berg ausfindig gemacht, dessen Höhe mit 8 840 Metern angegeben wurde – eine Entdeckung, mit der eine lange Liebesaffäre zwischen den Briten und dem Mount Everest begann. Doch erst zwei Generationen später sollten sie sich erstmals begegnen. Es dauerte bis 1921, bevor die erste britische Erkundungsexpedition den Everest erreichte und Bergsteiger ihr Können an den Flanken des Bergriesen erproben konnten.

Radhanath Sikdhar und Michael Hennessy, der junge Assistent von Sir Andrew Waugh, teilten sich die Ehre der „Entdeckung" des Berges. Tatsächlich aber hatten viele Menschen der GTS in Dehra Dun, etwa 145 Kilometer nordwestlich von Delhi lange Zeit wie die Sklaven geschuftet, um die Höhe des höchsten Berges der Erde zu errechnen – bisher war er als Gipfel XV bezeichnet worden. Aber würde ihnen das in England irgend jemand glauben?

Die unglaublichen Höhen, die man für den ersten entdeckten Himalaya-Rücken errechnet hatte, wurden von sogenannten gelehrten Männern in Europa als „absurd" abgetan. Man hielt es nicht für möglich, daß ein Berg höher als 7 620 Meter sein könne. Aber einen Berg von über 8 840 Meter Höhe? Das mußte man schlichtweg ablehnen.

In der Mitte des 19. Jahrhunderts hatten sich die Briten eines riesigen Projektes angenommen: der kartografischen Erfassung des gesamten indischen Subkontinents, vom Kap Cormorin im Süden bis zum hoch aufragenden Himalaya im Norden. Das geschah weder aus Menschenfreundlichkeit noch aus akademischem Ehrgeiz heraus, sondern hatte ganz konkrete politische und strategische Gründe.

Das ganze 18. und 19. Jahrhundert hindurch hatten die Briten ihre Kontrolle über Indien ausgebaut, dabei aber ständig auch die größere politische Landschaft und vor allem die anderen damaligen Supermächte im Auge gehabt. So war man in England beispielsweise sehr besorgt über die Absichten Russlands, seinen Einfluß nach Zentralasien auszudehnen, vor allem nach Hindu Kush (im Osten Afghanistans), Pamir (im Süden Tadschikistans) und nach Tibet. Zwar wußten weder Briten noch Russen etwas über diese Länder, doch allein ihre Lage im Herzen von Asien genügte, daß ihnen beide Mächte strategische Priorität einräumten.

Aufgabe der GTS war nicht nur die topographische Erfassung des gesamten britischen Herrschaftsgebiets, sondern auch die Bestimmung des Meridians zwischen Kap Cormorin und dem Himalaya, auf einer Strecke von fast 2 900 Kilometern. Nur aufgrund dieser neuen Zahlen konnte der Umfang der Erdatmosphäre berechnet werden, und das gleiche galt für die Höhe der Gipfel des Himalaya. Es war die größte wissenschaftliche Berechnung, die je angestellt worden war. Sie verlangte eine Vermessung, die den ganzen Subkontinent mit einem besonders genauen Netz von Vermessungsdreiecken überzog.

Das gewaltige Unternehmen wurde 1802 von William Lampton, einem Offizier der britischen Armee, begonnen und nach seinem Tod von Oberst George Everest fortgeführt. Everest wurde 1790 im schottischen Brecknockshire geboren, hatte seine Ausbildung aber in England erhalten. Er war ein hagerer und drahtiger Mann mit tiefliegenden Augen, sehr pingelig im Detail und einem leicht explosiven Temperament.

Unter seiner Leitung konnte ein Großteil der trigonometrischen Vermessung im indischen Subkontinent abgeschlossen werden. Dieser beachtliche Erfolg hatte die Grundlage für die Berechnung der Gipfel des Himalaya gelegt.

Die eigentliche Vermessung des Himalaya wurde erst ernsthaft betrieben, nachdem Sir George Everest sein Amt nach über 25jähriger Tätigkeit abgegeben hatte. Im Jahr 1861 wurde er zum Ritter geschlagen und verstarb 1866. Auch wenn er Indien bis zum Himalaya kartographieren ließ, gibt es keinen Hinweis darauf, daß er den später nach ihm benannten Berg jemals zu Gesicht bekommen hat.

Die größte Schwierigkeit bei der Kartographierung der Himalaya-Gipfel war der Zugang: Britische Vermesser durften die Länder nördlich von Indien gar nicht betreten: Tibet und Nepal waren unabhängige Königreiche, und jeder Versuch britischer Landvermesser, in diese Länder vorzudringen, wäre lebensgefährlich gewesen. Deshalb mußten die Gipfel des Himalaya mit Hilfe trigonometrischer Posten auf britisch-indischem Terrain errechnet werden, und diese Posten lagen zum Teil bis zu 240 Kilometer von den Gipfeln entfernt.

Colonel Andrew Waugh machte da weiter, wo Sir George Everest aufgehört hatte, und veranlaßte 1847 die erste exakte Berechnung des Himalaya. Die Vermessungsprojekte waren kompliziert und manchmal auch riskant. Die ersten britischen Landvermesser hatten es wirklich nicht leicht, denn sie mußten mit peinlicher Genauigkeit arbeiten und auf alle Details achten. In mit militärischer Sorgfalt geplanten Expeditionen zogen sie durch den südlichen Himalaya.

‚NÄHER AM HIMMEL...'

An jeder Vermessung waren Dutzende von Männern beteiligt: Halb bekleidete Inder wechselten sich beim Rollen des Vermessungsrades ab, andere schleppten Zelte, Material und Ausrüstung, eine Kompanie Sepoys schützte den Konvoi vor Überfällen, und die britischen Offiziere schwitzten in ihren schweren Uniformen. Jahr für Jahr, ob im strömenden Monsunregen oder der sengenden indischen Sonne, gingen sie völlig systematisch ans Werk. Da die Bergriesen aus solch großer Entfernung beobachtet werden mußten, war gute Sicht ein ganz entscheidender Faktor, der bedeutete, daß die Vermessung nur zwischen Oktober und Dezember durchgeführt werden konnte, wenn die Luftfeuchtigkeit niedriger war als im Monsun.

Die natürlichen Gegebenheiten forderten einen hohen Tribut von Waugh und seinen Leuten. Sie litten unter Kopfschmerzen, Schneeblindheit, Höhenkrankheit und Erkältungen. Mehrere wurden in schweren Gewittern vom Blitz erschlagen. Oft vereitelten Wolken wochenlang die Berechnungen, woraufhin die Nahrungs- und Materialvorräte knapp wurden. Hinzu kam noch, daß die Männer ständig in der Angst vor Banditen, Malaria, Tigern, Bären und Schlangen lebten.

Die Arbeit selbst war körperlich auszehrend und auch geistig eine Strapaze. Die sperrigen, schwerfälligen Theodolite, die zur Winkelberechnung benötigt wurden, wogen über 45 Kilogramm. Man brauchte zwölf Männer, um sie über Flüsse und Gletscher, steile Berge und Schluchten zu transportieren. Schließlich handelte es sich um äußerst empfindliche Präzisionsinstrumente, die schon bei einem kleinen Stoß ihre Genauigkeit einbüßen konnten.

Hatte man sie aufgebaut, mußten die Abweichungen für eine Reihe von Faktoren eingestellt werden, wie Höhe, Erdkrümmung, Lichtbrechung bei großen Distanzen und der Einfluß der vielen großen Berge. Dennoch maßen diese Geräte erstaunlich genau, und nach einer Reihe von Messungen, die über Hunderte von Meilen durchgeführt wurden, ergab sich selten mehr als ein Zentimeter Abweichung pro Kilometer.

Im Herbst 1847 konzentrierte sich der Vermesserstab auf einen Gipfel im Kangchenjunga, das man damals für das höchste Massiv der Erde hielt. Dahinter im Norden erblickte man jedoch einen anderen gewaltigen Gipfel, der vielleicht noch höher war. Diesen unbekannten Riesen nannten sie „Gipfel B" und schon bald kamen Waugh die ersten Zweifel, ob es sich beim Kangchenjunga wirklich um die höchste Erhebung im Himalaya handelte. Er ordnete weitere Messungen an, um das Rätsel zu lüften.

Aus sechs verschiedenen Richtungen wurden Messungen vorgenommen, aber selbst der nächste Standort lag noch immer mehr als 170 Kilometer vom Gipfel entfernt. Diese enormen Entfernungen, verbunden mit den Irritationen des von Schneefeldern und Gletschern reflektierten Lichts, verhinderten, daß der Theodolit zweimal hintereinander dasselbe Ergebnis lieferte. Es nahm Jahre beschwerlicher und peinlich genauer Berechnungen in Anspruch, bis die Bestätigung schließlich da war: Der Gipfel B war um einiges höher als das Kangchenjunga-Massiv.

Im Jahr 1852 waren die Berechnungen abgeschlossen. Beim Gipfel IX (Kangchenjunga) handelte es sich mit 8 628 Metern Höhe in der Tat um ein gewaltiges Bergmassiv. Doch die Überraschung war der Gipfel B, den man mittlerweile in Gipfel XV umbenannt hatte. Er brachte es auf stolze 8 840 Meter über dem Meer. Mit typisch viktorianischer Zurückhaltung erklärte Waugh, beim Gipfel XV könne es sich *möglicherweise* um den höchsten Berg der Erde handeln. 1856 verkündete er diese Entdeckung schließlich der Öffentlichkeit. Er beschloß, den Berg nach seinem Amtsvorgänger zu benennen, nach einem Mann, der Entscheidendes für die Vermessung Indiens geleistet hatte. Hierzu sei noch gesagt, daß George Everest diese Ehre überaus peinlich war, und noch auf dem Sterbebett wünschte er, man hätte dem Berg einen einheimischen Namen gegeben. Erst später stellte sich heraus, daß dieser Berg viele verschiedene Namen besaß: Tschoumou-Lancma stand auf einer französischen Karte des Jahres 1733. Andere Namen waren Jo-Mo-Glan-Ma, Devadhunga, Chinpopamaqi, Kangchen Lemboo Geudyong und der Türkisberg. Die Chinesen nennen ihn den Berg des großen Kopfschmerzes, die Nepalesen Sagarmatha. Der schönste Name stammt aber wohl aus Tibet – Chomolungma, „Göttin-Mutter" der Erde.

Bis heute streitet man sich über die exakte Höhe des Everest, weil sich die Dicke der Schneeschicht verändert und außerdem Abweichungen in der Schwerkraft und Lichtbrechung bestehen. In den 1950er Jahren wurde die ursprüngliche Berechnung seiner Höhe auf 8 848 Meter nach oben korrigiert. Aber man ist sich auch heute nicht völlig sicher, ob es sich dabei um die exakte Höhe handelt. Colonel

S.G. Burrard von der GTS äußerte einmal: „Alle Beobachtungen sind fehlerhaft. Kein Teleskop ist perfekt, kein Nivelliergerät absolut zuverlässig, keine Instrumenteneichung fehlerfrei, kein Beobachter unfehlbar."[2]

Das ist eine weise Erkenntnis, aber damals wußte auch noch niemand, daß der Himalaya immer weiter in die Höhe wächst, manchmal bis zu 2,5 Zentimeter pro Jahr, was für geologische Verhältnisse ungeheuer schnell ist. Natürlich gibt es auch den gegenläufigen Einfluß der Erosion, aber dennoch werden der Mount Everest und alle Berge um ihn herum allmählich höher.

Burrards Worte bewahrheiteten sich, als die Kartographen den Fuß des Himalaya erreichten. So war beispielsweise die Entfernung zwischen den Städten Kaliana und der fast 640 Kilometer südlich davon liegenden Stadt Kalianpur zunächst mittels Triangulation berechnet und anschließend direkt an der Oberfläche vermessen worden. Zwischen beiden Ergebnissen lag eine Abweichung von fast 150 Metern – für die GTS eine inakzeptable Ungenauigkeit.

Dieser Unterschied in den Messergebnissen wurde als das „indische Dilemma" berühmt, und erst nach mehreren Monaten des Rätselns fanden die Landvermesser heraus, wo das Problem lag. Sie waren von der Homogenität der Erdmasse ausgegangen und hatten geglaubt, die Erdanziehung wäre überall gleich, so daß das Bleigewicht unter dem Theodolit immer absolut genau lotrecht zur Oberfläche des Planeten hängen würde.

Doch die Erde ist *nicht* gleichförmig, und so nahmen die Vermesser an, die enorme Masse des Himalaya würde das

Bleilot ihres Theodoliten bis zu einem Viertelgrad beeinflussen. Das war jedoch zuviel, wie sich herausstellte, denn das Gebirge verursachte zwar eine Abweichung, aber nur in einer Größenordnung von *einem Zwölftel* Grad.

Einmal erkannt, ließ sich dieser kleine Fehler schnell beheben, aber er bewirkte eine grundlegende Veränderung im Nachdenken über geologische Formationen. Der französische Wissenschaftler Pierre Bouguer war davon ausgegangen, daß Gebirge aus *weniger dichtem* Gestein bestehen als das Flachland. Sollte sich das bewahrheiten, wäre das eine Erklärung dafür, daß die Gravitation des Himalaya geringer war als ursprünglich angenommen.

Die Entdeckungen bei der Vermessung Indiens führten zu einem komplexeren Verständnis von Gebirgsstrukturen und zur Entwicklung der Theorie der *Isostasie*. Diese Theorie besagt, daß jedes Gebirge eine „Wurzel" besitzt, der eines Zahnes vergleichbar, die genauso tief im Zahnfleisch steckt, wie der Zahn selbst herausschaut. Anschließende Gravitationsmessungen stützten die Idee, daß es unterhalb der Gebirge tatsächlich Gestein mit reduzierter Masse gibt – eine „Wurzel" aus leichterem Material. Aus diesem Grund hatte das Bleilot der Landvermesser eine geringere Abweichung erfahren als zunächst angenommen.

Nicht weniger faszinierend als das Problem bei der Vermessung des Everest ist die Frage, warum der Berg überhaupt existiert. Vor etwa 100 Millionen Jahren, als noch Dinosaurier die Erde bewohnten, war der indische Kontinent eine große Insel auf der Südhalbkugel. Sie hatte gerade begonnen, von dem viel größeren Superkontinent Gondwana abzubrechen, zu dem die Kontinente Afrika, Südamerika, Australien und die Antarktis gehörten.

Als Gondwana zerbrach, begannen die fünf wichtigsten Kontinente durch einen Vorgang, den die Geologen Meeresbodenspreizung nennen, an ihre heutigen Positionen zu wandern. Diesen Vorgang muß man sich wie die Bewegung eines globalen Fließbands vorstellen, auf dem die Kontinentalplatten wie die Teile eines Riesenpuzzles über die Oberfläche des Planeten geschoben werden. Im Falle Indiens bewegte sich die Kontinentalplatte nach Norden mit der geologisch gesehen halsbrecherischen Geschwindigkeit von zehn Zentimetern pro Jahr. Vor circa 70 Millionen Jahren überquerte die indische Platte den Äquator und stieß schließlich mit dem nördlich von ihr gelegenen Kontinent Eurasien zusammen.

Dadurch daß Indien immer weiter nach Norden driftete, wurden die Ränder beider Kontinente aneinander gepreßt und hochgeschoben – wie ein Teppich an einer Wand.

Das Ergebnis dieses kontinentalen Kräftemessens war das Himalaya-Gebirge, eine durcheinander gewürfelte Mischung aus altem eurasischem Gestein, der indischen Kontinentalplatte und viel jüngerem Sedimentgestein aus dem Ozean, der einst Indien und Asien voneinander getrennt hatte. Die Kollision zwischen den beiden Kontinentalplatten geht auch heute noch weiter. Sie ist der Grund, warum der Himalaya immer weiter in die Höhe wächst.

Aus diesen dramatischen Ereignissen ist der Mount Everest entstanden – eine riesige, dreieckige Pyramide, deren Grate bis zur Spitze laufen und unter der sich drei breite Flanken

‚NÄHER AM HIMMEL...'

befinden – die Nordflanke, die Südwestflanke und die Kangshung oder Ostseite. Unterteilt werden diese drei Flanken von drei Graten, die meist als Routen auf den Gipfel genützt werden – der Nordostgrat, der Westgrat und der Südostgrat. Geologisch gesehen ist der Berg eine Mischung vieler verschiedener Gesteine. Die unteren Schichten bestehen zumeist aus metamorphem Gestein, das durch Hitze oder Druck oder beides zusammen verändert wurde. Das sind vor allem grobkörnige Schiefer, Gneise und Migmatite. In größerer Höhe findet man Granit, ein Eruptivgestein, das beim langsamen Abkühlen der heißen Magma entsteht und gemeinhin den Grundstock zahlreicher Mittelgebirge bildet.

Auf dem Gipfel des Everest finden sich Sedimente – Ton, Schlick und die karbonathaltigen (kalkigen) Überreste mariner Fossilien, die aus dem warmen tropischen Meer Thetys stammen und durch die enormen Kräfte bei der Entstehung des Himalaya bis auf das Dach der Erde geschoben wurden. Diese Schicht wird von den Bergsteigern das *Yellow Band* genannt. Die Spitze der Pyramide besteht aus einem reineren Kalkstein und Sandschichten. Wenn sich die Bergsteiger auf dem höchsten Gipfel der Erde fotografieren lassen, dann stehen sie eigentlich auf dem Meeresgrund, auf 50 Millionen Jahren alten maritimen Fossilien.

Der auch weiterhin noch fortdauernde Zusammenprall der beiden Kontinente hat zahlreiche Auswirkungen, zu denen auch verheerende Erdbeben gehören. Andererseits ist dadurch auch eine Landschaftsformation von unvergleichlicher Schönheit und voller Kontraste entstanden: Bergriesen und weitläufige Hochgebirgsebenen, einige der größten Flüsse der

Welt und eindrucksvolle Gletscher. Ein Land, das unter glühender Sonne brennt und unter eisiger Kälte erstarrt. Hurrikans und Schneestürme, die in den Bergen toben, während in geschützten Tälern sanfte Winde wehen und warmer Regen fällt.

Schon seit dem 14. Jahrhundert hat Tibet die Europäer fasziniert und in seinen Bann geschlagen: ein Land mit mysteriösen religiösen Ritualen und einer Gesellschaftsstruktur, die sich in Hunderten von Jahren kaum verändert hatte; umgeben von imposanten Bergriesen, die das Land besser schützten als die dicksten Mauern einer Zitadelle, mit Höhenwegen als einziger Verbindung zu den Nachbarländern, die leichter zu verteidigen waren als die Tore eines Schlosses. Für die europäischen Entdecker und Abenteurer war Tibet die ultimative Herausforderung.

KAPITEL VIER

‚Der Einsatz hat sich gelohnt'

‚Die Expedition steckte voller Gefahren,
aber le leu vaut bien la chandelle
(Der Einsatz hat sich gelohnt).'

Brief von William Moorcroft, kurz vor seinem Tod verfaßt; 1825

So wie die Natur das Vakuum verabscheut, so ertrug das sich immer weiter ausdehnende britische Empire keine weißen Flecken auf der Landkarte. In der zweiten Hälfte des 19. Jahrhunderts kontrollierte und beherrschte England weite Teile der Welt, darunter auch Indien, das Juwel in Königin Viktorias Herrscherkrone. Doch im Norden des Subkontinents befand sich noch immer ein weißer Fleck auf dem Globus – der Himalaya. Er stellte eine Herausforderung dar, der man nicht lange widerstehen konnte.

Buddhistische Mönche hatten schon zwischen dem 5. und 7. Jahrhundert von China aus Pilgerreisen nach Indien unternommen und ihre Eindrücke festgehalten, aber den Briten waren diese Schriften bis in die Sechziger Jahre des 19. Jahrhunderts nicht einmal bekannt.

Eines der ersten Zeugnisse europäischer Reisen nach Tibet stammt aus dem 14. Jahrhundert von dem Franziskaner

Odoric, der behauptet, zufällig auf das Land gestoßen zu sein. Ob er seine eigenen Erfahrungen niederschrieb oder nur das, was man ihm selbst erzählt hatte, haben die Historiker bis heute nicht eindeutig klären können, denn sein Bericht über Lhasa ist eine schaurige Mischung aus Fakten und Phantasie.

Im späten 16. Jahrhundert reisten Jesuiten von Goa an den Hof des Großmogul Akbar in Agra, wo sie von umherziehenden Erzählern Geschichten über Menschen aufschnappten, die hinter den Bergen lebten und religiösen Praktiken anhingen, die denen der römisch-katholischen Kirche nicht unähnlich zu sein schienen.

Im Jahre 1603 beschlossen die Jesuiten, einen Versuch zu unternehmen, diese geheimnisvolle Gemeinschaft ausfindig zu machen. Sie scheiterten, aber schon 1624 fand auf Anregung von Pater Antonio de Andrade, dem Leiter der jesuitischen Mission am Hof des Mogul, ein zweiter Versuch statt. Seine kleine Gruppe setzte sich als hinduistische Pilger verkleidet Richtung Norden in Bewegung, aber nahe der Grenze flog ihre Maskerade auf. Die Jesuiten wurden gezwungen umzukehren. Davon unbeeindruckt versuchten sie noch einmal nach Tibet zu kommen, diesmal über eine entlegene Hochgebirgsroute. Auf einer Höhe von fast 5 500 Metern kämpften sie sich durch Tiefschnee und Schneestürme, in denen sie fast erblindeten. Sie wunderten sich über ihre Kurzatmigkeit, waren aber nicht bereit, den Einheimischen zu glauben, daß dies an der giftigen Luft lag. Andrade notierte sich: „Den Eingeborenen zufolge sterben viele Menschen an den giftigen Dämpfen, die in die Höhe steigen. Es ist eine Tatsache, daß Menschen, die sich ansonsten bester Gesundheit erfreuen, plötzlich krank werden und innerhalb nur einer Viertelstunde sterben."[1] Bei diesem Bericht handelt es sich wahrscheinlich um die erste aktenkundige Beschreibung der Höhenkrankheit.

Mit einer Kombination aus festem Glauben und körperlicher Zähigkeit schafften es die Jesuiten, den Himalaya zu überqueren. Aus ihren Berichten erfährt man viel über ihre Entbehrungen, aber leider kaum etwas über die Geographie. Auf einer der letzten Etappen dieser europäischen Expedition, die als erste einen Himalayapaß erreichte, schlug ein Blitz in die Gruppe: „Unsere Füße waren so gefroren und geschwollen, daß wir es gar nicht bemerkten, als wir das rotglühende Eisen berührten."[2]

Pater Andrade erreichte das alte Königreich von Gugé im Westen von Tibet, fand dort aber keine Christen vor. Die Menschen dort waren zwar äußerst religiös, und viele ihrer Huldigungen erinnerten an das Christentum – zum Beispiel ihre Gesänge und Gewänder – aber sie tranken auch aus menschlichen Schädeln und benutzten Oberschenkelknochen als Trompeten. Überzeugt davon, daß es sich bei ihnen nicht um eine versprengte christliche Gemeinschaft handelte, baute Andrade eine Mission auf, doch seinem Versuch, die Tibeter zum christlichen Glauben zu bekehren, war kein Erfolg beschieden. 1630 kehrte er nach Goa zurück und starb vier Jahre später. Offensichtlich wurde er von einem Ordensbruder vergiftet, der etwas gegen seine Begeisterung für die Inquisition hatte. Trotz seines frühen Endes kann er für sich in Anspruch nehmen, der erste echte europäische Entdeckungsreisende im Himalaya gewesen zu sein.

Im Jahr 1712 gelang es wiederum einem Jesuiten, dem jungen Ippolito Desideri, den Papst zu einer weiteren Expedition nach Tibet zu überreden. Als er in Indien eintraf, fand er ein Land vor, das sich in noch größerem Chaos befand als zur Zeit Andrades: Das Reich des Großmogul war in Auflösung begriffen. Dennoch kämpfte sich seine Gruppe über die hohen Bergpässe. Als der Pater jedoch einmal schneeblind wurde, nutzten die Träger die Gelegenheit zum Streik. Sie etablierten damit (zum allerersten Mal) etwas, das zu einer weit verbreiteten und altehrwürdigen Tradition bei allen Himalaya-Expeditionen geworden ist, ja mittlerweile sogar zum Brauchtum des Himalaya gehört. Desideris Ordensbruder gab dem Führer der Sherpas mehr Geld und „beschwichtigte die Träger mit sanften Worten".[3]

Desideri reiste lange durch Tibet, bis er 1727 nach Rom zurückbeordert wurde. Dort begann er mit einer Niederschrift über Religion, Geschichte, Geographie und Kultur des Landes, starb jedoch noch vor der Veröffentlichung seines Buchs *Historical Sketch of Tibet*. Das Manuskript ging verloren, und eine Abschrift tauchte erst wieder 1875 auf, viel zu spät, um den Briten noch irgendwie zu nützen.

Zur Zeit von Desideris Tod war England bereits zur wichtigsten Kolonialmacht in Indien avanciert und die Erkundung des Himalaya eine fast ausschließlich britische Angelegenheit geworden. Zu den Reisenden, die von dieser Region besonders angezogen wurden, gehörten der exzentrische Dr. William Moorcroft, der als Begründer der neueren Himalayaforschung gilt. Man weiß nur wenig über ihn, weil er mehr über seine Erkenntnisse schrieb als über sich selbst.

‚DER EINSATZ HAT SICH GELOHNT'

Aber es besteht kein Zweifel an seiner Energie und seinem Enthusiasmus, ebensowenig wie an der starrsinnigen, exzentrischen und streitsüchtigen Seite seines Charakters. Er wurde als Spion, Genie, Abenteurer und Pferdehändler bezeichnet, und all diese Bezeichnungen enthalten ein Körnchen Wahrheit. Aber vor allem war Moorcroft eine neue Art Reisender, jemand, für den die Reise selbst das größte Vergnügen war. Als solcher war er die perfekte Verkörperung tatendurstiger britischer Entdeckungsreisender des 19. Jahrhundert, die zu Vorbildern für die Generation von George Mallory wurden.

In den 1790er Jahren hatte Moorcroft als junger Mann im Krankenhaus von Liverpool mit dem Studium der Medizin begonnen, meinte aber, als die Rinderpest ausbrach, in der Tiermedizin den Beruf der Zukunft zu erkennen. Deshalb zog er zum Studium nach Paris und kehrte als erster ausgebildeter Tierarzt nach England zurück, eröffnete in London eine Praxis und kam sehr schnell zu Geld und Ruhm. Er erfand auch eine Maschine, mit der man Hufeisen als Massenware produzieren konnte, aber das Unternehmen war ein Fehlschlag, bei dem er sein gesamtes Vermögen verlor.

Kurz darauf wurde er Tierarzt bei der britischen East India Company und sogleich mit der Aufgabe betraut, den Pferdebestand des Unternehmens in Indien zu verbessern. Moorcroft ging mit einer Begeisterung ans Werk, die seinen Arbeitgebern noch nie begegnet war. In kürzester Zeit und unter den fadenscheinigsten Vorwänden machte er sich auf den Weg nach Zentralasien. Er behauptete, neue Pferde finden zu müssen, wolle er die Zucht ernsthaft aufbessern.

Die erste seiner beiden großen Reisen unternahm er 1812 gemeinsam mit dem anglo-indischen Kartographen Hyder Young Hearsey. Sie hatten vor, „sich bis zu den Tataren durchzuschlagen", seinen Vorgesetzten aber sagte Moorcroft einfach, er wolle einen „Ausflug in die Berge machen", um sich „bei den Bergrassen nach frischem Blut" umzusehen. Außerdem wolle er „Bergziegen wegen ihres dicken Fells züchten". 4 Als Hindupilger verkleidet zogen die beiden unter den Namen Mayapori und Haragiri los. Begleitet wurden sie von fünfzig Trägern und zwei indischen Landvermessern, von denen einer die zurückgelegte Entfernung berechnen mußte, indem er Doppelschritte von genau vier Fuß Länge machte. Als Kartograph hatte Hearsey auch einen Kompaß und ein Thermometer dabei, mit dem er die Temperatur von siedendem Wasser maß und so jeweils die ungefähre Höhe ermittelte. Die Temperatur, bei der Wasser kocht, nimmt mit zunehmender Höhe beständig ab. Dieses Phänomen kann man sich zunutze machen, um die Höhe eines Ortes über dem Meer zu bestimmen.

Der Weg nach Tibet war alles andere als einfach. Um ins Land zu kommen, mußte die Expedition den Niti Paß in Garhwal überqueren, der nur etwas westlich von dort ist, wo heute die Grenze zu Nepal verläuft. Moorcroft schickte ein Geschenk an den tibetischen Gouverneur in Daba voraus. Aber als er in Niti ankam, mußte er feststellen, daß sein Geschenk zurückgewiesen worden war, und das zusammen mit einer Truppenabordnung, die die Expedition von der Einreise ins Land abhalten sollte.

Moorcroft beeindruckte das allerdings nicht sonderlich. Mit einer Mischung aus Schläue und Glück betrat er schließlich doch tibetisches Gebiet. Als die East India Company von Moorcrofts tatsächlichem Reiseziel erfuhr, waren sich die Verantwortlichen dort plötzlich nicht mehr so sicher, ob Moorcroft wirklich nur nach neuen Zuchthengsten suchte. Denn die *Kiangs*, die einzigen pferdeähnlichen Tiere Tibets, waren wild lebende Esel, die sich zum Züchten ganz bestimmt nicht eigneten. Moorcroft konnte sich teilweise rehabilitieren, als er mit 50 Ziegen heimkehrte, mit deren Wolle sich eine recht einträgliche Produktion von Kaschmirschals aufziehen ließ. Aber schon jetzt hatte er den Ruf weg, „kreuz und quer durchs Land hinter Phantomen herzujagen".[5]

Kaum war der unverbesserliche Moorcroft zurück, sprach er schon von seinen Reiseplänen zur legendären Stadt Bokhara im westlichen Turkestan. Sieben Jahre lang lag er seinen Vorgesetzten in den Ohren, ehe man ihm die Reise schließlich doch bewilligte – zu dem Zeitpunkt war er schon 55 Jahre alt. Selbst Moorcroft wußte, daß dies sein letztes großes Abenteuer sein würde. Er schaffte es bis zur sagenumwobenen Stadt Bokhara und bestand dann darauf, seine Reise nach Zentralasien fortzusetzen – was verheerende Folgen hatte.

Nur wenige Wochen später waren Moorcroft und seine beiden englischen Begleiter tot. Manche glauben, russische Agenten hätten sie getötet, andere, daß sie ausgeraubt und erschossen wurden. Was auch immer geschehen sein mag, es war das tragische Ende eines unternehmungslustigen und vielseitigen Engländers, der weit herumgekommen war und viel zum Verständnis Asiens beigetragen hat. Der passendste

Nachruf stammt aus einem Brief, den er kurz vor seinem Tod aus Turkestan abschickte: „Die Expedition steckte voller Gefahren, aber *le jeu vaut bien la chandelle* (Der Einsatz hat sich gelohnt)."[6]

Aber es gab nicht nur die Briten, die vom Himalaya fasziniert waren. 1854 nahmen drei Brüder aus Bayern, Adolf, Robert und Hermann Schlagintweit ihre Arbeit für die britische East India Company auf. Empfohlen hatte sie Freiherr Alexander von Humboldt – der vielleicht bedeutendste Reisende seiner Zeit – mit Unterstützung des Königs von Preußen. Ihre Ankunft löste große Bestürzung bei den Landvermessern der GTS aus. Schließlich hatten die Briten Hunderte von Kartographen, die im ganzen Land tätig waren. Was hatten diese drei Deutschen also an der derart heiklen Grenze im Norden zu suchen?

Als die Brüder Schlagintweit in Bombay ankamen, schrieb der Chefredakteur der Bombay Times, sie seien zwar gut ausgerüstet, ob sie aber mit dem Material umzugehen verstünden, wisse man nicht. Außerdem rauchten sie so stark, daß man bezweifeln müsse, ob sie Kalkutta je lebend erreichten. Doch sie schafften es, und sie reisten ausgiebig im Himalaya umher.

1855 erreichten Adolf und Robert Schlagintweit das Johar Tal, wo sie Mani Singh Rawat und seine zwei jüngeren Cousins Dolpa und Nain anwarben. Diese drei Bothias begleiteten die Schlagintweits in den Norden nach Gartok, und von dort weiter nach Ladakh. Aber erst später bei der Erkundung Tibets durch die Briten sollten sie eine noch wichtigere Rolle spielen.

‚DER EINSATZ HAT SICH GELOHNT'

Die deutschen Brüder überquerten den Karakorum Paß und erkundeten das Kun Lun Gebirge bis zum Norden der tibetischen Hochebene, sie überquerten als erste die Gebirgszüge zwischen Indien und Turkestan, und sie waren auch die ersten, die erkannten, daß das Karakorum und das Kunlun zwei voneinander getrennte Gebirge waren. Im Jahr darauf, 1857, kam Adolf Schlagintweit nicht mehr von einer Expedition in den Norden zurück. Er war in einen Bürgerkrieg geraten und außerhalb von Kashgar hingerichtet worden.

1861 boten die beiden noch lebenden Brüder ihre Arbeit und ihre Erkenntnisse der Royal Geographical Society an. Ihr Gesuch wurde abgelehnt, weil die Gesellschaft ihnen keinen Auftrag erteilt und ihre Erkundungsreisen nicht einmal begrüßt hatte. Natürlich verhielten sich die Briten diesen „Außenseitern" gegenüber zurückhaltend, vielleicht sogar ablehnend. Das mag auch der Grund dafür sein, warum ihre Leistungen bis heute nicht gebührend gewürdigt wurden. Die detaillierten Berichte ihrer Reisen wurden nie ins Englische übertragen und verstaubten unberücksichtigt in den hintersten Winkeln der Geschichte.

In der Mitte des 19. Jahrhunderts konsolidierten die Briten ihre Herrschaft in Indien. Die Spannungen mit dem zaristischen Russland nahmen zu (Die Briten bezeichneten den Konflikt gerne als das „Große Spiel"; ein russischer Minister nannte es einmal „den Wettkampf der Schatten"). Exakte geographische Kenntnisse des Gebiets nördlich von Indien waren für die Briten von entscheidender Bedeutung, wollten sie die Expansionspläne Russlands durchkreuzen. Aber mittlerweile hatte Tibet seine Grenzen hermetisch abgeriegelt. Um das Einreiseverbot zu umgehen, beschlossen die Briten, Einheimische auszubilden und sie in geheimer Mission ins Land zu schicken.

Captain Thomas G. Montgomerie, einer der Landvermesser bei der großen Kartographierung Indiens, erhielt den Auftrag, eine Gruppe von Agenten zusammenzustellen. Sein Hauptproblem war, die richtigen Leute zu finden – vermutlich eines der unvermeidlichen Probleme beim Aufbau *jedes* Spionagerings. Er kämmte die Basare durch, auf der Suche nach Einheimischen, die Interesse an seiner ungewissen (und gefährlichen) Mission hatten. Aber seine Bemühungen führten nicht zum gewünschten Erfolg: „Männer, die sich freiwillig für eine solche Aufgabe meldeten, gab es viele, und wenn man ihren eigenen Angaben Glauben schenkte, waren sie für die Aufgabe alle bestens gerüstet. Aber leider brachte schon das erste Nachhaken die Zahl der geeigneten Kandidaten auf Null: Viele konnten nicht schreiben, andere waren zu alt, und sie hatten keine Ahnung von einer derartigen Unternehmung. Doch jeder von ihnen hatte ein genaue Vorstellung davon, wieviel man ihm zahlen und welche Auszeichnungen er sich verdienen würde, an die im übrigen noch genaue Bedingungen geknüpft waren; nur für die offensichtlichen Gefahren im Falle einer Bloßstellung schien sich keiner zu interessieren."[7]

Ernüchtert entschied sich Montgomerie für einen anderen Weg und wählte seine Kandidaten diesmal aus einer Gruppe aus, die ihm vom Indian Education Service vorgeschlagen wurde. Nur zwei Rekruten überlebten das zweijährige Training, und das waren keine anderen als die Cousins Nain

‚DER EINSATZ HAT SICH GELOHNT'

Singh und Mani Singh – dieselben, die Jahre zuvor die Schlagintweits begleitet hatten. Nain Singh war ein junger Lehrer aus einem der Hochtäler des Himalaya – ein brahmanischer Gelehrter, ein *Pandit* –, woraus die Engländer „Pundit" machten und so alle späteren Rekruten nannten. Den Männern wurde das bescheidene Gehalt von 16 Rupien pro Monat bezahlt, das später auf 20 Rupien angehoben wurde.

Rudyard Kipling hat viele Geschichten über die Pundits und ihre Heldentaten erzählt, von denen die berühmtesten wohl aus seinem Buch *Kim* stammen, in dem die Pundits in eine politische Auseinandersetzung zwischen den britischen Raj und dem zaristischen Russland geraten. Die Leistungen der Pundits in dieser Konfrontation sind nie entsprechend gewürdigt worden. Das liegt zum Teil in der Natur ihrer Aufgabe, im Verborgenen zu agieren, aber auch daran, daß ihre Heldentaten später im unabhängigen Indien als „unpatriotisch" galten. Und doch war es vor allem den Entbehrungen und Risiken zu verdanken, die sie in Tibet auf sich nahmen, daß der Rest der Welt von der Größe und Vielfältigkeit des Landes Notiz nahm.

Tarnung, Geheimhaltung und Täuschungsmanöver, all das gehörte zur Ausbildung der Pundits ebenso wie die Erlernung von Vermessungstechniken und der Umgang mit dem Kompaß. Man drillte sie darauf, genau 2 000 Schritte pro Meile zu machen, wobei jeder Schritt genau 80 Zentimeter lang sein mußte. Um die Anzahl der Schritte zu zählen, trugen die Pundits präparierte „Rosenkränze" mit einhundert Perlen bei sich. Auf diese Weise vermaßen die Briten große Teile des Himalaya.

Die Pundits lernten, sich Informationen durch ständige Wiederholung einzuprägen, wobei sie auf ihren langen Wanderungen so laut sangen wie die Tibeter beim Beten. Man zeigte ihnen, wie man Aufzeichnungen und Messungen verstecken konnte, so daß sie aussahen wie niedergeschriebene Gebete, und sie in eigens dafür präparierten buddhistischen Gebetsrolle verbarg, die sie ununterbrochen bei sich trugen.

Natürlich durften auch Decknamen nicht fehlen! Nain Singh war der „Chefpundit" oder auch „No. 1". Sein Cousin Mani Singh war „Patwar" oder „G-M", und als Nain Singhs zweiter Cousin, Kalian Singh, auch noch zur Gruppe stieß, erhielt er den Namen „Third Pundit" oder „G-K".

Auf ihrer ersten Mission 1865 sollten Nain und Mani Singh über Nepal nach Tibet einreisen und die Hauptstadt Lhasa finden, deren geographische Lage noch immer Gegenstand heftiger Spekulationen war. Trotz all der Jahre des Trainings und der Vorbereitung lief nicht alles glatt. Die Pundits versuchten als bisaharische Pferdehändler vom Punjab aus nach Tibet einzureisen, aber die Grenzposten waren gewarnt worden, hielten sie auf und machten sie darauf aufmerksam, daß es weder die richtige Jahreszeit für den Pferdehandel sei, noch der richtige Ort dafür.

Mani Singh gab auf und drehte um, verschaffte sich aber später über eine andere Route Zugang nach Tibet. Nain war aus anderem Holz geschnitzt, setzte die Mission fort und reiste als Händler aus Ladakh verkleidet nach Tibet ein. Zwar raubte man ihm fast sein gesamtes Geld, aber irgendwie schaffte er es, das Wichtigste zu behalten: sein kartographisches Werkzeug.

‚DER EINSATZ HAT SICH GELOHNT'

Diesmal als Pilger verkleidet, hatte sich Nain einer Händlerkarawane aus Ladakh angeschlossen. Seine zur Schau gestellte religiöse Hingabe war eine perfekte Tarnung für seine anderen Aktivitäten: Seine Mitreisenden sahen, wie er seine „Gebete" rezitierte, während er am Tag marschierte, und verfolgten interessiert und erstaunt seine sonderbaren nächtlichen Zeremonien. Setzte die Karawane ihre Reise per Boot fort, dachte man sich nichts Schlimmes dabei, wenn ihr Pilger darauf bestand, am Ufer nebenherzulaufen, mit einem Rosenkranz in der Hand und immer schön die Perlen zählend, die ihm durch die Finger glitten.

Nain Singh erreichte Lhasa im Januar 1866 und mietete sich ein paar Zimmer, die ihm als persönliches Observatorium dienten. Er schüttete Quecksilber in eine Schale und verwendete die reflektierende Oberfläche als künstlichen Horizont für Sextantmessungen von seinem Fenster aus. So konnte er die genaue geographische Lage der Stadt bestimmen. Auch maß er die Temperatur kochenden Wassers und errechnete die Höhe der Stadt mit 3 420 Metern über dem Meer – eine Schätzung, die von der tatsächlichen Höhe nur um 3,5% abweicht.

Seine prekäre Situation wurde ihm erst vollends bewußt, als er der öffentlichen Enthauptung eines Chinesen beiwohnte, der die Stadt ohne Erlaubnis betreten hatte. Am 21. April 1866 verließ er Lhasa und schloß sich einer weiteren Ladakhi-Karawane an, die sich Richtung Westen entlang des Flusses Tsangpo auf den Weg machte. Pflichtbewußt notierte er Entfernungen und Positionen und zeichnete mehr als 800 Kilometer Flußverlauf auf.

Ende Oktober meldete sich Nain Singh in der zentralen Vermessungsstelle in Dehra Dun zurück, nachdem er 21 Monate zumeist allein unterwegs gewesen war. Mehr als 2000 Kilometer hatte er auf Handelsrouten zwischen Nepal und Lhasa zurückgelegt und dabei wichtige kartographische Messungen durchgeführt. Er lieferte lebendige und eindrucksvolle Beschreibungen von Tibet, vor allem von der Hauptstadt Lhasa. Nach vielen weiteren erfolgreichen Missionen wurde Nain Singh die Goldmedaille der Royal Geographical Society verliehen, denn er hatte „mehr Einzelinformationen zum Erstellen der Landkarte Asiens geliefert als irgendein anderer Mensch in unsrer Zeit".

Im Verlauf der nächsten 20 Jahre wurden immer mehr Pundits für geheime Missionen in den Norden ausgebildet – mit wechselndem Erfolg allerdings. Hari Ram, der legendäre M-H, machte sich von Darjeeling aus auf den Weg nach Nepal. Er erreichte Shigatse im Süden Tibets und erkundete das Bergmassiv um den Everest. Auch er kam bis Lhasa und kehrte mit Beschreibungen und Daten über annähernd 48 000 Quadratkilometer zuvor völlig unbekannten Terrains zurück.

Was den vollständigen Aufopferungswillen angeht, kann die Geschichte von Kintup, genannt K-P, wohl kaum überboten werden. Er wurde nach Tibet geschickt, um herauszufinden, ob der Tsangpo in den Brahmaputra mündete. Sein Gefährte war als mongolischer Lama und er als sein Diener verkleidet. Sie hatten den Auftrag, nach Norden bis zum Tsangpo zu reisen, und von dort so weit östlich wie möglich. Anschließend sollten sie 500 markierte Holzstücke in den Tsangpo werfen – 50 pro Tag, an zehn aufeinander-

‚DER EINSATZ HAT SICH GELOHNT'

folgenden Tagen. Beobachter wurden am Brahmaputra postiert, um nach den Hölzern Ausschau zu halten. Würden sie auftauchen, wäre damit zweifelsfrei bewiesen, daß die beiden großen Flüsse miteinander verbunden waren.

Es war eine clevere Idee, aber mit all den Vorstößen der Pundits nach Tibet tauchten Schwierigkeiten auf, mit denen man gar nicht gerechnet hatte. Der mongolische Lama erwies sich als alles andere als ein Heiliger und hatte das ganze Geld des Vorhabens schon lange vor Erfüllung der Mission für Frauen und Alkohol ausgegeben. Vier ganze Monate verbummelte er in nur einem Dorf, und Kintup mußte seine eigenen Reserven angreifen, um seinen „Meister" wieder freizukaufen, nachdem er sich mit der Frau eines anderen eingelassen hatte.

Den Tsangpo erreichten sie viel später als vorgesehen, nach einer siebenmonatigen Wanderung durch Tibet, aber immerhin kamen sie bis Gyala und drangen sogar ein Stück in die wunderbare, vom Fluß eingeschnittene Schlucht ein. Kintup machte sich genaue Notizen über seine Beobachtungen, auch den eindrucksvollen 45 Meter hohen Wasserfall vermerkte er. Für den Lama schien der Reiz, in geheimer Mission unterwegs zu sein, nun endgültig verflogen zu sein. Er beschloß, in die Mongolei zurückzukehren, allerdings nicht ohne K-P vorher noch als Sklaven an einen ortsansässigen Stammesführer verkauft zu haben.

Kintup blieb keine Wahl, er mußte als Sklave schuften. Nach ein paar Monaten gelang ihm allerdings die Flucht. Er kehrte an den Tsangpo zurück, um seinen Auftrag zu Ende zu bringen. Unglücklicherweise hetzte ihm der Stammesführer ein paar Männer hinterher, um ihn einzufangen und ins Dorf zurückzubringen. Kintup wurde schließlich in der Nähe des Klosters Marpung gestellt, wo er sich dem Abt zu Füßen warf und erklärte, wie er von seinem Lama verraten und in die Sklaverei verkauft worden war. Der Abt hatte Mitleid mit dem Pundit und erklärte sich bereit, ihn für 50 Rupien freizukaufen, unter einer Bedingung jedoch: Kintup mußte seine Schuld abarbeiten.

Auch wenn Kintup noch immer in Gefangenschaft lebte, so war er doch nicht weniger fest entschlossen, seine Mission zu Ende zu bringen. Mehrere Monate vergingen, bevor er seinen Abt bat, eine Pilgerreise antreten zu dürfen. Von seinem religiösen Eifer sichtlich beeindruckt, willigte der Abt ein, und so konnte K-P unentdeckt an den Tsangpo zurückkehren, wo er gemäß seinem Auftrag 500 Hölzer vorbereitete, die genau 30 Zentimeter lang waren. An jedem Holz befestigte er die vorgesehene Markierung, die er trotz aller unglücklicher Ereignisse noch immer bei sich trug. Nur war er jetzt leider viel zu spät dran, und es machte keinen Sinn mehr, die Hölzer in den Fluß zu werfen, ohne die Zentrale zuvor über die Verspätung zu informieren. So versteckte K-P seine Holzladung in einer Höhle und kehrte ins Kloster zurück, um weiterhin seine Schuld abzuarbeiten.

Wieder vergingen ein paar Monate, bis Kintup fragte, ob er noch einmal eine Pilgerreise antreten dürfe. Wieder war der Abt einverstanden. Diesmal machte er sich auf den Weg Richtung Lhasa, wo er einen Händler aufsuchte, den er aus Sikkim kannte. Trotz seiner Tätigkeit als Spion war Kintup ungebildet und des Schreibens nicht mächtig, und so bat er

‚DER EINSATZ HAT SICH GELOHNT'

den Händler, in seinem Namen einen Brief an den Leiter der Kartographie in Dehra Dun aufzusetzen: „Sir, der Lama, der mit mir losgeschickt wurde, verkaufte mich als Sklave an den Häuptling eines Dorfes und floh selbst mit der Ausrüstung, die er bei sich hatte. Deswegen war die Reise kein Erfolg. Dennoch habe ich, Kintup, 500 Holzstücke vorbereitet, wie mir Captain Harman aufgetragen hatte, und bin bereit, fünfzig davon pro Tag in den Tsangpo zu werfen, von Bipung in Pemako aus, vom fünften bis zum fünfzehnten des zehnten tibetischen Monats des Jahres, das sie *Chuluk* nennen..."[8]

Die Frau des Händlers nahm den Brief mit nach Darjeeling, und Kintup kehrte noch einmal ins Kloster zurück. Als neun Monate vorüber waren und der Zeitpunkt für das Einwerfen der Hölzer näherrückte, bat K-P seinen Abt noch einmal um die Erlaubnis zu einer Pilgerreise. Der Abt war von dieser außergewöhnlichen religiösen Hingabe so begeistert, daß er seinem Sklaven die Freiheit schenkte. So schnell ihn seine Beine trugen, überquerte Kintup die Berge, die zwischen dem Kloster und dem Tsangpo lagen. Am bezeichneten Tag warf er die ersten fünfzig Hölzer in den Fluß und tat das auch an allen folgenden neun Tagen. Anschließend kehrte er in die Zentrale der Landvermesser zurück. Mehr als vier Jahre war er unterwegs gewesen.

Seine Heimkehr war alles andere als ein Triumph. Als erstes erfuhr er, daß seine Mutter vor Gram gestorben war, weil sie geglaubt hatte, ihr Sohn sei in Tibet ums Leben gekommen. Als nächstes mußte er erfahren, daß der Brief seinen Adressaten in Dehra Dun nie erreicht hatte. So waren seine Hölzer also unangekündigt und damit auch unbemerkt den

Brahmaputra hinuntergetrieben. Schließlich erfuhr er noch, daß man mittlerweile den Verlauf des Tsangpo auf anderem Weg ermittelt hatte, sein Auftrag mit den 500 Hölzern und seine vierjährige Qual waren also umsonst gewesen.

Die schlimmste Demütigung war jedoch, daß niemand ihm seine Geschichte glaubte. Seine Ausdauer wurde zwar bewundert, aber sein Bericht wurde weithin als Spinnerei abgetan. Diese Ablehnung stürzte Kintup ins Vergessen und in die Armut. Seinen Lebensunterhalt bestritt er als Schneider in den Gassen von Darjeeling, ohne für seine Loyalität jemals Anerkennung oder gar eine finanzielle Entschädigung zu bekommen.

Fast 30 Jahre später bereiste der britische Grenzposten Colonel Eric Bailey die von K-P erkundete Region und war von der Genauigkeit seines Berichts äußerst überrascht. Er war überzeugt, daß K-P die Wahrheit erzählt haben mußte. Als er nach Dehra Dun zurückkehrte, setzte er sich sehr dafür ein, dem Pundit eine Rente zu zahlen. Zwar wurde sein Gesuch abgelehnt, aber Kintup erhielt zumindest eine einmalige Zahlung von 1 000 Rupien. Kurz darauf starb er – noch immer als Unbekannter, aber wenigstens mit der Genugtuung, rehabilitiert worden zu sein.

In den Achtziger Jahren des 19. Jahrhunderts tauchte eine neue Art von Himalayabesuchern auf – die echten Vorgänger von Mallory und Irvine. Die ersten Bergsteiger hatten das Gebirge entdeckt.

Bergsteigen war als Sport in der Mitte des 19. Jahrhunderts aufgekommen, als britische, französische und deutsche

‚DER EINSATZ HAT SICH GELOHNT'

Kletterer meist mit schweizerischen Bergführern anfingen, die schwierigeren Routen in den Alpen zu erkunden. Der Gipfel des Matterhorns wurde 1865 erreicht, und innerhalb weniger Jahre wurden auch alle anderen wichtigen Alpenhöhen bestiegen. Die europäischen Kletterer suchten nach neuen und größeren Herausforderungen, den Rocky Mountains, den Anden, dem Kaukasus, den afrikanischen Gipfeln und, was unvermeidlich war, schließlich auch den Bergzügen des Himalaya.

Erstaunlicherweise war der erste, der im Himalaya mit Kletterabsichten auftauchte, kein Brite, sondern der Ungar Maurice von Déchy. Leider wurde er krank und erreichte kaum etwas. Ihm folgte 1882 der englische Bergsteiger W.W. Graham mit einer Reihe schweizerischer Bergführer, um im Kangchenjunga zu klettern. Grahams Bericht über seine Besteigungen ist so widersprüchlich, daß man sich heute noch über seine Erfolge streitet. Der große Soldat und Entdecker Francis Younghusband schrieb: „(1885) sprach ich mit einem Verantwortlichen für die Vermessung Indiens über Grahams Bericht, demzufolge er den Kabru bis auf eine Höhe von 24000 Fuß bestiegen haben wolle. Er versicherte mir, Graham müsse den Gipfel verwechselt haben, weil man so hoch einfach nicht klettern könne: 22000 Fuß war die Grenze."[9] Die höchsten Gipfel des Himalaya lagen also für alle Zeit außerhalb menschlicher Reichweite.

1892 stieß William Martin Conway mit einer kleinen Expedition in das Herz des Karakorum vor und wurde damit zum ersten Europäer, der die Gebirgskette nach China überquerte. Conway war von Beruf Kunstkritiker, aber seine brennende Leidenschaft war, sich einen Namen als Entdecker zu machen. Er wurde einer der großen Kletterpioniere und der größte Bergsteiger seiner Zeit. Da er sich den K2 nicht zutraute, ging er den Pioneer Peak an, der mit 6 890 Metern noch immer einen neuen Höhenrekord im Klettern darstellte.

Die Nachricht von seinem Erfolg stieß auf großes Interesse in London und läutete eine neue Epoche der Kletterbegeisterung ein. Sofort gab es die ersten Spekulationen darüber, ob man auch den Everest selbst besteigen könne. Einer, der diese Möglichkeit immer verteidigt hatte, war Clinton Dent; er schrieb bereits 1885: „Nicht einen Augenblick lang würde ich behaupten, daß es vernünftig ist, den Mount Everest zu besteigen, aber ich glaube ganz fest daran, daß es in der Möglichkeit des Menschen liegt, es zu tun; und darüber hinaus bin ich mir sicher, daß wir diesen Moment noch erleben dürfen." [10]

Zu Conways Expedition gehörte ein junger Lieutenant des 5. Regiments der Gurkhas namens Charles Granville Bruce, den seine Freunde zärtlich „Charlie" oder „Bruiser" („Schläger") nannten. Er war ein Bär von einem Mann, sehr stark, obszön und voller Abenteuerlust. Angeblich soll er einmal beim Ringkampf drei Gurkhas gleichzeitig aus dem Ring geworfen haben.

Bruce hatte schon in Indien an einigen Feldzügen in unerforschtem Gebiet teilgenommen, wodurch sein Interesse am Bergsteigen geweckt worden war. Conways Expedition von 1892 ins Karakorum war Bruces erste wirkliche Kletter-

‚DER EINSATZ HAT SICH GELOHNT'

erfahrung, und, obwohl er an Malaria erkrankte, war er mit all seiner Energie bei der Sache. Bruce hatte bereits den Everest im Auge.

1893 kam es zu einem zufälligen Treffen von Bruce und Francis Younghusband in Chitral, einer britischen Garnisonsstadt an der Nordwestgrenze. Im Alter von 30 Jahren hatte sich Younghusband schon mit einigen erstaunlichen Reisen durch Asien einen Namen gemacht. So hatte er beispielsweise die Wüste Gobi durchquert und war auf den ungeheuerlichen Mustagh Paß gestiegen. In Chitral kletterten die beiden Männer gemeinsam, und Bruce machte den Vorschlag, sie sollten zusammen eine Expedition zum Everest organisieren. Aus ihren Plänen wurde zwar nicht sofort etwas, weil die Kontrolle der indischen Grenze Vorrang hatte, aber die Idee war geboren und sollte so schnell nicht sterben.

Unterdessen hatte auch der neu ernannte Vizekönig von Indien, Lord Curzon, begonnen, sich Gedanken über die Durchführbarkeit einer Expedition zum Everest zu machen. George Curzon war zwar kein Bergsteiger, hatte aber Erfahrung im Reisen. Er hatte Younghusband in Chitral kennengelernt, und seither waren die beiden befreundet. Den Gedanken, eine Expedition zum Everest durchzuführen, erwähnte er auch gegenüber William Douglas Freshfield, der damals sowohl Präsident des Alpine Club als auch der Royal Geographical Society war. Anläßlich eines offiziellen Besuchs Nepals legte Curzon der Regierung eine förmliche Expeditionsanfrage vor, aber leider konnte er die Idee zunächst nicht weiterverfolgen, weil ihm plötzlich die Weltpolitik in die Quere kam.

Curzon machte sich auf einmal ernsthaft Sorgen wegen der Drohungen Russlands gegen Tibet, und das „Große Spiel" wurde mit noch größerer Intensität gespielt. Curzon war überzeugt, daß die Russen die Invasion des tibetischen Hochlands vorbereiteten. Und so stellte er unter der Leitung von Colonel Younghusband eine kleine Armee zusammen. Tibet befand sich damals noch unter der Herrschaft der Chinesen, die aber große Schwierigkeiten hatten, das Land zu kontrollieren. Die Intervention der Briten – zunächst eine diplomatische Mission, um Handels- und Grenzbeziehungen zu stabilisieren – wurde schnell zu einem militärischen Feldzug. Dem tibetischen Widerstand gegen die Briten wurde mit Gewalt begegnet, der Dalai-Lama floh von Lhasa in die Mongolei.

Innerhalb eines Jahres hatten die Briten den Konflikt mit den Tibetern beigelegt und ein Abkommen ohne die Chinesen geschlossen. 1906 hatten die Chinesen auch mit Großbritannien einen neuen Vertrag ausgehandelt und forderten mit Gewalt die direkte Kontrolle über Tibet. Wieder verließ der Dalai-Lama das Land, diesmal ging er nach Indien. Das Debakel wandelte die tibetische Gleichgültigkeit gegenüber ihren Nachbarn im Norden in Feindseligkeit, und nach der chinesischen Revolution 1911 wies Tibet alle Chinesen aus, erklärte seine Unabhängigkeit und funktionierte tatsächlich als autonomer Staat, bis China Tibet 1951 „befreite".

Für Großbritannien hätte das Ergebnis nicht besser sein können. Russlands territorriale Ansprüche endeten erst einmal an der Grenze zu Tibet, und die Chinesen hatten keinen Einfluß mehr im Land. Die Briten hatten ihre Spannungen

‚DER EINSATZ HAT SICH GELOHNT'

mit dem Nachbarn im Norden abgebaut und zeigten starke diplomatische Präsenz in Lhasa. Die Bühne war bereit für Curzons Traum, eine Expedition zum Everest zu schicken. Andere hatten ähnliche Absichten. Während Younghusbands Marsch auf Lhasa im Jahr 1903 schoß ein junger Offizier namens J. Claude White das erste Foto vom Everest, auf dem deutlich die Ostflanke zu erkennen ist. Ein Jahr später führte Cecil Rawling, ebenfalls ein junger Offizier, einen kleinen Truppenteil nach Gartok im Westen Tibets und berichtete, die Nordflanke und den Nordgrat des Everest aus einer Entfernung von etwa 110 Kilometern gesehen zu haben. Er war von diesem Anblick völlig verzaubert und hegte insgeheim den Wunsch, den Berg zu besteigen.

Sobald sich die politische Situation in Tibet beruhigt hatte, schrieb Curzon an Freshfield in seiner Funktion als Präsident der Royal Geographical Society: „Ich möchte noch einmal die Frage aufwerfen, die ich Ihnen gegenüber bereits einmal anläßlich Ihres Besuches in Indien erwähnt zu haben glaube. Ich habe es immer als Schande empfunden, daß, da nun der zweithöchste Berg der Welt (K2) zum Großteil auf britischem Territorium steht, und der höchste in einem befreundeten Nachbarstaat, wir, die Bergsteiger und Pioniere des Universums par excellence, keinen ernstzunehmenden wissenschaftlichen Versuch unternehmen, einen der beiden Gipfel zu besteigen... Hätten Sie persönlich denn Interesse an einer solchen Expedition? Ich könnte mir vorstellen, daß sie vom *Alpine Club* und der *RGS* gemeinsam ausgerüstet werden könnten..."[11]

Curzon überdachte seinen Plan sehr sorgfältig. Er stellte sich vor, Sherpas einzusetzen und machte sich Gedanken über geeignete Standorte für die Lager, von denen aus man die Gipfel besteigen könne. „Die Lager werden aufgebaut und immer weiter an den Berg herangetrieben, bis schließlich das letzte Lager an einer Stelle aufgeschlagen wird, von der aus man den Gipfel in Angriff nehmen kann." [12] Er errechnete sogar die Kosten mit 5 000 bis 6 000 Pfund, und meinte, die Hälfte könne von der indischen Regierung übernommen werden.

Der *Alpine Club* studierte den Entwurf eingehend und bewilligte eine Förderung von 100 Pfund. Das war nicht ganz das, was Curzon sich vorgestellt hatte. Als jedoch die Pläne des Vizekönigs in größerem Rahmen bekannt wurden, bot A. L. Mumm, ein wohlhabendes Mitglied des Alpine Club, an, die gesamte Expedition zu finanzieren, um so den fünfzigsten Geburtstag des Clubs gebührend zu feiern. Aber dieses großzügige Angebot kam zu spät, da schon wieder die Politik im Wege stand.

1905 legte Curzon sein Amt als indischer Vizekönig nieder, aber sein Nachfolger Lord Minto (selbst Mitglied des Alpine Club) unterstützte die Expedition weiterhin. Nur leider blockierte jetzt John Morley, der neue Indienbeauftragte der britischen Regierung, das Vorhaben. Morley war ein älterer, nüchterner und ernster Mann, den die Kabinettsmitglieder untereinander nur „Tante Priscilla" nannten. Doch er hatte Macht, und er setzte sie ein. Von ganzem Herzen verabscheute er die Tibetpolitik Curzons, vor allem Younghusbands Marsch auf Lhasa, und war fest entschlossen, seine Stellung zu nutzen, jedes weitere Vordringen nach Tibet zu unterbinden. Er rechtfertigte seine Ablehnung mit der Behauptung, eine Expedition zum Everest würde gegen das neue englisch-russische Abkommen verstoßen.

Morleys selbstherrliche Entscheidung sorgte in London für ziemliche Aufregung. Sir George Goldie, der Präsident der RGS veröffentlichte den Briefwechsel in *The Times* und schrieb voller Verbitterung: „Ich möchte es anderen überlassen, über das Vetorecht zu urteilen, das einer liberalen Regierung den Weg zu weiteren Erkenntnissen über den Himalaya versperrt."[13] Nicht zum ersten Mal in der Geschichte erwies sich die Hürde der Politik als ebenso unüberwindlich wie der Berg selbst.

Mumms Team, zu dem auch Charlie Bruce und Tom Longstaff gehörten, konzentrierte sich zwangsläufig auf den Garhwal, wo es keine Zugangsbeschränkungen gab. Die Gruppe bestieg erfolgreich den Trisul und setzte mit 7 120 Metern einen neuen Höhenweltrekord, der 21 Jahre Bestand haben sollte.

Eine kleine Hürde in Richtung Everest wurde genommen, als die Nepalesen 1907 Naatha Singh, der für die Vermessung Indiens arbeitete, den Zugang nach Dudh Kosi gestatteten. Er kartographierte die Gipfel der Gegend und war der erste Besucher des Tales, das Jahre später zum südlichen Tor zum Everest wurde. Er reiste sogar über Lobuche hinaus und zeichnete das Ende des Khumbu-Gletschers ein.

1913 nahm ein junger Offizier namens John Noel, der mit dem East Yorkshire Regiment in Kalkutta stationiert war, die erlahmte Everest Initiative wieder auf. Im Sommer, als sich das Regiment aus den drückend heißen Ebenen im Norden Indiens zurückzog, nutzte er die Gelegenheit, mit Sherpas in die Berge aufzubrechen und die Pfade und Wege auszukundschaften, die nach Tibet führten. Noel brach von Gartok aus auf und folgte dem Lauf des Tista Richtung Serpo La. Der junge britische Offizier rechnete damit, daß der Paß bewacht würde und wandte sich Richtung Westen, der weniger bekannten Region Lhonak zu. Er näherte sich dem tibetischen Staatsgebiet über einen abgelegenen Paß namens Chorten Nyima La in einer Höhe von 5 700 Metern. Glücklicherweise waren dort keine Grenzposten stationiert, und so drang er nach Tibet vor, in der Hoffnung, einen Höhenweg zur Ostflanke des Everest ausfindig zu machen.

In der besten Tradition früherer Entdeckungsreisender färbte er sich Haut und Haare, um wie ein Inder zu wirken. „Ortschaften und besiedelten Gebieten wich ich generell aus. Unseren Proviant schleppten wir mit. Und wir hielten uns an die kargen Gegenden, wo einem höchstens einmal ein Hirte begegnete. Meine Leute waren äußerlich von den Tibetern nur schwer zu unterscheiden. Indem ich mir Haare und Haut dunkel färbte, sah ich zwar nicht wie einer von ihnen aus – das verhinderten schon die Augenfarbe und -form –, aber als Mohammedaner aus Indien wäre ich vielleicht durchgegangen. Zwar wurde auch ein Moslem als fremd und verdächtig empfunden, aber bei weitem nicht so sehr wie ein Weißer." [14]

Bei der Überquerung der von der Sonne versengten tibetischen Hochebene bemerkte Noel, wie entsetzlich ungenau seine Karte war. Plötzlich stand er vor einem Gebirge, das gar nicht eingezeichnet war. Trotz der Mühen und Entbehrungen machte er weiter und bestieg das Langu La. Von oben konnte er den Himalaya über viele Meilen hinweg überblicken: „Während ich das Panorama betrachtete, enthüllten die vorüberziehenden Wolken andere riesige Gebirgsmassen in der Ferne. Und genau über dem Kamm des Taringban tauchte der spitze Gipfel eines Berges auf. Dieser gab sich meinem Kompaß durch sein magnetisches Verhalten als kein anderer zu erkennen als der Mount Everst. Etwa tausend Fuß des Gipfels waren zu sehen." [15]

Noel war nur etwa 100 Kilometer vom Everest entfernt, doch andere Berge versperrten ihm den direkten Zugang. Seine kleine Gruppe versuchte zwar, die Hindernisse zu umgehen, aber sie wurden von tibetischen Soldaten entdeckt und gezwungen, das Land zu verlassen. Sie mußten froh sein, mit dem Leben davongekommen zu sein: „Wir konnten nichts anderes tun, als dem Everest den Rücken zuzukehren... Es waren nur vierzig Meilen, näher, als ihm jemals ein weißer Mann gekommen war! Meinen Verdruß und meine Enttäuschung können Sie sich ja sicher ausmalen." [16]

1914 wurden die Bemühungen, den Everest zu besteigen, erneut unterbrochen. Der Erste Weltkrieg dezimierte eine ganze Generation junger Männer, und es dauerte viele Jahre, bis erneut ein paar Augen zu dem weit entfernten Gipfel aufblickten.

KAPITEL FÜNF

‚Die Zukunft verspricht, abenteuerlich zu werden'

‚Es erscheint mir jetzt, wobei Ruths Begeisterung sicherlich mit entscheidend war, als die Chance meines Lebens... Die Zukunft verspricht, abenteuerlich zu werden.'

George Mallory an seine Schwester Avie, 1921

Kurz nachdem George Mallory aus der Armee entlassen wurde, nahmen die *Royal Geographical Society* und der *Alpine Club* den Everest wieder in Angriff. Im März 1919 wurde deshalb ein Sondertreffen einberufen. Aber leider hatte sich die Zahl junger und talentierter Kletterer, aus denen man eine Expedition hätte zusammenstellen können, durch den Krieg drastisch reduziert. Hoffnung gab es dennoch. Sowohl China als auch Russland steckten mitten in der Revolution und hatten genügend interne Probleme, als daß sie sich mit einer britischen Bergsteigerexpedition abgegeben hätten, die durch Tibet reiste. Die Chinesen hatten ihre Garnison aus Lhasa abgezogen, und die Beziehungen zwischen der britischen und der tibetischen Regierung waren gut. John Noels hatte seine Rede vor der *RGS* zur rechten Zeit gehalten. Seine Kampagne für einen Sturmangriff auf den Berg kulminierte in der Losung: „Jetzt, da man an den Polen gewesen ist", erklärte er, „hält man es gemeinhin für die nächst wichtige Aufgabe, den Mount Everest zu erkunden und zu kartographieren."[1] Es war damals üblich, den Everest als den „dritten Pol" zu bezeichnen. Allmählich kam Begeisterung auf.

Ein Expeditionskomitee wurde eingerichtet, dem sowohl Mitglieder der *RGS* als auch des *AC* angehörten, doch es war eine ungleiche Partnerschaft: Die Geographen wollten die Region vermessen, die Bergsteiger den Gipfel bezwingen. Aber trotz der unterschiedlichen Zielsetzungen verabschiedete das Komitee einen Beschluß mit elf Resolutionen, in dem die Absicht ihrer Unternehmung dokumentiert wurde. Die Resolution eins legte fest, daß „das vorrangige Ziel der Expedition die Besteigung des Mount Everest sein sollte, dem alle zuvor durchgeführten Erkundungen dienlich zu machen waren."

Die Resolution neun legte fest, daß die Öffentlichkeit von dem Vorhaben erst in Kenntnis gesetzt werden sollte, nachdem die indische Regierung ihr Einverständnis dazu erklärt hätte. Dennoch erschienen schon am folgenden Tag mehrere Berichte über Younghusbands Rede, in der er offen darüber gesprochen hatte, was die Bemühungen erreichen konnten und was nicht. Die *Times* schrieb: „Ungeachtet der Tatsache, daß die Besteigung des Everest nicht mehr Sinn macht als das Treten nach einem Ball auf grünem Rasen oder ein Tanzwettbewerb, glaubt (Younghusband) im Falle des Erfolges fest an eine Reihe positiver Auswirkungen."[2]

‚DIE ZUKUNFT...'

Der *Observer* beschäftigte sich vor allem mit der finanziellen Seite und nahm für sich in Anspruch, Younghusband wörtlich zu zitieren: „An der Besteigung des Mount Everest wird niemand auch nur ein Pfund verdienen, im Gegenteil, sie wird sogar sehr viele Pfund kosten, aber das Vollbringen einer solchen Meisterleistung wird den menschlichen Geist erheben und dem Menschen, vor allem uns Geographen, das Gefühl geben, daß wir die Erde allmählich in den Griff kriegen und es in der Beherrschung unserer Umwelt zu wahrer Meisterschaft gebracht haben... Wenn ein Mensch auf dem höchsten Gipfel der Erde steht, werden sein Stolz und seine Selbstzuversicht im ewigen Kampf der Beherrschung der Materie wachsen. Das ist der gar nicht hoch genug zu veranschlagende Gewinn, den uns die Besteigung des Mount Everest verspricht."[3] Andere Zeitungen zeigten ganz unverhohlen ihre Ablehnung und beklagten einen immer weiter fortschreitenden Verlust der Naturgeheimnisse der Erde.[4]

Trotz der geringen Unterstützung durch die Presse machte sich das Komitee mit Begeisterung an die Arbeit. Francis Younghusband, Charlie Bruce, Charles Howard-Bury und Percy Farrar trafen sich am 23. Juni 1920 im Indienministerium in London, um die Expedition im Detail zu planen. Zwei Tage später machte sich Howard-Bury auf den Weg nach Indien, um dort die Verhandlungen vor Ort zu leiten.

Lieutenant-Colonel Howard-Bury von den 60th Rifles war nicht Mitglied im *Alpine Club,* und Bergsteiger war er ebenfalls nicht, aber er hatte das Karakorum bereist und war von Curzon für eine unerlaubte Reise nach Tibet im Jahre 1905 getadelt worden. Seine Himalayaerfahrung und seine politischen wie sozialen Kontakte machten ihn zu einem nützlichen Vermittler. Er blieb fast sechs Monate lang auf eigene Kosten in Indien, beschwatzte und überredete verschiedene britische Beamte, bis seine Geduld schließlich belohnt wurde: Er erhielt die Bewilligung der tibetischen Regierung für die Everestexpedition. In London jubelte das Everestkomitee und verkündete am 10. Januar 1921 offiziell seine Pläne. Diesmal reagierten die Zeitungen wesentlich freundlicher.

RGS und *AC* verloren keine Zeit und gründeten sofort ein eigenes Expeditionskomitee. Die täglichen Verwaltungsaufgaben wurden von Arthur Hinks erledigt, einem streitsüchtigen *RGS*-Mitglied mit schlechten Manieren. Zwanzig Jahre sollte er das Everestkomitee beherrschen. Hinks war Mathematiker und galt unter den Kartographen als führende Autorität in Sachen zweidimensionaler Darstellung, aber leider fehlte ihm jegliches diplomatische Gespür. Hinzu kam noch, daß er überheblich war und andere viel zu schnell und zu unverblümt beurteilte. Vom Bergsteigen und vom Reisen in abgelegene Gebiete wußte er nur wenig, und so bekam er sich mit den Expeditionsmitgliedern regelmäßig in die Haare, wenn es um die Schwierigkeiten und Gefahren des Vorhabens ging. Noel Odell sagte einmal über ihn: „Er packt alle Menschen falsch an und hält sein Wort für das Evangelium – nur ist es das nicht immer."[5] Hinks' zweite große Schwäche war seine tiefsitzende Abneigung gegen jede

Form von Öffentlichkeit. Und das war ein ernsthaftes Problem für das Everestkomitee, denn es mußte auf sich aufmerksam machen, um an die nötigen Gelder zu kommen. Zu Hinks anderen Aufgaben gehörte das Katalogisieren von Bildern der Expedition, Verhandlungen mit Verlegern und die Beantwortung von Anfragen. Nur wenige sahen in ihm die geeignete Besetzung für diese Position.

Unterdessen war die ernsthafte Suche nach den Mitgliedern der Expedition eröffnet worden. Bereits jetzt stand fest, daß sich das Projekt über zwei Jahre erstrecken würde, mit einer Sondierungsexkursion im Jahr 1921 und dem eigentlichen Besteigungsversuch 1922. Obwohl Charlie Bruce fast einstimmig als Expeditionsleiter favorisiert wurde, kam er wegen einer anderen Verpflichtung, die er gerade angenommen hatte, nicht in Frage.

Und so trat das Komitee an Howard-Bury heran. Dieser hatte zwar keine Erfahrung im Bergsteigen, dafür sprachen andere Qualitäten für ihn, vor allem sein Organisationstalent. Da er sehr wohlhabend war, konnte er seine Ausgaben selbst bestreiten. Das war ein nicht zu verachtender Vorteil, nachdem sich der Kassenwart des Komitees mit 717 Pfund auf und davon gemacht hatte.

Das Everestkomitee schätzte die Kosten beider Expeditionen auf etwa 10 000 Pfund, wovon ein Drittel für die Sondierungsexkursion vorgesehen war. Das Geld stammte vor allem aus privaten Spenden: über 3 000 Pfund kamen vom *Alpine Club* (mehr als von der *RGS*, obwohl diese mehr Mitglieder hatte), und zu den privaten Geldgebern gehörten auch König

George V. mit 100 Pfund, der Prinz von Wales mit 50 Pfund und der Vizekönig von Indien mit 750 Rupien.

Howard-Bury wurde am 24. Januar 1921 offiziell zum Leiter der Expedition ernannt. Das Komitee veröffentlichte folgende Erklärung: „Das vorrangige Ziel in diesem Jahr ist die Erkundung. Das heißt nicht, daß die Bergsteiger nicht so hoch klettern sollen, wie sie können, wenn sie eine geeignete Route finden, doch die Versuche auf einer Route dürfen nicht so lange verfolgt werden, daß sie den Erfolg der Expedition in Frage stellen."[6] Es war eine Meisterleistung, eine solch große Expedition innerhalb nur weniger Monate vorzubereiten. Immerhin mußte man wochenlang über die kalte und trockene tibetische Hochebene reisen, bis man die Region erreichte, die bisher noch kein Europäer erkundet hatte.

Weitere Mitglieder der Expedition waren Henry Morshead und Edward Wheeler, beide Landvermesser und erfahrene Bergsteiger. Von der Landvermessung Indiens kam noch Dr. A.M. Heron hinzu, dessen geologische Aktivitäten die tibetischen Behörden so verärgerten, daß er von der Expedition im folgenden Jahr ausgeschlossen wurde.

An der Spitze von Farrars Liste für ein Kletterteam standen George Finch und George Mallory. „Ich habe zwei dabei", erklärte Farrar zuversichtlich, „die es bis ganz oben hin schaffen können, das garantiere ich."[7] Finch und sein Bruder Max waren erfahrene Alpenkletterer, die großes Ansehen genossen. Doch in britischen Bergsteigerkreisen war seine Nominierung nicht sonderlich populär: Weder war er Mitglied des Alpine Club, noch hatte er eine Privatschule oder eine

Universität besucht. Finch kam aus Australien, hatte aber den Großteil seines Lebens in Europa verbracht und sprach besser Deutsch als Englisch. Die Leute hielten ihn für keß und vorlaut, kompromißlos und zu selbstsicher – eben für alles andere als einen Gentleman.

Mallory hingegen erfüllte alle Anforderungen der konservativen Mitglieder des Alpine Club. Zwar hatte er nicht so viel erreicht wie Finch und war auch nicht so erfahren wie er, er war aber dennoch ein ausgezeichneter Kletterer. Er hatte geflissentlich Freundschaften und Bekanntschaften aus seiner Zeit am Magdalene College gepflegt und war langjähriges Mitglied des *Alpine Club*.

Als Mallory Farrars Einladung für die Everesterkundung erhielt, reagierte er überraschend zögerlich. An seinen Freund David Pye schrieb er: „Ich habe ein Problem, vor dem alle anderen Probleme verblassen – Everest."[8] Mallory war von den Unterrichtsmöglichkeiten in Charterhouse zunehmend enttäuscht und hatte eigentlich bereits beschlossen, von dort fortzugehen, aber er mußte eine Frau und drei kleine Kinder ernähren. Wie konnte er das, was ihm am wichtigsten war, wegen eines Abenteuers aufs Spiel setzen?

Schließlich war es sein alter Freund Geoffrey Winthrop Young, der es schaffte, ihn zu überreden, indem er ihn davon überzeugte, daß es sich nicht nur um ein großes Abenteuer handelte, sondern auch um die Möglichkeit, berühmt zu werden. Das käme ihm zugute, sollte er sich später für eine Karriere als Schriftsteller entscheiden. Seine Worte müssen sehr überzeugend geklungen haben, denn schon nach 20 Minuten hatte Young *sowohl* George *als auch* Ruth soweit, daß sie seiner Teilnahme an der Expedition zustimmten.

In einem Brief an seine Schwester Avie schrieb Mallory: „Ich hoffe, du hältst das nicht alles für Spinnerei... Auch ich dachte das zunächst, als das Thema vor ein paar Wochen zum ersten Mal angeschnitten wurde. Es erscheint mir jetzt, wobei Ruths Begeisterung sicherlich mit entscheidend war, als die Chance meines Lebens... Die Zukunft verspricht, abenteuerlich zu werden." [9]

Am 9. Februar 1921 lud das Everestkomitee Mallory zum Lunch in den Londoner Stadtteil Mayfair ein. Farrar war zugegen, ebenso wie Younghusband und der schottische Bergsteiger Harold Raeburn, der trotz seiner 56 Jahre zum Leiter der Kletterteams bestimmt worden war. Mallory hatte die Einladung, an der Expedition teilzunehmen, bereits akzeptiert, aber geduldig hörte er sich Younghusbands redegewandtes und überzeugendes Plädoyer an, warum er zu der Gruppe stoßen sollte. Als der Präsident der *RGS* Mallory schließlich ganz offiziell die Position anbot, war Younghusband von seiner Reaktion sichtlich überrascht: [10] „Mallory nahm das Angebot an, ohne eine Gefühlsregung zu verraten. Er hatte die selbstsichere und zuversichtliche Art eines Kletterers. Er stellte weder übertriebene Bescheidenheit noch ein überzogenes Durchsetzungsvermögen zur Schau."

Abgesehen von seiner ausdruckslosen Reaktion beim Lunch war Mallory natürlich sehr begeistert. Am nächsten Tag schrieb er an Geoffrey Young: „Ich war gestern mit Farrar zum Lunch, um Raeburn und Younghusband kennenzulernen, und

‚DIE ZUKUNFT...'

der alte Knabe machte mir ein förmliches Angebot. Ich habe es angenommen. Es kam mir wie der schwerste Schritt in meinem Leben vor. Schließlich muß ich eine neue Arbeit finden, wenn ich zurückkomme. Aber es ist keine schlechte Sache, die eingespielte Bequemlichkeit meines gegenwärtigen Lebens abzulegen... Ich gehe davon aus, daß ich Deine Überredungskunst in Bezug auf den Everest nicht bereuen werde. Derzeit befinde ich mich in Hochstimmung, und Ruth geht es genauso: Vielen Dank."[11]

Das war ein Entschluß, der schließlich zu seinem vorzeitigen Tod und anschließend zu seiner Unsterblichkeit führte. Er wird uns immer in Erinnerung bleiben als der Mann, der alles für den Everest opferte.

Die Sondierungsexpedition von 1921 litt von Anfang an unter den persönlichen Spannungen zwischen den Teilnehmern. Während der gesamten Expedition hatte Raeburn Magenbeschwerden und andere gesundheitliche Probleme, weshalb er reizbar und schlechter Laune war. Mallory, der sich anderen gegenüber meist sehr tolerant verhielt, schrieb seiner Frau: „Ich halte Raeburn noch immer für ein großes Problem... Er fühlt sich mit seiner Rolle als Führer der Kletterabteilung ganz offensichtlich überfordert und verlangt daher übertriebenen Respekt. Er ist schrecklich rechthaberisch, wenn es um Fakten geht, dabei liegt er oft falsch... Daß ihm dazu auch noch *Ruhe* und Humor gänzlich abgehen, macht die Sache nicht gerade leichter."[12]

Auch Howard-Bury hatte nichts für den aufbrausenden Schotten übrig. Als Raeburn vergaß, die Post für die Expedition abzuholen, schrieb Howard-Bury an Hinks in

London: „Kannst Du Dir jemanden vorstellen, der so blöd ist?"[13] Ein andermal vertraute er Hinks an: „Raeburn ist alt geworden und eine große Last für uns... Zu alledem kommt noch hinzu, daß er äußerst starrsinnig ist."[14] Die gegenseitige Ablehnung von Expeditionsleiter und Bergsteigerführer dauerte die ganze Reise über an.

Die Zwietracht zwischen den Kletterern hatte bereits begonnen, bevor die Gruppe nach Tibet aufgebrochen war. Der medizinische Tauglichkeitstest bescheinigte Finch einen schlechten körperlichen Zustand: Anämie, gelbliche Hautfarbe, schlaffe Erscheinung, Untergewicht, und in seinem Mund „fehlten sehr viele Zähne". Finchs körperliche Probleme rührten zum Großteil von einer Malariaerkrankung, die er sich im Krieg zugezogen und von der er sich niemals ganz erholt hatte. Finch war niedergeschlagen, als er erfuhr, daß er von der Teilnehmerliste gestrichen wurde, und machte keinen Hehl aus seiner Enttäuschung. Er wußte, was die Verantwortlichen in den Bergsteigerorganisationen von ihm hielten und war überzeugt, daß das Resultat seiner medizinischen Untersuchung nichts als eine hinterhältiger Trick war, ihn nicht an der Expedition teilnehmen lassen zu müssen. Finch war verbittert und auch später nicht bereit, dem Komitee zu vergeben.

Finch sollte durch den 48jährigen William N. Ling ersetzt werden, einen alten Klettergefährten von Raeburn. Mallory war entsetzt von dieser Aussicht und schrieb sofort an Hinks: „Ling anstelle von Finch mitzunehmen, mag zwar in den ersten Kletterphasen keinen großen Unterschied machen, wird aber aller Voraussicht nach die Vorausabteilung entscheidend schwächen... Für ein Unternehmen dieser Art habe ich die Gruppe schon von Anfang an kaum für stark genug gehalten... Sie werden Verständnis dafür haben. Ich muß in dieser Situation auch an mich selbst denken. Ich habe eine Frau, und ich kann nicht blauäugig an die Sache herangehen."[15] Im selben Brief äußerte er auch Zweifel bezüglich der Teilnahme von Henry Morshead von der Indienvermessung, weil „wir über seine Qualitäten als Bergsteiger so gut wie nichts wissen".[16]

Hinks vermutete, Percy Farrar, der Präsident des *Alpine Club,* den er zutiefst verabscheute, hatte Mallory zu diesem Brief angestiftet, und so schickte er ihm eine taktlose und schroffe Antwort, die auch nicht gerade dazu beitrug, Mallorys Sympathie zu gewinnen: „Daß Sie so lange mit Farrar zu tun hatten, hat zweifellos dazu geführt, daß Sie seine Sichtweise übernommen haben – nämlich daß das vorrangige Ziel in diesem Jahr die Besteigung des Gipfels des Mount Everest ist –, die jedoch kaum von irgendwem geteilt werden dürfte. Raeburn hat uns volle Unterstützung zugesagt, so hoch wie möglich zu klettern, solange die vollständige Erkundung des Berges nicht darunter leidet, und dabei bleibt es."[17] Bezüglich Morshead war Hinks auch nicht weniger direkt: „Ich gehe davon aus, daß es Ihnen nicht allzu leicht fallen wird, mit ihm Schritt zu halten, da er mehrere Monate mit Vermessungsaufträgen im Land unterwegs gewesen ist, was wohl, so nehme ich an, die beste Vorbereitung ist, die man absolvieren kann."[18] Mallory machten diese herablassenden Äußerungen fuchsteufelswild, aber schließlich konnte die

Kontroverse beigelegt werden, weil Ling das Angebot, an der Expedition teilzunehmen, abgelehnt hatte.

Mallory witterte die Gelegenheit und schlug Younghusband seinen alten Kletterkollegen Guy Bullock vor. Obwohl Farrar Bedenken wegen seiner mangelnden Erfahrung hatte, erwies sich Bullock als glückliche Wahl. Er kam mit allen zurecht – selbst mit Raeburn –, und Howard-Bury schrieb voller Begeisterung von seinem „gelassenen Wesen und der Fähigkeit, unter allen Bedingungen schlafen zu können".[19]

Vor dem Aufbruch der Expedition wurden Exklusivverträge für die Veröffentlichung der Expeditionsberichte geschlossen, und zwar mit der *Times* in London, dem *Philadelphia Ledger* in den USA und dem *Graphic* für den Abdruck der Fotografien. Diese Verträge dienten der finanziellen Absicherung des Projekts, aber Hinks hegte ein tiefes Mißtrauen gegenüber Presse und Öffentlichkeit. Er verlangte von allen Teilnehmern die Unterzeichnung eines von ihm entworfenen Vertrags, in dem festgeschrieben war, daß „sie mit keiner Zeitung, Presseagentur oder einem Verleger kommunizieren, auch keine öffentliche Rede halten oder andere Informationen oder Fotografien ohne die Erlaubnis des Mount Everestkomitees zur Veröffentlichung weiterleiten dürfen, weder vor oder während noch nach der Expedition."[20] Hinks ließ keinen Zweifel daran, daß er diese Verbote für alle Zeiten aufrecht erhalten würde.

Die meisten Expeditionsmitglieder waren damit überhaupt nicht einverstanden, und Mallory gehörte zu den ersten, die sich dem Vertrag widersetzten, weil er fürchtete, eine Unterschrift unter diesem Vertrag könne seinen Ambitionen als Schriftsteller schaden. Doch das Komitee blieb hart und

‚DIE ZUKUNFT...'

bestand auf Hinks' Vertrag. Mallory und seine Teamgefährten gaben schließlich nach.

Bei einem solch mißglückten Beginn ist es kaum verwunderlich, daß auch die Expedition selbst nicht sonderlich glücklich verlief. Insgesamt bestand sie nur aus neun Personen, von denen zwei zudem noch Ersatzleute waren. Der Leiter des ganzen Unternehmens war Howard-Bury, der von Raeburn als Bergführer unterstützt wurde, doch die beiden lagen schon vor Beginn ständig miteinander im Clinch. Der Geologe A. M. Heron sowie Morshead und Wheeler, die beiden Vertreter der Indienvermessung, waren die drei Nichtkletterer im Team. Mallory und Bullock stellten das winzige, aber erfahrene Herzstück an jungen Kletterern, auch wenn keiner von beiden Himalaya-Erfahrung hatte.

Die Ärzte der Expedition waren der berühmte Bergsteiger Alexander F. R. Wollaston und Dr. Alexander Kellas, ein Experte für Höhenmedizin und der einzige im Team, der sich mit den Einheimischen verständigen konnte. Das Durchschnittsalter der Gruppe betrug 44 Jahre.

Schon kurze Zeit nach der Ankunft in Asien bemerkte Mallory, daß er Howard-Bury nicht ertragen konnte. In einem Brief an seine Frau schrieb Mallory: „...Ich kann nicht behaupten, daß ich ihn mag. Er hat zuviel von einem Vermieter mit konservativen Vorurteilen, die noch mit einem ausgeprägten Haß und einer Verachtung gegenüber denjenigen Mitmenschen garniert sind, die anders sind als er."[21] In einem späteren Brief wurde er noch deutlicher: „Ich weiß, das Verhältnis zwischen uns wird sich nie entspannen – und deshalb werde auch ich mich nicht entspannen. Howard-Bury ist kein toleranter Mensch. Er ist gut unterrichtet und hat zu allem eine feste Meinung. Und wenn er etwas überhaupt nicht leiden kann, dann ist es jemand, der etwas weiß, was er nicht weiß."[22]

Damals, als die Expeditionen zum Everest noch in den Kinderschuhen steckten, wußte man nur wenig darüber, welche Kleidung und Ausrüstung unter den gegebenen klimatischen Bedingungen notwendig waren. Mallory war mit den Vorbereitungen unzufrieden und schrieb an Geoffrey Young: „Leider hat man Raeburn die Verantwortung für die Bergsteiger übertragen, aber leider ist er ziemlich inkompetent... er hat nicht einmal über so etwas Essentielles wie Zelte nachgedacht und die richtige Verpflegung für die extreme Kälte und die großen Höhen war in Raeburns Stückliste ebenfalls nicht zu finden."[23]

Den Männern standen 50 Pfund für die persönliche Ausrüstung zur Verfügung (die auf 100 Pfund erhöht werden konnte, „falls notwendig"), die Bekleidung konnte sich jeder selbst aussuchen. Man wählte Tweed- und Wintermäntel zum Schutz gegen den schneidend kalten Wind auf der tibetischen Hochebene, Wollschals und Strickjacken, gehäkelte Socken und lederne Kletterstiefel fürs Hochgebirge. Als George Bernard Shaw Fotos der ersten Everestexpeditionen sah, sagte er, die Kletter sähen aus wie eine Picknickgesellschaft im Connemara, die von einem Schneesturm überrascht wurde.

Alles in allem sah die Truppe, die sich von Darjeeling aus auf den Weg machte, etwas heruntergekommen aus. Nur Howard-Bury machte eine Ausnahme. Er war von seinem Landsitz in Irland gekommen und hatte sich auf eigene Kosten

‚DIE ZUKUNFT...'

mit dem allerbesten Tweed aus Donegal und Wickelgamaschen aus Kaschmir ausgestattet, die fein säuberlich unterhalb des Knies gebunden wurden. Aber nach ein paar Wochen im unerbittlichen tibetischen Wind war auch er von den anderen nicht mehr zu unterscheiden.

Den größten Teil seiner einsamen Seereise nach Indien wurde George Mallory von schwarzen Gedanken geplagt: Er fühlte sich allein und vermißte seine Frau. Nachdem er in Kalkutta an Land gegangen war, reiste er mit dem Zug Richtung Norden bis Darjeeling, wo sich alle Teilnehmer Anfang Mai einfinden sollten. Mallory schaffte es nicht, seine schlechten Vorahnungen loszuwerden. Alle waren sich der Zwietracht zwischen Howard-Bury und Raeburn bewußt, und Mallory kam mit keinem von beiden zurecht.

Aber es gab auch unbeschwerte Momente. So freundete sich Mallory mit Dr. Kellas an, der in den Monaten zuvor die Berge im Kangchenjunga erkundet hatte. An einem Abend wurde zu Ehren der Expedition ein Bankett beim Gouverneur von Bengalen gegeben. Kellas kam zu spät, und als er erschien, wirkte er ungepflegt, weil er mehrere Meilen aus einem benachbarten Dorf zu Fuß gekommen war. „Kellas gefällt mir schon jetzt sehr gut", schrieb Mallory an seine Frau. „Er ist... völlig ungehobelt. Er würde sich ausgezeichnet als Vorlage für eine Alchimistenparodie anbieten, denn er ist schmal, klein, dünn, leicht vornüber gebeugt und flachbrüstig."[24]

Der studierte Chemiker Kellas war damals der weltweit beste Spezialist für die Erforschung der menschlichen Physis in großer Höhe. Er war es, der herausfand, daß Bhotias und Sherpas für Expeditionen ins Hochgebirge am besten geeignet waren. Zu diesem Zeitpunkt wußte noch niemand, daß Kellas sich in den Wochen vor der Expedition zu sehr verausgabt hatte. Er hatte mehr als sechs Kilo Gewicht verloren und war physisch am Ende. Mit 53 war er der zweitälteste Teilnehmer.

Die Expedition spaltete sich in zwei Gruppen. Morshead marschierte mit seinen Landvermessern Richtung Sikkim und über den Serpo La nach Kampa Dzong in Tibet. Die anderen wählten eine längere, aber einfachere Route über den Jelep La, um dann in weitem Bogen wieder auf die anderen zu stoßen. Die indische Armee hatte für die Reise Maultiere zur Verfügung gestellt, die aber für diesen ersten Teil der Route gar nicht gut zu gebrauchen waren, denn der Weg führte durch die fast tropischen Wälder von Sikkim, und so schickte man die schwerfälligen Tiere nach nur fünf Tagen schon wieder zurück. Von da an war die Gruppe auf jeden Bergesel oder jedes Yak angewiesen, dem sie begegneten. Weitere Verzögerungen wurden durch wolkenbruchartige Regenfälle im Mai verursacht, die schon den Monsun ankündigten.

Hinter dem Jelep La wurden die Bedingungen angenehmer. Das Klima war gemäßigt und dem der Alpentäler, mit dem die meisten Teilnehmer vertraut waren, nicht unähnlich – nur, daß man hier Wälder mit Rhododendron, blühender Klematis und wilden Rosen durchquerte. Dann folgte der Aufstieg auf 4800 Meter auf das flache, karge, tibetische Hochplateau. Unter diesen schon etwas raureren Bedingungen litten alle außer Mallory an Gastroenteritis und anderen Magen-Darm-Störungen. Raeburn fühlte sich sehr unwohl und stürzte sogar zweimal von seinem Pferd, das nach ihm trat und ihn auch einmal überrollte.

Aber am meisten litt Dr. Kellas. Zu seiner schlechten körperlichen Verfassung kam noch erschwerend hinzu, daß er sehr stark von der Ruhr geschwächt wurde. Er konnte nicht mehr laufen und mußte auf einer behelfsmäßigen Bahre getragen werden. Für seinen Transport wurde extra eine kleine Gruppe von Tibetern angeheuert. Am Abend kam er mit seinen Begleitern immer erst ein paar Stunden nach den anderen ins Lager. Aber trotz seiner Verfassung schien er guter Laune und optimistisch zu sein. Alle gingen davon aus, daß er sich auf dem Weg der Besserung befand.

Um so größer war natürlich der Schock für alle, als am 5. Juni in Kampa Dzong die Nachricht eintraf, daß Kellas beim Überqueren des letzten Passes an einer Herzattacke gestorben war. Mallory schrieb seinem alten Freund David Pye: „Kann man sich so etwas bei einer richtigen Expedition vorstellen? Ich war mit seiner Behandlung gar nicht einverstanden, und nachdem, was geschehen ist, bin ich noch mehr entsetzt. Und dennoch war es eine schwierige Lage. Der ältere Gentleman (das schien er zu sein) mußte unterwegs einige Male zurückbleiben und ertrug es nicht, in seinem Kummer gesehen zu werden. Das war der Grund, warum ihm alle vorausgegangen waren."[25] Es war eine ernste kleine Gruppe, die sich einfand, um Kellas in einem flachen, steinigen Grab am Fuße eines Hügels mit Blick über die tibetische Hochebene die letzte Ehre zu erweisen.

Weil sich Wollaston, der Arzt der Expedition, sorgte, man würde ihn für Kellas Tod verantwortlich machen, wollte er auf keinen Fall ein weiteres Risiko eingehen. Raeburn zeigte bereits ähnliche Symptome, und so beschloß Wollaston, ihn zurück nach Lachen in Sikkim zu begleiten, wo sich schwedische Missionare um ihn kümmern konnten, bis er sich vollständig erholt hatte. Kein Mitglied der Expedition hatte etwas dagegen, daß Raeburn seinen Abschied nahm.

Unterdessen wieder mit den Landvermessern vereint, brauchte die Expedition noch ein paar Tage, bevor sie den Everest erreichte. Ohne zwei ihrer erfahrensten Kletterer rechnete sich Mallory für den Fall, daß in diesem Jahr überhaupt etwas erreicht werden sollte, gute Chancen auf einen Einsatz aus.

Auf ihrem Weg nach Westen durch das Tibet nördlich des Himalayagebirges drang die Expedition in noch nicht kartographiertes Gebiet vor. Die Landvermesser hatten alle Hände voll zu tun, Winkel, Höhen und Entfernungen zu berechnen und alles zu dokumentieren. Schließlich erreichten sie Tingri Dzong, einen wichtigen Handelsplatz, den sie als Basiscamp verwenden wollten. Etwa 65 Kilometer südlich davon erhob sich majestätisch der Everest über der tibetischen Hochebene. „Von hier aus besehen", schrieb Howard-Bury, „ist er mit Sicherheit ein wunderschöner Berg, denn er scheint ganz alleine zu stehen, doch von dieser Seite sieht er viel zu steil aus, um ihn zu besteigen." [26]

Man beschloß, Morshead in Tingri zurückzulassen, um die Gegend zu kartographieren, während Wheeler und Heron an der Topographie um Khumba La arbeiteten, ein sehr hoch gelegener Paß Richtung Westen, der von nepalesischen

Händlern genutzt wurde. Wollaston blieb zusammen mit Howard-Bury im Basislager und baute eine Dunkelkammer auf. Unterdessen machten sich Mallory und Bullock auf den Weg Richtung Süden, um die beste Route zum Everest ausfindig zu machen.

Am 13. Juni erkundeten die beiden Kletterer die Yaru-Schlucht und kletterten 300 Meter eine kleine Felswand hinauf, von wo aus sie Übersicht über die Bergkette im Süden hatten. Zunächst verbargen düstere Monsunwolken die höchsten Gipfel, aber „kurz darauf geschah das Wunder" erinnert sich Mallory. „Ein absurder, dreieckiger Klotz ragte aus der Tiefe empor; seine Kanten sprangen in einem Winkel von etwa 70 °C in die Höhe und endeten im Nichts. Links hing ein schwarzer gezackter Kamm unwirklich in den Himmel. Allmählich, ganz allmählich sahen wir die großen Hänge des Berges, Gletscher und Grate, immer nur ein Stück und dann ein anderes, wenn der Himmel aufriß, bis viel näher am Himmel, als man sich vorzustellen wagte, der weiße Gipfel des Everest auftauchte. Und in einer Reihe von Bruchstücken hatten wir das Ganze gesehen; wir konnten die Einzelteile zusammensetzen, und anfangen, den Traum zu deuten."[27]

Das Land bestand aus trockenen und fruchtlosen Sanddünen, dazwischen Schlamm- und Salzflächen, die von nackten braunen Hügeln bestanden waren. Sand- und Stechmücken plagten die Männer, sobald der steife, kalte Wind einmal aussetzte, aber die beiden Kletterer hielten durch, und am 25. Juni erreichten sie das Rongbuktal. Mallory schrieb: „Das Rongbuktal ist bestens dazu geeignet, den Gipfel an seinem Ende in Szene zu setzen; 20 Meilen lang verläuft es ungeheuer gerade und steigt dabei nur etwa um 4 000 Fuß, der 10 Meilen lange Gletscher ist auch nicht steiler als der Rest... Am Ende des Tals und oberhalb des Gletschers erhebt sich der Everest weniger als Gipfel, sondern als eine ungeheuerliche Gesteinsmasse... Dem scharfen Beobachter fallen weitere Berge auf, Riesen, die zwischen 23 000 und 26 000 Fuß hoch sind. Aber nicht einer ihrer schlankeren Köpfe reicht ihrem Oberhaupt auch nur bis zur Schulter; neben dem Everest fallen sie gar nicht mehr auf – so sehr ragt er als größter unter ihnen hervor." [28]

Am 29. Juni errichteten Mallory, Bullock und ihre Sherpas ein weiteres Basislager weiter oben im Tal, auf einer Höhe von 5 200 Metern, von wo aus sie die Seitentäler des Hauptgletschers erkunden konnten. Seinen Beobachtungen zufolge hielt Mallory die Besteigung über den North Col für die einzig mögliche Route. Der North Col ist ein Sattel unterhalb der Nordflanke zwischen dem Everest und dem nördlich gelegenen Changtse. Aber wie sollten sie überhaupt zum North Col gelangen?

Am 1. Juli zogen die Männer nach Süden über den großen Rongbukgletscher, der sie direkt zum Everest zu führen schien, doch statt dessen führte er zu einem schneebedeckten Kar unterhalb der Nordflanke. Östlich des Rongbuktals ragte der North Col über den Gletscher, aber der Weg nach oben war sehr steil und brüchig. Mallory hielt einen Versuch von dieser Seite für zu schwierig und zu gefährlich. Er hoffte, auf der anderen Seite eine sicherere und gangbarere Route zu finden. Bullock und Mallory probierten den Westarm des Rongbuk aus, um zu sehen, ob sie dort einen anderen Weg zum Gipfel finden konnten. Sie bestiegen einen Gipfel von 6 858 Metern nordwestlich des Everest. Mallory notierte später: „Wir bewegten uns ganz langsam, hielten die Muskeln in Bewegung und überwanden die Mattigkeit durch schnelles und tiefes Atmen. Es kostete uns unvorstellbare Mühe."[29]

Die beiden wollten den Berg Mount Kellas nennen, aber er erhielt später offiziell den einheimischen Namen Ri-Ring. Von der phantastischen Aussicht aus, die er ihnen bescherte, entschieden sie, daß der beste Weg zum North Col vom Osten her war, das Khartatal hinauf. Leider irrten sie sich damit und verschwendeten mehrere Wochen mit der vergeblichen Suche nach einem Zugang zum North Col.

Seither ist Mallory immer wieder dafür kritisiert worden, die offensichtliche Route solange nicht bemerkt zu haben. Er und Bullock übersahen einen kleinen Gletscher (der heute East Rongbuk Glacier heißt), der nördlich an der Ostseite des Changtse vorbeiführt und dann Richtung Westen abbiegt, wo er auf den großen Rongbukgletscher trifft. Mallory und Bullock hatten ihr erstes Lager gegenüber des Eingans zu diesem kleinen Tal aufgeschlagen, wo ein Fluß von einem Joch an der Talseite herabstürzte und in einer Eishöhle im Hauptgletscher verschwand. Die beiden müssen oft auf dieses Tal geblickt haben, als sie den Gletscher abschritten, bemerkten aber nie, daß es den einfachsten Zugang zum North Col bot. Es war eine Ironie des Schicksals, daß sie sich wohl oft vornahmen, das Seitental zu erkunden, um zu sehen, wohin es führte, aber nie Zeit dafür fanden.

Mehrere Wochen suchten die Kletterer nach möglichen Routen zum North Col. Auf den Erkundigungen auf der

Westseite des Rongbuktals betrat Bullock sogar über den Nup La fast nepalesisches Gebiet. Die ganze Zeit über machte Mallory Fotos, legte aber leider wieder einmal einen Beweis für seine geringe praktische Begabung ab: Er steckte die Platten falsch herum in die Kamera, auf Grund dessen die Bilder leider alle nichts wurden. Bis er seinen Fehler bemerkte, dauerte es mehrere Tage.

Allmählich dämmerte es Mallory und Bullock, daß sich die Topographie der Region sehr stark von ihrem ersten Eindruck, den sie vom Gipfel des Ri-Ring aus gehabt hatten, unterschied. Außerdem wurde ihnen klar, daß der Monsun nicht die beste Jahreszeit war, um sich am Everest aufzuhalten, weil der Großteil des Schnees in den Sommermonaten fällt und sich die Lawinengefahr dadurch enorm erhöht. Ihre Zelte waren zu klein und zu leicht, als daß man sie bei schlechtem Wetter verwenden konnte, und so wurden die robusteren Zelte weiter auf den Gletscher hinaufgeschleppt, um das Leben etwas komfortabler zu machen.

Die Versorgung des Camps mit Nahrung und Brennstoff war nicht zufriedenstellend, und Mallory beschwerte sich regelmäßig über die Nutzlosigkeit der Primusherde, die in der Kälte gar nicht funktionierten und nur den wenigen Sauerstoff in den kleinen Zelten verbrauchten. Auch andere Teile der Ausrüstung erwiesen sich als unbrauchbar. Bullock schleppte seine Kleider in einem Koffer zum Everest und notierte in sein Tagebuch: „Mit nur einer Jacke, die zudem noch naß war, mußte ich den Abend im Pullover verbringen. Zum Glück hatte ich zwei."[30] Als er das schrieb, kampierte Bullock in einer

Höhe von 6 100 Metern bei Temperaturen, die nachts leicht bis auf -20 °C abfallen können. Mallory und Bullock beschlossen, aus der Rongbukgegend abzuziehen und ihr Glück weiter östlich zu versuchen. Kurz vor der Abreise kam ein Bote mit der Nachricht, daß Mallory sämtliche Fotos ruiniert hatte. „Das war ein schwerer Schlag", schrieb er an seine Frau. „Alle Fotos, die ich hier oben mit der 9 x 12-Kamera gemacht habe – also fast alle – sind mißlungen. Offensichtlich habe ich die Platten falsch herum in den Apparat gesteckt. Ich wußte gar nichts über diese Platten und habe einfach die Anweisungen von Heron befolgt. Ich hatte mir sehr große Mühe mit diesen Fotos gegeben: Viele hatte ich vor Sonnenaufgang an Orten aufgenommen, die vielleicht weder ich noch sonst jemand je mehr betreten wird...Ich bin aber fest entschlossen, sie zu ersetzen, so weit das möglich ist..."[31]

Ende Juli stießen Mallory und Bullock im Khartatal wieder zur Hauptexpedition, an einem wunderbaren Ort, den Howard-Bury entdeckt hatte. Dort war die Luft mild, und die Wiesen waren grün und mit Bäumen und Blumen bestanden. Die Stelle war auch sehr gut vor den unablässigen tibetischen Winden geschützt. Ihr Ziel war es, ein Stück weit den Khartagletscher hinauf aufzuzeichnen, aber auch diesmal wurde den Kletterern ein Strich durch die Rechnung gemacht, als sie versuchten, den North Col zu erreichen. Die Träger beschwerten sich über ihren Anteil (Tradition am Everest bis auf den heutigen Tag). Hinzu kam noch, daß das Wetter schlechter wurde und sich dadurch alles noch einmal verzögerte.

Mallory wurde krank. „Am 7. August, als wir uns am Nachmittag über den Firn quälten, spürte ich zum ersten Mal ein Anzeichen von Erschöpfung, das etwas anderes war als eine Müdigkeit in den Muskeln und auch etwas anderes als die unbestimmte Mattigkeit der Höhenkrankheit. Als wir die Moräne erreichten, hatte ich starke Kopfschmerzen. Im Zelt war ich völlig erschöpft, zitterte und verbrachte eine fiebrige Nacht."[32]

Schon seit geraumer Zeit hatte Guy Bullock die Frage gequält, ob der unbenannte Gletscher östlich des Changtse sich nicht vielleicht doch nach Westen drehte und dort auf den Hauptgletscher stieß. Auch Mallory erinnerte sich an den Fluß, der ins Rongbuktal floß, aber er konnte nicht glauben, daß ein so kleiner Nebenfluß der Ablauf eines so großen Gletschers war, und so verwarf er Bullocks Theorie. Howard-Bury schickte ihnen später eine von Wheelers topographischen Zeichnungen ins Camp, und die Zeichnungen deckten sich völlig mit Bullocks Überzeugung, daß der kleine Gletscher tatsächlich mit dem großen Rongbuk verbunden war. Aber auch das war nichts weiter als eine Hypothese, die bestätigt werden mußte. Mallory blieb weiterhin skeptisch.

Nach einer kurzen Rast, um neue Kräfte zu sammeln, stiegen Mallory und Morshead mit Sherpas über den Khartagletscher Richtung Westen und erreichten den Lakpa-La-Paß. Leider befanden sie sich jetzt mitten im Monsun und die Sicht dort oben war so schlecht, daß sie fast nicht ausreichte, um auf der anderen Seite sicher wieder hinunterzuklettern. Aber Mallory war sich jetzt sicher, einen

‚DIE ZUKUNFT...'

Zugang zum North Col gefunden zu haben. Den verborgenen Gletscher nannten sie „East Rongbuk".

Ihre Rückkehr an diesem Tag war kräftezehrend. Um 2 Uhr morgens stolperten sie endlich in ihre Zelte. Mallory war überglücklich und schrieb an Ruth: „Wo auch immer dieser Gletscher hinführt – das müssen wir noch herausfinden –, jedenfalls haben wir einen Zugang zum großen Berg entdeckt... Als wir den langen schweren Weg herunterkamen, dachte ich nur an die Aussichten und an diesen Erfolg. Ich wüßte nicht, wann ich mir jemals eine solche Freude angesichts eines persönlichen Triumphes erlaubt hätte..."[33]

Aus Mallorys Aufzeichnungen geht deutlich hervor, daß die Besteigung des Everest plötzlich einen sehr starken Einfluß auf ihn ausübte. Zum ersten Mal in seinem Leben entwickelte er echten Ehrgeiz. Er spürte, daß Erfolg oder Mißerfolg am Berg ganz alleine von ihm abhingen. Später schrieb er an Geoffrey Young: „Die ganze Last liegt auf meinen Schultern – Dir kann ich das sagen. Bullock ist sicher und folgt gut, aber du weißt ja, was es heißt, bei einer langen und anstrengenden Kletterpartie immer führen zu müssen..."[34] Mallory war von dem gewaltigen Einfluß, den der Berg jetzt auf ihn ausübte, sehr irritiert.

Mittlerweile war es Mitte August, und die Bergsteiger mußten ihre abschließende Erkundungsroute vorbereiten. Der Monsun bescherte ihnen schlechtes Wetter. Sie saßen drei Wochen in ihrem Camp auf einer Höhe von 5250 Meter fest und warteten auf bessere Bedingungen. Seit drei Monaten waren sie jetzt auf der tibetischen Hochebene, und über die Auswirkungen eines so langen Aufenthalts in so großer Höhe wußten sie gar nichts. Auch wenn sie sich dessen nicht in vollem Umfang bewußt waren: körperlich und seelisch waren sie am Ende.

Das Leben auf so engem Raum wirkte sich auch allmählich auf die Freundschaften aus. Vor allem Mallory ärgerte sich immer häufiger über Bullock. Am 1. September schrieb er an Ruth: „Wir kamen nicht so gut zurecht. Wir hatten uns den weit verbreiteten, oberflächlichen Umgangston zweier Menschen angewöhnt, die alleine zusammen lebten – konkurrierend und leicht streitsüchtig, jeder stets darauf bedacht, vom anderen nicht auch nur im geringsten übervorteilt zu werden."[35] Die beiden Männer behielten sich ständig im Auge, achteten darauf, daß der eine nicht mehr vom Essen nahm als der andere. Mallory beschwerte sich, Bullock sei faul und kümmere sich nicht um die vielen Kleinigkeiten, die erledigt werden mußten. Mallory war aber auch kein unkomplizierter Gefährte. Sein Gefühlsleben spielte völlig verrückt. An einem Tag war er bester Laune, am nächsten zutiefst betrübt. Glücklicherweise war Bullock phlegmatisch und behielt die ganze Expedition über seine gute Laune.

Als sie den Lakpa La bestiegen, entdeckten die beiden riesige Fußspuren im Neuschnee, die von den Sherpas sofort als *Yeti*spuren identifiziert wurden. Für die britischen Bergsteiger war das die erste Begegnung mit diesem sagenumwobenen Himalayabewohner. Die Sherpas glauben fest an die Existenz der Yeti und erzählen, daß sie Menschen töten und Frauen rauben. Angeblich haben sie so mächtige Kiefer, daß sie den Hals eines Yak durchbeißen können, um sein Blut zu trinken. Der Name *Yeti* stammt aus Nepal und ist von *Ya-te* abgeleitet, was soviel heißt wie „Höhenmensch", aber man nennt ihn auch *Nitikanji,* „Schneemensch", der Name, unter dem er in Europa bekannt ist.

Mitte September kehrte Raeburn aus Sikkim zurück, wo er sich hatte erholen müssen, und fühlte sich wohl genug, um sich dem Kletterteam „wieder" anzuschließen. Am 20. September hatte sich das Wetter soweit gebessert, daß Mallory, Morshead und 15 Sherpas ein Camp am Lakpa La aufschlagen konnten. Mallory hatte gute Sicht auf die Hänge, die hinauf zum North Col führten. Es schien ein aussichtsloses Unterfangen: Die steile Flanke aus Eis und Schnee sah viel schwieriger aus, als er sich das gedacht hatte. Sie war etwa 300 Meter hoch und voller Gletscherspalten.

Zwei Tage später brachen Mallory, Bullock und Wheeler gemeinsam auf, Wollaston und Howard-Bury folgten ihnen als Unterstützung. Das Team war erschöpft und verbrachte die Nacht auf dem Lakpa La bei Temperaturen, die auf -34°Celsius absackten. Wollaston und Howard-Bury erlebten eine schreckliche Nacht und mußten mit Hilfe von Morshead ins Basislager zurückkehren.

Der Rest der Gruppe stieg vom Lakpa La hinab auf den East Rongbuk, kämpfte sich durch bis zum Ende des Gletschers und schlug das Lager in einer Höhe von 6700 Metern auf. Über ihnen lag der North Col und wartete darauf, von ihnen am nächsten Tag in Angriff genommen zu werden. Mallory schrieb später an David Pye: „Im letzten Camp unter dem

North Col verbrachten wir zwei Nächte; auch ein unvergeßlicher Ort ... der Wind spürte uns auf ... es gibt keinen hartnäckigeren und heftigeren Feind."[36]

Der grimmige Wind der Nachmonsunzeit schlug unablässig gegen ihre völlig unzureichenden Zelte, und so verbrachten die Kletterer eine zweite schreckliche Nacht mit wenig oder fast gar keinem Schlaf. Am nächsten Morgen machten sie sich auf Richtung North Col, aber schon bald wurde die Luft dünn. Im frischen Tiefschnee kamen sie nur langsam voran, erreichten aber schließlich nach viereinhalb Stunden einen geschützten Absatz. Mallory erinnert sich: „Selbst dort, wo wir standen, im Lee einer Felsplatte, kam der Wind mit solcher Macht, daß er den pulvrigen Schnee aufwirbelte und uns zu ersticken drohte. Am Col selbst tobte ein Sturm, und darüber erblickte man etwas noch Schrecklicheres."[37]

Die Kletterer überlegten, wie sie weiter vorgehen sollten. Wheeler hatte kein Gefühl mehr in den Füßen und wollte zurück ins Basislager, was er am folgenden Tag auch tat, doch Mallory wollte trotz der entsetzlichen Bedingungen weitermachen. Bullock spürte, wieviel Mallory dieser letzte Versuch bedeutete, und so versprach er ihm trotz des schlechten Wetters noch 600 Meter höher zu steigen. Die beiden zogen alleine los und ließen die anderen im Lager zurück, aber auch sie mußten bald wieder umkehren, als der eisige Wind sie mit seiner ganzen Kraft zu fassen bekam. In diesen unwirtlichen Bedingungen konnte niemand lange überleben. Bullock äußerte später: „Ich war bereit, M. zu folgen, falls er versuchen wollte, noch ein paar Meter höher zu kommen, war aber froh, als er sich dagegen entschied.

Das war mein Glück, denn ich war mit meiner Kraft völlig am Ende." [38]

Am 24. September beschlossen sie, sich vom Berg zurückzuziehen. Der eiskalte Herbst des Himalaya hatte die kleine Bergsteigergruppe besiegt. Weiter kam die Expedition 1921 nicht, aber zumindest stand jetzt für alle die Route fest, die zum Everest führte.

Beim Abstieg, auf den unteren Hängen des North Col, bemerkten sie, daß eine Lawine ihre Spuren vom selben Morgen teilweise verwischt hatte. Das war ein böses Omen und eine Warnung, wie instabil der North Col werden konnte. Mallory schrieb später in seinem Expeditionsbericht: „Hier fanden unsere Füße zweifellos festen Halt, doch das Material oben war ganz locker. Ich war damals davon überzeugt, daß wir, wenn wir die Pickel hoch genug einschlugen, völlig sicher waren. Aber auf dem Weg nach unten gab es einen Abschnitt von etwa fünf Yards, in dem die oberste Schneeschicht bis unter unsere Spuren abgerutscht war. Die beunruhigenden Gedanken, die nach einer solchen Entdeckung nicht ausbleiben, ließen und lassen mich heute noch darüber nachdenken, welches Risiko wir eingegangen waren. Aber man kann davon ausgehen, daß eine Neuschneelawine um so wahrscheinlicher wird, je höher die Erhebung und je kälter die Jahreszeit ist – weil der Schnee langsamer an den Hängen haften bleibt."[39]

Die Zeichen waren eindeutig. Loser Schnee auf einer Eisdecke ist eine gefährliche Kombination, und die kleine Lawine war eine Warnung, die kein Kletterer ignorieren darf. Mallory lernte aber nicht aus dieser Erfahrung. Ein Jahr später mißachtete er ähnliche Zeichen, nur diesmal mit schlimmen Folgen. Eine größere Lawine erfaßte seine Seilschaft beim Abstieg vom North Col. Einige seiner Männer verloren dabei das Leben.

KAPITEL SECHS

‚Ein teuflischer Berg'

> ‚Der Berg hat seinen Tribut von uns gefordert, aber mein Gott, wieviel schlimmer hätte es noch ausgehen können!... David, es ist ein teuflischer Berg, kalt und heimtückisch... Vielleicht ist es der reine Wahnsinn, noch einmal hinaufzusteigen. Aber wie könnte ich jetzt die Jagd aufgeben?'
>
> George Mallory an seinen Freund Davie Pye, 1. Juni 1921

Als das Schiff in Marseille anlegte, waren die Bergsteiger sechs Monate lang unterwegs gewesen. Ruth Mallory reiste nach Südfrankreich, um ihren Mann am Hafen willkommen zu heißen. Die längste Zeit ihrer Ehe waren sie getrennt gewesen. Diesmal nutzten sie die Gelegenheit für einen kurzen gemeinsamen Urlaub in Frankreich. In London hielt man die Erkundungsexpedition für einen vollen Erfolg. Schließlich hatte die Gruppe den Everest von allen drei Seiten vermessen und eine von Norden her begehbare Route ausgekundschaftet. Noch bevor die Kletterer Indien verlassen hatten, bemühte sich das Everestkomitee bereits um den nächsten Besteigungsversuch im Jahr darauf, und als Mallory nach Hause kam, fand er dort schon einen Brief von Younghusband, der ihn zur Teilnahme an der neuen Expedition einlud.

Inmitten der ganzen Euphorie ließ Arthur Hinks ein paar säuerliche Töne vernehmen. Wutentbrannt schrieb er an Howard-Bury, er sei mit den kartographischen Resultaten nicht zufrieden: „Es hat den Anschein, als hätten die Landvermesser niemanden damit beauftragt, die Umgebung des Berges zu erfassen. Ich finde, das ist das allererste, was man tun sollte, und ich bin entsetzt über die Aussicht, die Arbeit eines ganzen Jahres ohne vernünftige Karte einzeichnen zu sollen... Was ist aus dem großen Felsgipfel geworden, den sowohl Kellas als auch Sella fotografiert hatten... nördlich von Makalu? Ist er irgendwann seit letzten Dezember heruntergefallen, und falls nicht, warum ist er auf den neuen Fotografien nicht zu sehen?"[1] Ferner schickte er einige von Mallorys vertraulichen Expeditionsberichten an Norman Collie, den Präsidenten des *Alpine Club:* „Beigefügt finden Sie weiterhin Briefe von Mallory, die Sie interessieren und amüsieren werden... sie vermitteln den Eindruck, daß Mallory ein wenig unpraktisch veranlagt ist. Er kann die Primusöfen nicht einsetzen, obwohl andere keine Schwierigkeiten damit haben."[2]

Mallory war niedergeschlagen. Für ihn war die Expedition fehlgeschlagen: sie hatten den Berg nicht bestiegen, ja noch nicht einmal einen ernsthaften Versuch dazu unternommen. Auch die Zwietracht in der Gruppe hatte ihre Spuren hinterlassen. So schrieb Mallory an seinen Freund David Pye: „Nichts gegen den Everest und seine feindliche Schönheit. Ich habe genug von Reisen und Reisenden, weit entfernten

Ländern und ungehobelten Menschen, Zügen und Schiffen, schimmernden Mausoleen, fremden Häfen, dunkelhäutigen Menschen und grellem Sonnenlicht."[3]

In einem Brief an seine Schwester Avie bezweifelte Mallory die Möglichkeit, daß bald eine neue Expedition stattfinden würde: „Sie dachten daran, schon im nächsten Jahr eine Expedition loszuschicken. Doch ich habe Ihnen gesagt, daß es nur dann einen Sinn hat, wenn man zu Frühlingsbeginn dort ist, um vor dem Monsun zu klettern. Und es ist unmöglich, alles in so kurzer Zeit vorzubereiten, zumal es überhaupt kaum einen Sinn hat, es noch einmal zu versuchen, und wenn doch, dann nur mit einer Gruppe aus den acht allerbesten Kletterern. Acht jedoch werden sie nie zusammenbekommen, jedenfalls nicht so schnell, vielleicht nicht einmal für das Jahr darauf. Hinks (ehrenamtlicher Sekretär) will bereits wissen, ob ich wieder mitkomme. Wenn sie mich wegen einer Antwort unter Druck setzen, werde ich ihnen sagen, daß sie zuerst die anderen sieben unterschreiben lassen sollen... Nächstes Jahr werde ich auf jeden Fall nicht fahren, nicht einmal, wie man so sagt, für das ganze Gold Arabiens."[4]

Mit charakteristischer Instinktlosigkeit und völlig unangebrachter Eile nominierte das Everestkomitee Charlie Bruce als Expeditionsleiter für das Jahr 1922, noch bevor Howard-Bury Indien überhaupt verlassen hatte. So war es nicht überraschend, daß Howard-Bury diese überstürzte Ankündigung als Tadel an seiner Arbeit als Expeditionsleiter wertete.

Bruce war mittlerweile 56 Jahre alt und hatte die allerbesten Referenzen für diese Aufgabe vorzuweisen: Er hatte mehrere Jahre Militärdienst in Nordindien geleistet und war gemeinsam mit den großen Himalayapionieren, darunter auch 1892 mit William Conway und 1895 mit Albert Mummery, im Gebirge gewesen. Schon deshalb wurde die Expedition von 1922 insgesamt eine wesentlich professionellere Unternehmung.

Bruce wählte Edward Strutt zu seinem Stellvertreter, einen verläßlichen Bergsteiger konservativer Prägung. Strutt war als Kommissar in Danzig zu einiger Berühmtheit gelangt, weil er die österreichische Königsfamilie vor einem Angriff des revolutionären Pöbels gerettet hatte. Leider waren Bruce und Strutt sehr gegensätzliche Persönlichkeiten, die beiden kamen während der gesamten Expedition nie gut miteinander aus. Später schrieb der 56jährige Bruce mit kaum verhohlenem Sarkasmus: „Es ist gut möglich, daß wir ihm einfach zu jung waren."[5] Auch George Finch erhielt eine Einladung, nachdem er diesmal die medizinische Untersuchung bestanden hatte. Nachdem er im Vorjahr zurückgewiesen worden war, hatte er in den Alpen mehrere eindrucksvolle Erstbesteigungen absolviert, darunter eine besonders schwierige Route auf den Mont Blanc. Finch war vielleicht der fähigste Kletterer im Team von 1922, aber seine Heldentaten in den Alpen hatten ihm den Ruf eingetragen, auf seinen Touren ein rauhes Leben zu führen. Bruce schrieb über ihn: „Ein glaubwürdiger Erzähler ziemlich unmöglicher Begebenheiten. Putzt seine Zähne am 1. Februar und nimmt am selben Tag auch noch ein Bad, wenn das Wasser sehr heiß ist, sonst verschiebt er es bis zum nächsten Jahr."[6]

Das Team von 1922 war insgesamt jünger und körperlich in besserer Verfassung. Auch die medizinische Zunft war diesmal stark vertreten. Dazu gehörte Howard Somervell, Chirurg aus London und erfahrener Bergsteiger mit scheinbar unerschöpflichen Energiereserven und Auszeichnungen in Naturgeschichte aus von seiner Studienzeit in Cambridge. Bruce hielt ihn für ein „... absolutes Arbeitstier für harte Einsätze, ... einen wunderbaren Läufer und Kletterer. Er trägt einen Hut Größe 22. Das ist sein einziger Nachteil."[7] (Bruces Kommentar bezog sich mehr auf Somervells Ego und weniger auf den Durchmesser seines Kopfes.)

Auch Arthur Wakefield war ein kletternder Doktor. Eine Zeitlang hielt er den Rekord, in 24 Stunden die meisten Gipfel in Lakeland bezwungen zu haben. Im Jahr 1905 lief er 94 Kilometer weit in einem Stück und bewältigte eine Besteigung von über 7000 Metern in kaum mehr als 22 Stunden. Sein Rekord hatte 15 Jahre lang Bestand.

Edward Norton, ein Armeemajor, schloß sich dem Team ohne große Hochgebirgserfahrung an, erwies sich aber als hervorragender Himalayakletterer. Expeditionsarzt war Tom Longstaff, der zwar über große Himalayaerfahrung verfügte, von Anfang an aber klarstellte, daß er kein Interesse am Klettern hatte. Er machte sich keine Illusionen über das, was vor ihnen lag: „Der Everest ist ein furchteinflößender Berg. Seine Form hat keine athletische Grazie, sie ist vielmehr die brutale Masse eines Freistilringers, mörderisch und beängstigend. Technisch kann ich nicht nachvollziehen, daß es sich um einen einfachen Gipfel handeln soll, wie so oft behauptet wird. Die Schichten am Oberhang der Nordwand neigen sich nach unten wie Dachziegel. Viel zu oft sind sie mit Pulverschnee überzogen, denn oberhalb einer Höhe von

25 000 Fuß schmilzt Schnee nur sehr selten. Und er wird auch nicht fest. Er muß entweder verdunsten oder von den schrecklichen Winden weggeblasen werden, von denen der Berg heimgesucht wird."[8]

John Noel bekam die Verantwortung für die Film- und Fotoaufnahmen. Er war es gewesen, der sich 1913 dem Everest genähert und dessen Rede vor der *RGS* überhaupt erst zu dieser Expedition geführt hatte. Die 35 mm-Schwarzweißfilme, die Noel 1922 und 1924 drehte, sind ein einzigartiges Dokument der beiden Expeditionen und verkaufen sich selbst heute noch gut – zu einem Preis, über den sich die Expeditionsmitglieder von 1920 wohl sehr wundern würden.

Ebenfalls mit von der Partie waren zwei Gurkha-Offiziere, Geoffrey Bruce (der Neffe von Charlie Bruce) und John Morris, und fünf Gurkha-Soldaten. Keiner der beiden Offiziere verfügte über irgendwelche Klettererfahrung, doch beide hatten 1919 am afghanischen Krieg teilgenommen und konnten deshalb mit den Soldaten nepalesisch sprechen. Sie erwiesen sich als äußerst nützliche Mitglieder im Team.

Bruce wollte 1922 wieder A. M. Heron als Geologen mit dabei haben, aber der hatte, ohne es zu wollen, die tibetische Regierung gegen sich aufgebracht, weil er Löcher in den Boden gebohrt hatte, durch die, wie die Tibeter fürchteten, Dämonen entwischen könnten. Das Komitee erhielt offizielle Beschwerdebriefe aus Tibet, und Hinks schrieb dem unglücklichen Geologen einen Brief, in dem er weder Verständnis für sein Verhalten noch Sympathie für ihn zum Ausdruck brachte: „Ich nehme an, Sie gehören zu der Gruppe, über deren Grabtätigkeit sich die Tibeter beschwert haben. In dieser

Angelegenheit ist uns ein offizielles Schreiben zugegangen. Dieses Vorgehen stört die Dämonen, die im Boden leben, und die Jonpens (Führer aus der Region) hatten große Angst, sie könnten ausbrechen."[9]

Der arme Heron war über diesen Vorwurf ziemlich erstaunt und tat alles, um sich zu rechtfertigen: „Ich muß bezüglich des Vorwurfs, ein Dämonenstörer zu sein, auf ‚Nicht schuldig' plädieren. Denn ich habe keine Grabarbeiten durchgeführt, und leichtes Hämmern... da bin ich mir sicher, hat nicht ausgereicht, nicht einmal den Ängstlichsten der unterirdischen Bruderschaft zu stören."[10] Die Geschichte eskalierte später, und Heron wurde vorgehalten, wertvolle Steine ausgegraben zu haben. Als derselbe Vorwurf schließlich auf die gesamte Expedition ausgedehnt wurde, blieb Bruce keine andere Wahl, als Heron als Sündenbock zu opfern und ihn bei den weiteren Planungen nicht mehr zu berücksichtigen.

Mit einem so starken und jungen Team – wenn auch nur mit sechs erfahrenen Bergsteigern anstelle der von ihm geforderten acht – entschloß sich George Mallory, doch an der Expedition teilzunehmen. Diesmal würden auch die Geldmittel reichen, da das Komitee über einen ordentlichen Überschuß von 1921 verfügen konnte, und wegen der Begeisterung in London über den erneuten Aufbruch nach Tibet konnte man mit noch größerer finanzieller Unterstützung rechnen.

Man beschloß, bereits wesentlich zeitiger im Jahr nach Tibet zu reisen, um nicht der schlimmsten Monsunzeit ausgesetzt zu sein. Und so liefen die Vorbereitungen auf Hochtouren, alles und jeden noch vor Ende März auf einen Dampfer nach Indien zu verfrachten. Die Vorstellung davon, was die ideale Bekleidung für die Kletterer sei, hatte sich seit dem Vorjahr kaum verändert – von einer zusätzlichen langen Lederweste, die den Wind abhalten sollte, einmal abgesehen. Diese erwies sich jedoch als unbrauchbar und wurde später durch winddichte Kittel ersetzt. (George Finch griff als einziger der damaligen Entwicklung weit voraus, als er für sich selbst eine Steppjacke aus dünner Ballonseide und Gänsedaunen anfertigen ließ.)

Dem Schuhwerk galt diesmal besondere Aufmerksamkeit. Zur Ausrüstung gehörten Skischuhe (mit so wenig Nägeln wie möglich versehen, um den Wärmeverlust an der Sohle zu reduzieren), die in größerer Höhe mit Steigeisen versehen werden konnten. Auf geringerer Höhe trug man hohe kanadische Mokassins, Lammfellstiefel und pelzbesetzte Schuhe aus Norwegen, die besser vor Erfrierungen schützten.

Bruce war sich auch der Tatsache bewußt, daß das Essen 1921 im großen und ganzen schrecklich gewesen war und wenig zur Verbesserung der Moral beigetragen hatte. Deshalb sorgte er diesmal für einen abwechslungsreichen und appetitanregenden Speiseplan, ja sogar für einige kulinarische Hochgenüsse: Harris' Dosenwurst, Hunters Schinken, Heinz' Spaghetti, Heringe, Sardinen, aufgeschnittener Speck und eingemachte Wachteln, roter Bordeaux und Champagner erzielten den gewünschten Effekt. So konnten die Teilnehmer die Grundnahrung aus Kartoffeln und Yakfleisch leichter ertragen.

Auch eine Debatte über die Verwendung von Sauerstoff fand statt. Professor Dreyer von der Oxford University hatte Sauerstoffsysteme für die Royal Air Force entwickelt. Als

Finch ihn besuchte, sagte ihm Dreyer direkt ins Gesicht: „Ich glaube nicht, daß Sie es ohne Sauerstoff schaffen. Und falls doch, werden Sie nicht mehr herunterkommen."[11]

Dreyer war es offensichtlich gelungen, einen gewaltigen Eindruck auf Finch zu machen, der sich daraufhin zu einem Versuch in einer Druckkammer hatte überreden lassen. Er führte nur leichte Bewegungen aus, einmal mit und einmal ohne die schwere Ausrüstung. Der Leistungsunterschied war so deutlich, daß das Komitee 400 Pfund für den Apparat und die nötigen Sauerstoffreserven zur Verfügung stellte. Finch, Farrar, Somervell und Collie wurden 1922 große Anhänger dieses Systems und hielten eine künstliche Sauerstoffversorgung für unentbehrlich. Andere, darunter Mallory, Longstaff und Hinks, wollten nichts davon wissen. Für sie war das System zu kompliziert und zu schwer für einen Einsatz im Gebirge. Mallory argumentierte, der Verbrauch „englischer Luft" beleidige seine romantische Vorstellung von der Reinheit des Kampfes eines Mannes gegen einen Berg. Er war gegen ein Aushebeln der Naturkräfte mit Hilfe der Wissenschaft. Er setzte auf Akklimatisation, um sich in so große Höhe vorzuwagen.

Der Streit über den Einsatz von Sauerstoff hielt noch eine Weile an – ein Thema, das die Expedition in zwei Lager spaltete, noch bevor sie London überhaupt verlassen hatte. Hinks hielt die ganze Angelegenheit für einen Witz: „Heute Nachmittag werden wir uns eine Gasbohrung ansehen. Die haben sich einen wunderbaren Apparat ausgedacht, mit dem man sich totlachen kann", schrieb er an Bruce. „Zu gerne würde ich mein Geld auf Mallory setzen, der auf 25 000 Fuß steigt, auch ohne die Hilfe von vier Gasflaschen und ohne Maske."[12] Ihre gemeinsame Ablehnung gegen den Einsatz von Sauerstoff brachte Mallory und Hinks einander näher, sehr zum Verdruß von Farrar, der sich über Hinks zunehmend ärgerte.

Hinks bereitete es mittlerweile richtig Vergnügen, seine Meinung gedruckt wiederzufinden, und er machte in einer Weise Gebrauch davon, die Farrar, den Vorsitzenden des Komitees, sehr erzürnte. In einer anonymen Veröffentlichung ließ Hinks durchblicken, das Everestkomitee würde über Gebühr von schrulligen Eierköpfen und starrsinnigen Kletterern beeinflußt: „In diesem Jahr wurde die Gruppe mit Sauerstoffgeräten ausgerüstet, und zwar auf besonderen Wunsch einiger Kletterer, die davon überzeugt waren oder wurden, daß sie ohne Sauerstoff nie zum Gipfel kommen würden. Das Komitee, das sich verpflichtet fühlt, alles zur Verfügung zu stellen, was vernünftigerweise verlangt werden kann, muß sich die Frage gefallen lassen."[13] Der Artikel war voller Vorurteile, weil Hinks völlig an der Tatsache vorbeisah, daß Mallory der einzige Kletterexperte der gesamten Expedition war, der sich nicht für die Verwendung von Sauerstoff aussprach.

Farrar schrieb ziemlich verärgert an Hinks: „Ich sage Ihnen ganz offen, daß mir der satirische Ton Ihres Artikels nicht gefällt... einzig weil er die Meinung der Expeditionsmitglieder in ihrer Wertschätzung des Sauerstoffs negativ beeinflussen könnte. Wäre ich einer von ihnen, müßte ich aus Ihrem Artikel schließen, daß das Komitee dem Sauerstoffverbrauch nur geringe Bedeutung beimißt, ja gar dazu neigt, ihn zu verhöhnen."[14] Hinks' Antwort war kurz: „Es würde mir besonders leid tun, wenn die Sauerstoffausrüstung die Bergsteiger daran hindern sollte, so hoch zu klettern wie ohne sie. Wenn einige aus der Gruppe ohne Sauerstoff nicht einmal eine Höhe zwischen 25 000 und 26 000 Fuß erklimmen, sind sie Ganoven."[15]

Auch Finch ärgerte sich über den Artikel, denn schließlich hatte ihm seine wissenschaftliche Ausbildung gezeigt, daß die Verwendung von Sauerstoff eine logische und unverzichtbare Hilfe beim Klettern in solch großer Höhe war. Im Anschluß an die Expedition schrieb er in seinem Bericht: „Ich bin mir sicher, der Everest kann nie ohne Sauerstoff bestiegen werden. Doch es gibt eine Gruppe von Sauerstoffgegnern, die wissenschaftlich gesehen überhaupt keine Ahnung haben. Selbst sie sind bereit zuzugestehen, daß Sauerstoff in der Tat sinnvoll sein könnte, lehnen seine Anwendung aber deshalb ab, weil sie das für unsportlich halten, und deshalb auch für ‚unbritisch'."[16] Hinks war wütend, und so ging der Krach weiter.

Sicherlich, die Sauerstoffausrüstung war schwer und lästig. Sie bestand aus einem Rahmen, an dem vier Stahlzylinder montiert waren, ferner aus Röhren, einem Einstellventil und zwei verschiedenen Masken. Eine volle Sauerstoffflasche wog 2,6 Kilogramm, der gesamte Apparat brachte es auf ein Gewicht von 14,5 Kilogramm. Das Komitee hatte zehn Ausrüstungen bestellt, einschließlich vier Ersatzausrüstungen. Die Geräte erwiesen sich als äußerst empfindlich und wenig zuverlässig, und trotz sachgemäßen Umgangs und größter

Sorgfalt funktionierten nur noch drei der ursprünglich zehn Geräte, als die Ausrüstung im Basislager ankam.

Anfang März reisten die Mitglieder der Expedition an Bord der *SS Caledonian* nach Indien. Die Fahrt war viel angenehmer als diejenige, die Mallory im Jahr zuvor durchgemacht hatte. Die Männer waren alle entspannt und fühlten sich wohl in der Gesellschaft der anderen Teilnehmer. Noel spann Seemannsgarn über seine Reisen an exotische Orte, und selbst der relativ ernste Strutt erzählte noch einmal die Geschichte, wie Curzon versucht hatte, ihn vors Kriegsgericht zu stellen. Finch gab Kurse im Umgang mit der Sauerstoffausrüstung, und selbst Mallory fing allmählich an zu denken, daß „... (der Sauerstoff) uns gut genug versorgen wird und wir ohne physiologisches Risiko auf ein Camp in 25 000 Fuß Höhe verzichten können".[17]

Noch bevor die Gruppe dann in Darjeeling startklar war, hatte sich schon der erste medizinische Notfall ereignet. Bei der Ankunft in Kalkutta spielte Norton eine Runde „Schweinespießen" (Wildschweinjagd mit dem Speer). Er war sogar eine Art Experte in diesem Sport, doch die Anstrengung führte bei ihm zu einer Verschlimmerung seines Hämorrhoidenleidens. Glücklicherweise mußte er nicht operiert werden.

In Darjeeling war die Expedition zu einer riesigen Karawane angewachsen: über 400 Packtiere und 100 einheimische Träger, 40 Kletterträger, acht Träger für die Fotoausrüstung, zehn Träger für die Sauerstoffgeräte, Dolmetscher, Schuster, Zeltmeister, einige ausgezeichnete Köche und ein „Sardar", unter dessen Kommando sie alle standen. Die Expedition war auch mit wesentlich mehr wissenschaftlich-technischem Material unterwegs als im Jahr 1921. Allein Noels Kameraausrüstung kam in Darjeeling in einer zwölf Meter langen Kiste an; er verbrachte eine ganze Weile damit, ein geeignetes Tragetier dafür zu finden.

Daß diese Expedition deutlich mehr kosten würde als der 1921 unternommene Versuch stand fest, und so telegrafierte Bruce ständig an Hinks, um mehr Geld zu bekommen. Doch der fertigte ihn nur kurz ab mit der Forderung, sparsamer zu sein. Charlie Bruce interessierte das allerdings gar nicht. Er machte Younghusband bereits allmählich mit dem Gedanken vertraut, daß die Kosten von 1922 nicht doppelt so hoch wie die von 1921 werden würden (wovon man zunächst ausgegangen war), sondern vielleicht sogar *viermal* so hoch. Am Ende überschritt die Expedition das vorgegebene Budget um 750 Pfund. Der *Alpine Club* lehnte jede weitere Finanzierung ab, und so mußte die *RGS* die zusätzlichen Kosten alleine tragen.

Unterdessen verlief – von den finanziellen Problemen einmal abgesehen – alles bestens für Bruce. Er kannte das Gebiet, kümmerte sich um seine Sherpas und konnte sich sogar selbst mit ihnen auf Nepalesisch unterhalten. Er achtete auf ein gutes Verhältnis mit den Einheimischen, durch deren Dörfer sie zogen, und er war sehr stolz darauf, die Anführer der Träger mit Melonen ausstaffiert zu haben – zur Freude der neuen Hutbesitzer und zur Erheiterung der Menschenansammlungen. Die Teilnehmer kamen gut miteinander aus und hatten alle große Achtung vor Charlie Bruce.

Mallory zeigte allerdings bereits die ersten Anzeichen seiner chronischen Geistesabwesenheit. In seinem Expeditionsbericht schrieb John Morris: „Mallory war der geistesabwesendste Mensch, den ich je kennengelernt habe."[18] Jeder Bergsteiger hatte seinen eigenen Diener, Mallorys Zelt aber war immer in einer solchen Unordnung, daß sein Sherpa einfach nicht verstehen konnte, warum er all diese Dinge behalten wollte. Ständig war er versucht, einfach alles wegzuwerfen. „Schon nach ein paar Tagen wechselten wir uns alle ab nachzusehen, ob nichts von Mallorys Ausrüstung zurückgelassen wurde", erinnerte sich Morris.[19]

Die Expedition wurde in zwei Gruppen aufgeteilt: Die erste verließ Darjeeling am 26. März, die zweite ein paar Tage später. Ihre Route durch Sikkim und weiter auf die tibetische Hochebene war dieselbe wie 1921, aber in diesem Jahr waren sie einige Wochen früher dran. Deshalb war es auch kälter und der Boden noch vollständig gefroren. Am 7. April trafen die beiden Gruppen in Phari Dzong wieder aufeinander und zogen von dort weiter nach Kampa Dzong und Shekar Dzong.

Unterwegs bestiegen Mallory und Somervell den 6246 Meter hohen Sangkar Ri: „Zu diesem Zeitpunkt war noch keiner von uns beiden richtig akklimatisiert", schrieb Somervell. „Ich litt außerdem noch stark an der Ruhr und war auf häufige Pausen und eine langsame Gangart angewiesen. Mallory hätte es, glaube ich, auch ohne mich zum Gipfel geschafft, entschied sich aber für eine Zweierseilschaft – der größeren Sicherheit wegen. An seiner Stelle hätte ich zu meinem Gefährten wahrscheinlich immer gesagt, ‚Komm jetzt, beeil' dich!', und so weiter, aber Mallory war sehr geduldig. Zwar konnte man seinen Eifer weiterzukommen erkennen, aber noch deutlicher war seine Rücksicht auf seinen langsameren Begleiter."[20]

Am 30. April erreichte die Expedition das Rongbuktal viel früher als 1921, aber noch immer drei oder vier Wochen später als heutige Expeditionen. Der Abt des Klosters hieß Bruce und seine Männer herzlich willkommen und schenkte den Bergsteigern und Trägern gleichermaßen seinen Segen. Aber er vergaß auch nicht, eine Warnung auszusprechen: „Dieses Land ist extrem kalt; nur wer wegen der Religion hierher kommt, kann hier auch überleben – für alle anderen ist es überaus schwer. Die Gottheit, die hier herrscht, ist sehr grausam – passen Sie also so gut auf sich auf, wie es geht." [21]

Rongbuk ist ein heiliger Ort, und das Kloster selbst ist eines der heiligsten Bauwerke im lamaistischen Buddhismus. Bruce hatte Verständnis für die Religion und die Sitten der Menschen. Er gab strenge Order, im Tal keine Tiere zu schlachten. Als der Abt ihn fragte, warum sie gekommen waren, um den Chomolungma – der tibetische Name für den Everest – zu besteigen, vermied Bruce eine banale westliche Erklärung. Statt dessen gab er zur Antwort, es handle sich um eine Pilgerreise. Da der Chomolungma der höchste Berg der Welt sei, könne man dort oben dem Himmel am nächsten sein.

Bruce war ganz offensichtlich nicht nur ein ausgezeichneter Soldat, sondern auch ein überaus erfolgreicher Diplomat.

Die Expedition begann mit den Routinemaßnahmen, die noch heute zu jeder Besteigung über die Nordwand gehören. Das Basislager wurde kurz vor dem Gletscher in etwa 5180 Meter Höhe errichtet. Am 4. Mai brachen Strutt, Norton, Morshead und Longstaff auf in Richtung East Rongbuk. Sie wollten die beste Route über den Gletscher erkunden und die Positionen für die weiteren Lager festlegen, die in Abständen von fünf bis sechs Kilometern errichtet werden sollten. Diese Distanz kann ein beladener Träger an einem Tag bei einer Überwindung von 600–750 Höhenmetern zurücklegen. Camp I wurde auf 5 425 Metern vor dem Zugang zum East Rongbuk, Camp II auf dem Gletscher selbst auf etwa 6 000 Metern und Camp III auf 6 400 Metern in der Firnmulde am Beginn des Gletschers errichtet.

Den ersten Versuch am North Col sollten Mallory und Somervell wagen, und zwar am 13. Mai zusammen mit einem Sherpa. Mallory war begeistert: „Der neue Plan des Generals sieht vor, daß Somervell und ich geradewegs zu Camp III direkt unterhalb des North Col aufsteigen und sofort damit beginnen, Stufen in den Col zu schlagen, zwei Tage später dort oben ein Lager errichten und dann so hoch auf den Berg klettern wie möglich – es wird ein gewaltiges Unternehmen." [22]

Die Bedingungen am North Col waren völlig anders als im Jahr zuvor. Der Schnee war mit Eis verkrustet. Die dünne Eisschicht brach bei jedem Schritt ein, und darunter lag gefährlich loser Pulverschnee. Mallory und Somervell fanden den Anstieg nicht sonderlich schwierig, aber man hatte bei der Auswahl der Route auch sehr darauf geachtet, den nachfolgenden, schwerbeladenen Sherpas einen relativ einfachen Anstieg zu ermöglichen. Beim Vorstieg hämmerten sie Holzpfähle in den Schnee und spannten Seile dazwischen, um der folgenden Gruppe einen provisorischen, aber äußerst nützlichen Halt zu bieten.

Die beiden Kletterer schlugen Camp IV auf dem North Col in einer Höhe von etwa 7 000 Metern auf, der größten Höhe, in der je ein Mensch eine Nacht verbracht hatte. Von hier hatten sie klare Sicht auf den Nordostgrat, ihre Route zum Gipfel.

Bis hierher waren sie ohne Sauerstoff gekommen. Der Grund dafür ist zum Teil darin zu suchen, daß nicht genügend Träger vorhanden waren. Ein Großteil der Ausrüstung jedoch funktionierte beim Erreichen des Basislagers schon nicht mehr. Im Verlauf der nächsten Woche wurden Ausrüstung und Proviant, darunter auch der Sauerstoff, nach und nach vom Base Camp über den East Rongbukgletscher zum North Col transportiert. Somervell und Mallory konnten nichts tun, außer zu warten. Sie verbrachten die Tage mit Lesen und Gesprächen. Somervell notierte sich über die Zeit, die sie gemeinsam verbrachten: „Die vielen Tage, die ich so eng mit einem Mann verbracht habe, dessen Erwartungen an das Leben sehr hoch gesteckt waren, der sehr menschlich und herzlich war, und in gewisser Weise göttlich, diese Tage sind für mich noch heute eine unschätzbare Erinnerung… Ihm war alles verhaßt, was nach Heuchelei roch, hingegen schätzte er alles, was wirklich gut und solide war."[23]

In der dritten Maiwoche war das Camp am North Col voll ausgerüstet, mit fünf kleinen Zelten, in denen vier Bergsteiger und bis zu neun Sherpas unterkommen konnten. Das Leben in einer Höhe von 7 000 Metern brachte spezielle Probleme mit sich. An einem Morgen zum Beispiel wollten die Männer Spaghetti aus der Dose frühstücken, aber „statt die Dosen über Nacht am Körper zu wärmen, hatte man sie im Schnee stehen lassen".[24] Das Frühstück aufzutauen dauerte eine ganze Weile.

Schließlich waren sie bereit für ihren ersten Versuch, den Gipfel des Mount Everest zu besteigen. Die Organisation wurde George Mallory übertragen, aber nicht zum ersten Mal unterschätzte er den Berg und die Anstrengung, die eine Besteigung mit sich brachte. Er hatte den Plan, ein kleines Camp auf halbem Weg zwischen dem North Col und dem Gipfel zu errichten. Das bedeutete für die schwerbeladenen Träger noch weitere 900 Meter Anstieg zu Camp V mit anschließender Rückkehr in Camp IV, wo sie die Nacht verbrachten. Am nächsten Tag wollten die Bergsteiger versuchen, von Camp V aus den Gipfel zu besteigen und noch vor Einbruch der Nacht ins Camp IV zurückkehren.

Am 20. Mai um 5 Uhr morgens versuchte Mallory die Gruppe zu einem frühen Aufbruch zu bewegen. Alle neun Sherpas litten verschieden schwer an der Höhenkrankheit und hatten ihre Zelte von innen verschnürt, um nicht mitkommen zu müssen. Als man sie schließlich doch dazu überreden konnte herauszukriechen, waren nur vier von ihnen in der Lage mitzugehen. Mallory, Somervell, Norton und Morshead konnten deshalb nicht vor 7.30 Uhr aufbrechen – gemessen an heutigen Expeditionen sehr spät. Auf ihrem Weg hinauf zum Grad sahen sie, wie der Paß links zum East Rongbuk und rechts zum großen Rongbuk Gletscher hin abfiel. Keiner verwendete Sauerstoff, aber Mallory war optimistisch: „Major Morshead ... schien mir der stärkste in der Gruppe zu sein. Er stieg voraus, und wir kamen in akzeptablem Tempo voran. Es war ein schöner klarer Morgen. Vielleicht würden wir es doch noch schaffen, auf 26 000 Fuß zu kampieren."[25]

Aber allmählich wurde ihnen klar, daß die Bedingungen doch nicht so ideal waren. Wind kam auf, und die Temperatur fiel ab. Während einer Rast, bei der sie sich noch mehr

‚EIN TEUFLISCHER BERG'

Kleidung überzogen, rutschte Norton der Rucksack weg und stürzte in die Tiefe, Richtung Gletscher, wo er nicht mehr zu sehen war. Kurz darauf fanden sie sich in einem Sturm wieder, der ihren Körpern alle Wärme entzog. Mallory führte die Gruppe seitwärts, um auf der Leeseite des Grats Schutz zu suchen. In dreieinhalb Stunden waren sie 600 Meter vorangekommen, doch an diesem Tag war es unmöglich weiterzugehen.

Sie fanden nicht sofort einen Ort, um die Zelte aufzustellen, sondern mußten sich erst auf die Suche nach einer geeigneten Stelle machen. Die Träger wurden zurück in Camp IV geschickt, bevor die Bedingungen noch schlechter wurden. Die vier Bergsteiger nahmen eine einfache Mahlzeit ein, krochen in ihre Schlafsäcke und verbrachten eine schlaflose Nacht in einer Höhe von 7600 Metern. Am Morgen waren sie in gar keiner guten Verfassung. Norton hatte Erfrierungen an einem Ohr, das „dreimal so groß war wie normal".[26] Mallory berichtete: „Drei meiner Finger waren vom Frost angegriffen."[27] Aber die größten Sorgen bereitete ihnen Morshead. Am Vortag hatte er als letzter seine Schneemontur übergezogen und zeigte nun eindeutige Zeichen von Unterkühlung.

Da in der Nacht Schnee gefallen war, hatten sich die Kletterbedingungen noch verschlechtert. Die Gruppe brach um 8 Uhr auf. Diskussionen darüber, ob man bei einem solchen Wetter überhaupt aufbrechen sollte, gab es nicht. Schon nach ein paar Minuten änderte Morshead jedoch seine Meinung. Er wollte nicht weiter mitkommen, weil er fürchtete, den anderen nur zur Last zu fallen. Mallory, Somervell und Norton stiegen weiter auf, während Morshead umkehrte und den Tag damit verbrachte, alleine in einem der kleinen grünen Zelte auf die anderen zu warten. Diese Entscheidung hat ihm wahrscheinlich das Leben gerettet.

Auch Mallory war sich nicht so sicher, ob sie noch lange durchhalten könnten: „Im Licht der nachfolgenden Ereignisse scheint es so, als wären unsere Kraftreserven für den Fall eines Unglücks schon ziemlich knapp gewesen. Ich zweifelte eigentlich nicht daran, daß wir uns innerhalb von zwei Stunden bis auf die Nordostschulter durchgekämpft hätten, die nur noch etwa 400 Fuß über uns lag. Ob wir dann aber auch wieder hinuntersteigen hätten können, ist eine andere Frage."[28] Sie gingen weiter, aber sie waren deutlich an den Grenzen ihrer Ausdauer angekommen und hatten keine Hoffnung mehr, den Gipfel zu erreichen. So beschlossen sie schließlich doch umzukehren. Zum Gipfel fehlte ihnen noch ein gutes Stück, aber schon jetzt waren sie höher gestiegen als je ein Mensch vor ihnen. Ihre damalige Höhe konnte später mit 8 225 Metern angegeben werden – das war höher, als sie selbst angenommen hatten.

Beim Abstieg versuchte Mallory, eine neue Linie über den Neuschnee zu finden, weil er dachte, diese Strecke würde der erschöpften Gruppe leichter fallen. Doch diese Route erwies sich als noch gefährlicher, und so mußten sie wieder hochklettern bis zur alten Route. Sie erreichten Camp V um 4 Uhr nachmittags – zu spät, um noch weiter abzusteigen. Obwohl Morshead sich tagsüber ausgeruht hatte, war er in schlechter körperlicher Verfassung und hatte viele Erfrierungen. Eigentlich hatte niemand genügend Kraftreserven, um weiter abzusteigen, doch konnte sich auch niemand mit dem

Gedanken abfinden, eine weitere Nacht in Camp V zu verbringen. Da sie mit nur einer Stunde für den Abstieg über den North Col rechneten, beschlossen sie, das Risiko einzugehen, wobei der arme Morshead den Großteil des Weges auf Hilfe angewiesen war.

Neuschnee lag auf dem Weg, und es war nicht leicht, auf der Strecke zu bleiben. Mallory führte das längste Stück und schlug neue Stufen in den Schnee; manchmal übernahm Norton die Führung, um Mallory etwas zu entlasten. Somervell war der letzte am Seil, sicherte die Gruppe und behielt Morshead im Auge, dem der Abstieg immer schwerer fiel.

Bei der Überquerung des Schneecouloir rutschte Morshead aus. Somervell kam aus dem Gleichgewicht und riß auch noch Norton im Fallen mit sich. Alle drei rutschten den Couloir hinunter auf den Gletscher zu, der 800 Meter unter ihnen lag. Mallory war gerade damit beschäftigt, eine Stufe zu schlagen, hatte aber instinktiv mitbekommen, was geschehen war. Geistesgegenwärtig schlug er seinen Eispickel in den Schnee und wickelte sein Seil um den Stiel, in der Hoffnung, ihren Fall so bremsen zu können. Auch Somervell versuchte die Rutschpartie mit dem Pickel aufzuhalten. Und gemeinsam schafften sie es schließlich, den Fall zu stoppen. Sie waren unendlich dankbar, daß niemand verletzt war. Ihnen blieb noch eine Stunde Tageslicht, und Camp IV war nicht mehr weit entfernt.

Mittlerweile hatte sich der Zustand von Morshead so sehr verschlimmert, daß er bereits halluzinierte. Norton führte und stützte ihn, so gut er konnte. Die Dunkelheit brach über sie herein, und die Temperatur sank; glücklicherweise blieb der Wind aus. Schließlich fanden sie die Schneetreppe, die den Col hinunter führte und wußten, daß sie auf dem richtigen Weg waren. Somervell zündete eine Laterne an, um wenigstens einen Funken Licht zu spenden für die Überquerung der tückischen Eispassage.

Sie hatten nur noch 200 Meter vor sich, aber Erschöpfung und Dunkelheit machten das Schlußstück äußerst gefährlich. Kurz vor den Zelten ging die Flamme aus, und „... wir tasteten uns eine Weile am Abgrund entlang, bevor wir über den steilen Hang abstiegen, wobei wir immer noch Zweifel hatten, ob wir auf dem richtigen Weg waren. Plötzlich blieb jemand an einer Schnur unter dem Schnee hängen. Da wußten wir, daß wir die Zelte erreicht hatten." [29]

Eine halbe Stunde vor Mitternacht krochen die Kletterer erschöpft, mit Erfrierungen, hungrig und schwer dehydriert in ihre Zelte. Für 600 Meter Abstieg hatten sie über sieben Stunden gebraucht. Und leider war ihre Pechsträhne noch nicht zu Ende. Aufgrund eines Mißverständnisses hatten die Sherpas alle Pfannen und Küchenutensilien tagsüber zurück in das vorgeschobene Basislager geschleppt. Daher hatten die geschwächten Bergsteiger nicht einmal ein Gefäß, um Schnee zu schmelzen – ein äußerst schwerer Fehler, der fatale Folgen hätte haben können. Norton fand eine Lösung, an die sich Mallory später erinnerte: „Er öffnete eine Dose Schinken und eine Dose Kondensmilch und mischte beides in einem Becher mit Schnee. Ich folgte seinem Beispiel. Er fand das Ergebnis köstlich; ich fand es widerlich. Aber zumindest konnte man es hinunterschlucken." [30]

‚EIN TEUFLISCHER BERG'

Am nächsten Tag stiegen die Männer vom North Col in Camp III ab. Sie mußten dringend Flüssigkeit zu sich nehmen: Somervell alleine soll 17 Tassen Tee getrunken haben. Ihre Besteigung war ein großer Erfolg gewesen. Sie waren höher gestiegen als irgend jemand vor ihnen und hatten zudem eine schwere Krise gemeistert. Natürlich hatten sie Fehler gemacht. Ihr Versuch, mit nur einem Camp oberhalb des North Col den Gipfel zu erreichen, war zu ehrgeizig gewesen. Mallory war mit dem Ergebnis zufrieden, aber er machte sich Sorgen um Morshead: „Wir wissen noch nicht, welche bleibenden Schädigungen er davontragen wird. Ich denke, es war dumm oder fahrlässig, sich derart überraschen zu lassen." [31]

Das waren die ersten Versuche am Everest, und über die Physiologie oder die Grenzen der Ausdauer in großer Höhe war so gut wie nichts bekannt. Die Bergsteiger wußten nur, daß sie den Berg unterschätzt hatten. Das Ende dieses ersten Versuchs der Gipfelbesteigung war der Beginn des Einsatzes von Sauerstoff.

Während die vier Kletterer auf dem North Col gewesen waren, hatte sich George Finch im Basislager befunden. Er war frustriert über den Zustand der Sauerstoffausrüstung. Viele Teile waren beschädigt und durch die Ventile in den Masken konnte man nur schwer atmen. Finch schrieb: „Mit einem Gefühl, das fast an Bestürzung gemahnt, bestätigten sich die Befürchtungen, die ich bereits i Camp I geäußert hatte: Nicht einer der zehn Sauerstoffapparate war einsatzfähig... Lötnähte waren undicht; Dichtungen waren so ausgetrocknet, daß Verbindungen nicht mehr luftdicht gemacht werden konnten, und die meisten Instrumente zeigten nichts mehr an." [32]

Es war also kaum verwunderlich, daß die anderen Bergsteiger wenig Vertrauen in die Geräte hatten.

Doch unbeirrt paßte Finch das System neu an, verwendete Verbindungsstücke aus Glas und die Blasen von Kinderfußbällen, die er in Darjeeling gekauft hatte. Seine Reparaturkünste verdankte er zwar mehr der Lektüre von Robinson Crusoe als der Kenntnis moderner Technologie. Trotzdem funktionierte es, und seine Apparate waren einsatzfähig.

Am Tag, nach dem Mallorys Gruppe ins vorgeschobene Basislager (Advanced Base Camp - ABC) zurückgekehrt war, trafen sie auf Finch und Geoffrey Bruce, die zusammen mit Tejbir Bura vom 6. Gurkha-Regiment auf dem Weg waren, um das Lager am North Col mit Sauerstoff und weiteren Ausrüstungsgegenständen zu versorgen. Die North Col-Besteigung von Bruce und Finch am 22. Mai war der erste Versuch mit den von Finch reparierten Sauerstoffgeräten. Und das Ergebnis war bemerkenswert. Mit der „englischen Luft" bewältigten die Kletterer den Aufstieg in Camp IV in nur drei Stunden, für den Rückweg benötigten sie lediglich 50 Minuten. Finch hatte sogar noch Zeit, 36 Fotos zu machen.

Am 24. Mai machten sich Finch, Geoffrey Bruce, Tejbir Bura und John Noel erneut auf den Weg Richtung North Col – diesmal in der Absicht, den Gipfel zu erreichen. Sie verwendeten Sauerstoff und hatten den Eindruck, leicht voran zu kommen. In Camp IV verbrachten sie eine schlaflose Nacht und waren am nächsten Morgen alle lethargisch. Noel atmete ein paar Züge Sauerstoff ein und fühlte sich sofort viel besser. Finch tat es ihm gleich, und auch er fühlte sich sofort bedeutend besser. Sie hatten eine weitere positive Wirkung des Sauerstoffs entdeckt, die ihnen später das Leben retten sollte.

Zwölf Träger brachen um 8 Uhr früh mit Sauerstoff- und Campingausrüstung auf. Bruce, Finch und Tejbir machten sich anderthalb Stunden später auf den Weg. Jeder trug eine Last von 14 Kilogramm. Das war mehr, als die Sherpas trugen, aber sie hatten den Vorteil, Sauerstoff zu atmen. Auf 7 470 Metern Höhe hatten sie die Träger eingeholt. Kurz nach Mittag fing es an zu schneien, und Wind kam auf. Finch beschloß, an diesem Tag nicht weiterzugehen, und so kampierten sie auf 7 800 Metern, etwa 150 Meter unterhalb ihres Tagesziels. Die Träger hatten so genügend Zeit, zum North Col zurückzukehren. Und die britischen Bergsteiger verbrachten eine weitere äußerst ungemütliche Nacht im Berg.

Sobald es dunkel wurde, nahm der Wind zu und wurde so kräftig, daß die Männer von einzelnen Böen in die Luft gehoben wurden und gleich darauf, in der Flaute, wieder auf den nackten Felsen fielen. Ein zusätzliches Ärgernis war, daß die Schnüre auf der Innenseite des Zelts abgerissen waren. Das Zelt mußte also die ganze Nacht über von Hand zugehalten werden, damit der Wind es nicht zusammen mit seinen Insassen in die Lüfte hob. Natürlich konnte wieder niemand schlafen. George Finch schrieb: „Unvorstellbare Kräfte zerrten an unserem Zelt, und manchmal fand der Wind seinen Weg unter den eingenähten Boden und hob die eine oder andere Seite in die Höhe. Wenn das geschah, brauchten wir unsere vereinten Kräfte, um es am Boden zu halten. Denn eines wußten wir: Würde der Wind eine gute Angriffsfläche bekommen, so würde sich das Zelt aufblähen wie ein Segel, und dann würde es sich unweigerlich aus seiner Verankerung losreißen und mit uns über den Abgrund hinab auf den East Rongbukgletscher segeln."[33]

Im Morgengrauen legte sich der Sturm ein wenig, flaute aber erst gegen Mittag ab. Weil sie erschöpft und knapp an Vorräten waren, hätten sich die Bergsteiger aus dem Berg zurückziehen sollen, doch sie waren entschlossen, auf dem Grat zu bleiben. An diesem Nachmittag kletterte Noel mit sechs Sherpas hinauf und brachte dem Stoßtrupp Suppe und Tee.

Die Entscheidung von Finch, Bruce und Tejbir im Berg zu bleiben war heroisch, aber falsch. Seit über 36 Stunden hatten sie nicht richtig geschlafen oder gegessen, und das bei sehr niedrigen Temperaturen. Und jetzt stand ihnen eine weitere Nacht im Berg bevor. Unvorstellbar, daß die Männer am Abend auch noch rauchten, aber mit Rauchen verging die Zeit schneller, und außerdem half es, den Hunger zu überwinden. Sicherlich glaubten sie auch an Finchs Theorie, das Rauchen erleichtere das Atmen in großer Höhe.

Mit Einbruch der Dunkelheit wurde es bitterkalt. Finch spürte die ersten Anzeichen von Taubheit in seinem Körper. Er wußte, daß das die Vorboten von Erfrierungen waren. Auch Bruce sah sehr krank aus – und das war seine erste Besteigung. Jetzt erst wurde Finch sich bewußt, daß sie sich in einer verzweifelten, ja vielleicht sogar lebensgefährlichen Lage befanden. In diesem Moment erinnerte er sich an die erstaunliche Wirkung, die der Sauerstoff zwei Tage zuvor auf sie gehabt hatte. Er tat ein paar tiefe Züge aus der Sauerstoffflasche. Die Wirkung war ungeheuer und stellte sich augenblicklich ein. Er gab den Apparat an Bruce weiter und dann an Tejbir. Er konnte sehen, wie sie in kürzester Zeit wieder zu sich kamen. Die ganze Nacht über atmeten sie Sauerstoff. Sie schliefen tief und froren nicht. Finch erinnerte sich: „Es kann kein Zweifel bestehen, daß der Sauerstoff uns in dieser Nacht das Leben gerettet hat. Ohne ihn wären wir, erschöpft und ausgehungert wie wir waren, der Kälte erlegen."[34]

Am nächsten Tag fühlten sie sich viel besser und beschlossen, den Gipfel in Angriff zu nehmen. Um halb sieben brachen sie auf. Die beiden Briten trugen 18 Kilogramm Gepäck, der Gurkha 22. Die zusätzliche Last erwies sich allerdings als zuviel für Tejbir. Schon 100 Meter oberhalb ihres Camps brach er zusammen und mußte wieder zum Zelt hinabsteigen. Bruce und Finch wußten, daß die Aussichten, den Gipfel zu erreichen, jetzt hoffnungslos waren. Doch die beiden waren entschlossen, so lange weiterzugehen, wie sie konnten. Ohne Seil näherten sie sich dem Nordostgrat, weil sie so schneller vorankamen.

Das ständige Tosen des immer stärker werdenden Windes zwang die beiden, den Grat zu verlassen und auf der riesigen Nordseite des Everest Schutz zu suchen. Schlagartig wurde alles viel schwieriger, als sie das *gelbe Band* des Everest überquerten, den auffälligen Streifen Meereskalkstein, der die Bergspitze umläuft wie ein Ehering. Die riesigen, überstehenden Kalkplatten sind immer rutschig, besonders aber, wenn sie mit weichem Pulverschnee bedeckt sind.

Auf etwa 8200 Metern beschlossen sie, wieder auf dem Grat weiterzugehen. Aber sie kamen keine 100 Meter weit.

Bruce blieb plötzlich stehen und schrie, er bekomme keinen Sauerstoff mehr. Finch drehte sich gerade noch rechtzeitig um und verhinderte, daß sein Gefährte Bruce rückwärts die Nordwand hinunterstürzte. Die Glasröhre in Bruces Versorgungssystem war gebrochen. Finch hatte glücklicherweise ein Ersatzteil dabei, aber bevor er mit der Reparatur beginnen konnte, mußte er seine eigene Sauerstoffversorgung so umbauen, daß sie beide damit atmen konnten. Sie befanden sich auf einer Höhe von 8320 Metern – so hoch war bisher noch nie jemand geklettert. Allmählich wurde ihnen bewußt, daß sie diesmal nicht weiter kommen würden. Schwer enttäuscht zogen sie sich aus dem Berg zurück.

Für Geoffrey Bruce war das eine erstaunliche und einmalige Leistung. Er war ohne Bergsteigererfahrung zum Everest gekommen und hatte auf seiner allerersten Tour einen neuen Höhenrekord aufgestellt. Diesen Erfolg hat ihm kein anderer Kletterer mehr streitig machen können.

Sehr aufschlußreich ist ein Vergleich der beiden Vorstöße von 1922. Vom vorgeschobenen Basislager aus stiegen Mallory und Somervell ohne Sauerstoff auf 8120 Meter in $14^{3}/_{4}$ Stunden, was einer Steigungsrate von 120 Metern pro Stunde entspricht. Finch und Bruce kamen mit Sauerstoff auf 8320 Meter in $12^{1}/_{4}$ Stunden – das ergibt eine Rate von 155 Metern pro Stunde. Die Zahlen hätten noch besser ausgesehen, wenn sie nicht aus Witterungsgründen Zeit bei der Überquerung der Nordwand verloren hätten. Selbst dem hartnäckigsten Skeptiker war jetzt bewußt, welche Vorteile der Einsatz von Sauerstoff in so großer Höhe hatte.

‚EIN TEUFLISCHER BERG'

Die Bergsteigerteams kehrten erschöpft ins Basislager zurück. Longstaff unterzog sie einer medizinischen Untersuchung und hielt sie alle für nicht mehr gesund genug, um weitere Versuche zu unternehmen. Nur Somervell schien keinen Schaden genommen zu haben. Finch und Strutt hatten das Herz überanstrengt, der arme Morshead litt an starken Schmerzen wegen seiner Erfrierungen: Er gab sich gutgelaunt, aber Somervell bemerkte, daß er sich manchmal zurückzog und weinte wie ein Kind. In Indien mußten ihm später ein Zeh und mehrere Finger amputiert werden. Auch Mallory hatte Erfrierungen an den Fingern, und sein Herzschlag zeigte Unregelmäßigkeiten.

Sowohl Mallory als auch Finch beschwerten sich über das Ergebnis ihrer medizinischen Untersuchung und bestanden auf einem weiteren Besteigungsversuch. Mallorys Frustration zeigt sich deutlich in einem Brief an seine Frau Ruth: „Longstaff, der, seit wir wieder vom Berg heruntergekommen sind, nichts anderes zu tun hat, als uns allen zu sagen, wie krank wir sind, ist davon überzeugt, daß die Expedition genug erreicht hat und wir zusammenpacken soll. Er hat mich aus medizinischer Sicht für untauglich erklärt, nicht nur wegen meiner Finger, sondern wegen meinem Herz ..."[35] Die schweren Wochen am Berg fingen allmählich an, ihren Tribut zu fordern. Die Kletterer waren leicht reizbar, und Mallory machte da keine Ausnahme: „(Longstaff) hat einen seiner Anfälle von Aktionismus, wenn er sich in alles einmischt und sich ungeheuer wichtig nimmt."[36]

Finch versuchte, noch einmal ins vorgeschobene Basislager hinaufzusteigen, fühlte sich aber so schwach, daß er nur bis zu

Camp I kam. Zusammen mit Strutt, Longstaff und Morshead kehrte er vorzeitig nach England zurück. Als Hinks von ihrem Aufbruch erfuhr, schrieb er an Charlie Bruce mit kaum verhohlener Verachtung: „(Auch wenn) die Sauerstoffexperten heimkehren wollen, sollte es mich doch freuen, wenn einige von ihnen bereit wären, noch etwas länger zu bleiben und einige geographische Arbeit zu erledigen, falls es die Gruppe nicht zu eilig hat, *en masse* zurückzukehren."[37]

In seinem Antwortschreiben an Hinks bringt Bruce seine Bedenken zum Ausdruck: „Die Bedingungen hier sind unglaublich hart. Die Zeit drängt, der frühe Monsun, etc., Einschränkungen wegen der Gesundheit der Kletterer – offen gestanden habe ich zum gegenwärtigen Zeitpunkt Angst vor dem Everest. Der Monsun ist nur noch wenige Tage entfernt."[38] Hinks zeigte wenig Verständnis und schrieb zurück: „Es würde mich sehr traurig stimmen, wenn Sie alle heimkehren würden, ohne die geographischen Fragen des West Rongbuk geklärt zu haben..."[39] Mallory war mit den Ergebnissen der Expedition nicht zufrieden und stürzte in eine seiner emotionalen Krisen. Auch er machte sich Sorgen wegen des immer schlechter werdenden Wetters. Am 1. Juni schrieb er an David Pye: „Der Berg hat seinen Tribut von uns gefordert, aber mein Gott, wieviel schlimmer noch hätte es ausgehen können!... David, das ist ein teuflischer Berg, kalt und heimtückisch. Ehrlich gesagt, die Chancen stehen nicht gut: Das Risiko, in die Falle zu gehen, ist zu hoch; die Kraftreserven in diesen extremen Höhen sind zu gering. Vielleicht ist es der reine Wahnsinn, noch einmal hinaufzusteigen. Aber wie könnte ich jetzt die Jagd aufgeben?"[40]

Als der Monsun unmittelbar bevorstand und die Witterung von Tag zu Tag schlechter wurde, notierte Longstaff in sein Tagebuch: „Everest ein Schneegipfel. Braucht 3-5 Tage Sonne, um aufzuklaren. Gegenwärtig unmöglich."[41] Trotz schlechter Prognosen brach Mallory am 5. Juni gemeinsam mit Somervell, Crawford, Wakefield und 14 Sherpas auf. Als sie Camp III erreichten, waren bereits 45 Zentimeter Schnee gefallen – ein schlechtes Omen.

Am Morgen des 7. Juni blieb Wakefield zurück, der Rest der Gruppe nahm durch hüfthohen Schnee watend den North Col in Angriff. Dieser Aufstieg zehrte an den Kräften. Ständig mußten sie sich in der Führungsarbeit abwechseln. Wer voraus ging, mußte den Weg durch den Neuschnee bahnen. Um halb zwei legten sie etwa 200 Meter unterhalb des Passes eine kurze Rast ein. Somervell führte gemeinsam mit Mallory, Crawford und ein Sherpa hingen mit am ersten Seil. Die anderen Sherpas folgten, ebenfalls als Seilschaft.

Sie hatten kaum tausend Schritte zurückgelegt, da hörten sie ein Grollen: „Ein schreckliches Geräusch ließ uns zusammenzucken. Schrill, aber gewaltig, und doch irgendwie weich wie eine Explosion losen Schwarzpulvers... Dann bewegte ich mich langsam talwärts, ohne etwas dagegen tun zu können. Der ganze Untergrund bewegte sich mit einer Kraft, der gegenüber ich absolut hilflos war... Ein oder zwei Sekunden schien es, als befände ich mich gar nicht in Gefahr, während ich so mit den Schneemassen abrutschte. Plötzlich straffte sich das Seil an meinem Hüftgurt und hielt mich fest. Eine Welle Schnee ging über mich. Ich hielt den Fall für beendet... Ich schleuderte meine Arme in die Höhe und machte Bewegungen wie beim Rückenschwimmen... Meine Arme waren schon frei, meine Beine nahe der Oberfläche. Eine kurze Anstrengung, und ich stand wieder auf den Beinen, verdutzt und atemlos. Der Schnee bewegte sich nicht mehr." [42]

Mallory konnte Somervell sehen, auch Crawford und einen Träger in seiner Nähe. Unterhalb von ihm befanden sich vier Sherpas; doch von den anderen neun fehlte jede Spur. Als sie sich den Col abwärts kämpften, wurde ihnen allmählich klar, was geschehen war: Die Männer an den hinteren beiden Seilen waren über eine Eiskante in eine Gletscherspalte gespült worden, und Tonnen von Schnee hatten sie zugedeckt. Die schockierten Bergsteiger kämpften mit dem losen Schnee und versuchten verzweifelt, ihre verschütteten Gefährten auszugraben. Zwei von ihnen fanden sie lebend – einer hatte vierzig Minuten unter dem Schnee überlebt.

Doch für sieben Träger kam jede Hilfe zu spät. Auf Wunsch der überlebenden Sherpas ließ man sie unter dem Schnee liegen, der sie begraben hatte. Die Bergsteiger stiegen hinab ins Tal und errichteten in Camp III zur Erinnerung an die Verunglückten eine Steinpyramide.

Dieses Ereignis hatte die Bergsteiger traumatisiert, und Mallory machte sich als Führer der Gruppe Vorwürfe, weil er trotz der gefährlichen Schneeverhältnisse auf dem Besteigungsversuch bestanden hatte. Er schrieb an Ruth: „Die Folgen meines Fehlers sind entsetzlich; es ist unmöglich mir vorzustellen, daß das unwiderruflich geschehen ist und ich nichts tun kann, um es wiedergutzumachen. Es gibt keine Verpflichtung, die ich für wichtiger hielt als die, auf diese Männer achtzugeben. Was die Gefahren im Berg angeht, sind sie wie Kinder und sie tun soviel für uns. Jetzt sind durch mein Verschulden sieben von ihnen zu Tode gekommen."[43]

Auch die anderen Teilnehmer hatten einen Schock erlitten. Somervell schrieb später: „Ich weiß noch genau, wie der Gedanke an mir nagte: ‚Nur Sherpas und Bothias kamen ums Leben – warum, oh warum konnte nicht einer von uns Briten das Schicksal mit ihnen geteilt haben?' Wie gerne hätte ich in diesem Moment tot im Schnee liegen wollen, und wäre es nur gewesen, um diesen tollen Kerlen, die überlebt hatten, zu zeigen, daß wir ihren Verlust teilten, so wie wir das Risiko geteilt hatten."[44]

Auch Charlie Bruce bedauerte, dem letzten Versuch seinen Segen gegeben zu haben. Nur zu gut kannte er die Gefahren beim Klettern in der Monsunzeit – vor allem aber hatten sich die Kletterer zudem in schlechter körperlicher Verfassung befunden. In seinem abschließenden Expeditionsbericht schrieb er: „Strutt ist ein Mann mit erstklassiger Bergerfahrung, und ich wünschte, er hätte die letzte Gruppe geführt, die in den Berg ging."[45]

Vom Basislager aus befahl Bruce den Rückzug aus dem Berg. Der Everest hatte die Bergsteiger zum zweiten Mal geschlagen. Und nach jedem Desaster, vor allem wenn Tote zu beklagen sind, bleiben gegenseitige Beschuldigungen nicht aus.

Eine demoralisierte Truppe traf am 16. Juli in England ein. Schon am nächsten Tag wurden die Bergsteiger aufgefordert, vor dem Everestkomitee auszusagen. Viele sprachen auch persönlich mit Hinks, wobei sie sich offener äußerten als bei der Anhörung durch das Komitee. Hinks schrieb hinterher an

Norman Collie, den Präsidenten des *Alpine Club:* „Die Heimkehrer neigen im Moment dazu, aus dem vergangenen Jahr scheußliche Dinge über Howard-Bury und aus diesem Jahr über Mallory zu berichten. Mit Wakefield war überhaupt nichts anzufangen. Ich glaube, sie sind alle völlig fertig und durcheinander, genau wie die Leute im letzten Jahr, und sie wollen nicht zu hart angepackt werden." [46]

Hinks Einschätzung war wahrscheinlich richtig, und viele Kletterer bezogen privat eine kritische Position gegenüber Mallory: „Die Leute, die zurückgekommen sind, halten Mallorys Urteilsvermögen unter rein alpinen Gesichtspunkten für schlecht und dem von Norton weit unterlegen, über den alle übrigens sehr lobend sprechen. Offenbar gab es eine scharf geführte Auseinandersetzung über den richten Weg auf den North Col, Finch wählte eine andere Route als Mallory." [47]

Zu seinen Gunsten muß man sagen, daß Mallory die Verantwortung für den Unfall übernahm. An Younghusband schrieb er: „Man kann mir schwere Vorwürfe wegen des entsetzlichen Unfalls machen, und es tut mir aufrichtig leid. Ich hoffe, Sie glauben mir, daß der Unfall nicht die Folge von Rücksichtslosigkeit oder Sorglosigkeit im Umgang mit dem Leben der Kulis war. Hätte ich mehr über die hiesigen Schneebedingungen gewußt, wäre der Unfall nicht passiert, und deshalb kann man sagen, er war eine Folge von Ignoranz... Mir tut es vor allem um diese Männer leid. Sie hatten sich tapfer geschlagen." [48]

Mallory erhielt eine äußerst positive Antwort vom Vorsitzenden des Everestkomitees: „Wie sehr Sie sich auch Vorwürfe machen, ich mache Ihnen keine, weil ich im Himalaya bereits dasselbe erlebt habe, und nichts als das reinste Glück hat mich und meine Gruppe damals vor dem schlimmsten bewahrt... Jedenfalls erkennen wir Ihre Bemühungen an. Sie haben eine Meisterleistung vollbracht, indem sie alle bisherigen Rekorde eingestellt haben, und das um ganze 2 200 Fuß – schon alleine dafür hätte sich die ganze Expedition geleohnt."[49]

Younghusbands Bewunderung für Mallory wurde indessen von Collie überhaupt nicht geteilt. Er schrieb: „Schneehänge zu *überqueren*, ist immer gefährlich, und der beste Weg ist immer *der direkteste Weg nach oben*. Es sieht aber so aus, als wären sie im Zickzack [sic] hinaufgelaufen. Der Everest jedoch ist kein Berg, an dem man Experimente macht. Man braucht im Gegenteil besonders erfahrene Bergsteiger... es ist eine Gnade, daß der Unfall nicht das Ende der gesamten Gruppe war."[50]

Tom Longstaff war kein Bergsteiger, kannte aber die Risiken. Mit ungewöhnlicher Offenheit schrieb er an Alexander Wollaston: „Mallory ist ein sehr liebes, unerschrockenes Kind, doch völlig ungeeignet, für irgendetwas Verantwortung zu übernehmen, nicht einmal für sich selbst. Somervell ist der eingebildetste jugendliche Städter, der mir je unter die Augen gekommen ist – aber auch der zäheste... Wakefield ertrug die Höhe überhaupt nicht – ihm erging es schlimmer noch als mir, und er hat von der Kunst des Bergsteigens gar keine Ahnung. Norton war ein voller Erfolg, in jeder Hinsicht. Er hat ein gutes Auge für das Land, ist ein sicherer Kletterer, kennt sich aus mit Vögeln und Pflanzen. Wenn was zu erledigen war, hat er das gemacht, und er hat es stets gut gemacht. Er hat Morshead lebend aus dem Berg geholt... Vor Finch hatten wir solche

Angst, daß wir äußerst erleichtert waren, als wir herausfanden, daß er sich ganz passabel verhielt: sein Naturelle akzeptabel: seine Bergkenntnisse nicht überschätzt."[51] Zum Unfall bemerkte er: „Mallory kann die Verhältnisse nicht einmal einschätzen, wenn er sie direkt vor sich hat. Eine solche Tour im Himalaya zu riskieren, nachdem es gerade geschneit hat, ist einfach idiotisch. Was glaubten sie denn, unter solchen Bedingungen überhaupt *am Everest* erreichen zu können, selbst wenn sie den North Col hinaufgekommen wären. Die Route oberhalb besteht aus verschobenen Platten, sie ist nach Neuschnee besonders gefährlich."[52]

Auch das Everestkomitee und vor allem Hinks wurden von Longstaff kritisiert. Er war der Meinung, Bruce sei gezwungen worden, den letzten Besteigungsversuch um jeden Preis durchzuführen und habe deshalb die gefährlichen Bedingungen ignoriert.

Strutt gab sein Bestes, um Mallory zu trösten: „Es tut mir entsetzlich leid für Sie, und ich weiß genau, wie sehr Sie unter der Katastrophe leiden... Ich möchte noch hinzufügen, wenn Sie mir gestatten, daß nach so viel frisch gefallenem Schnee von siebzehn Menschen am North Col fünfzehn zu viel waren, selbst nach *zwei* Tagen allerbesten Wetters. Ich möchte das nicht als Kritik verstanden wissen; nur wer vor Ort ist, kann das beurteilen, und dafür wird er bejubelt oder bestraft."[53]

Mallorys alter Kletterfreund Geoffrey Young versuchte ebenfalls, ihn wieder aufzumuntern und riet ihm (was, wie sich später herausstellte, gar nicht stimmte), nicht zu glauben, „...daß irgend jemand beabsichtigt, dir oder einem anderen Bergsteiger die Schuld an diesem Unfall zu geben... Du hast alle Sicherheitsvorkehrungen für deine Gruppe getroffen, die dir aus deiner Erfahrung heraus notwendig und ratsam erschienen..."[54]

Trotz der Verluste am North Col und der gegenseitigen Vorwürfe der Heimkehrer war das Everestkomitee fest dazu entschlossen, es ein weiteres Mal zu versuchen. Abgesehen vom Tod der Sherpas war die Expedition ein großer Erfolg gewesen. Ein neuer Höhenrekord war aufgestellt worden, und außerdem hatte man viel Neues über die Physiologie in großer Höhe und über die Bedeutung des Sauerstoffs erfahren. Bruces Organisation war ausgezeichnet gewesen und man wollte weder seinen Schwung verlieren noch das Wohlwollen der Tibeter ungenutzt verstreichen lassen. Man war einer Meinung darüber, daß die Zeit nicht ausreiche, um bereits im Folgejahr wieder eine Expedition loszuschicken. Deshalb wurde alle Energie auf die Vorbereitung einer Expedition für das Jahr 1924 aufgewandt.

Howard Somervell besuchte auf dem Rückweg vom Everest die Neyyoor Mission in Travencore, wo er einen Freund besuchte. Von der Arbeit, die dort geleistet wurde, war er so beeindruckt, daß er die ihm angebotene renommierte Position am University College Hospital in London ablehnte und Missionsarzt in Indien wurde.

Auch Mallory war an einem Punkt im Leben angekommen, wo sich die Wege trennten. Er mußte eine Frau und drei kleine Kinder ernähren, hatte aber keine Anstellung. So entschied er sich, Geld zu verdienen, indem er Vorträge über die Everestexpeditionen hielt. Anfang 1923 begab er sich auf eine Vortragsreise durch die USA, reiste von Washington DC nach

Chicago und von Philadelphia nach Boston. Die Tour war nur teilweise ein Erfolg: Manchmal zog er viele Besucher an und legte allmählich die Scheu vor großem Publikum ab. Die *New York Tribune* schrieb anerkennend: „Er beschrieb die Gefahren der Besteigung in einfachen Worten und ließ seine persönliche Beteiligung meist im Hintergrund."[55]

Auf dieser Vortragsreise stellte ein Journalist Mallory die Frage, warum er den Everest besteigen wolle, und er machte daraufhin folgende berühmte Aussage: „Weil es ihn gibt." Sie war nicht als clevere und rätselhafte Antwort gedacht, sondern wahrscheinlich eher die müde und gereizte Replik auf eine Frage, die ihm schon tausendmal gestellt worden war. Und dennoch hat sie als geflügeltes Wort Eingang in die Geschichte gefunden.

Leider war die Vortragsreise in finanzieller Hinsicht überhaupt nicht erfolgreich. Doch Mallorys Pechsträhne fand ein Ende, als er nach England zurückkehrte. Hinks hatte ihn für die Position des stellvertretenden Sekretärs und Dozenten des Komitees für außeruniversitäre Studien in Cambridge vorgeschlagen. Einflußreiche Freunde hatten seine Bewerbung schriftlich unterstützt, und so hatte er diese Stellung tatsächlich bekommen.

Unterdessen gab es einige Veränderungen im Everestkomitee: Farrar legte sein Amt nieder, und Bruce übernahm den Vorsitz von Younghusband. Die nächste Aufgabe, die erledigt werden mußte, war die Benennung der Bergsteiger für die neue Expedition.

KAPITEL SIEBEN

‚Eine triste Welt aus Schnee und schwindenden Hoffnungen'

> ‚Ich blicke zurück auf gewaltige Anstrengungen und Erschöpfung und Tristesse, wenn ich aus der Zeltöffnung hinaus in eine trostlose Welt aus Schnee und schwindenden Hoffnungen schaue – und doch, und doch, und doch muß da noch etwas anderes sein.'
>
> George Mallory letzter Brief an seine Frau, 27. Mai 1924

Die erste Aufgabe des neuen Everestkomitees war die Bereinigung einiger erheblicher finanzieller Unregelmäßigkeiten. Da waren zum einen die 717 Pfund 18 Schillinge und 11 Pennies in Schecks und in bar, mit denen der Kassierer des Komitees, C. E. Thompson, verschwunden war. Der Schatzmeister, Edward Somers-Cocks, übernahm teilweise die Verantwortung für das Mißmanagement und bot die Zahlung von 350 Pfund an, um die Angelegenheit beizulegen – was dann auch geschah.

Des weiteren war noch die Summe von 360 Pfund 16 Schillingen und 1 Penny offen, die der Hochkommissar Indiens für die Benutzung der Lasttiere seiner Armee bei der Expedition 1921 in Rechnung gestellt hatte – für die Tiere, die sich als vollständig ungeeignet dafür erwiesen hatten, die Ausrüstung des Teams durch die Wälder von Sikkim zu tragen. Das Komitee zahlte nicht, sondern schrieb einen Beschwerdebrief an den Vizekönig von Indien und ließ es damit bewenden.

Gerade als die Komiteemitglieder dachten, die finanziellen Verhältnisse bereinigt zu haben, erklärte die *Alliance Bank* in Simla ihren Bankrott, wodurch wieder 700 Pfund verloren gingen. Etwa zur selben Zeit fand man heraus, daß die deutschen Rechte für den Everestfilm von 1922 versehentlich zweimal verkauft worden waren, und man sich deshalb auf gerichtliche Schritte gefaßt machen mußte. Der Film hatte keinen finanziellen Erfolg gebracht, und die bescheidenen 500 Pfund Profit aus der Kinoauswertung konnten nicht angerührt werden, solange das Verfahren mit den Deutschen noch im Gange war.

In dieser unsicheren Atmosphäre mußte die nächste Aufgabe angegangen werden: die Auswahl der Teilnehmer für die neue Expedition. Einhellig waren alle für General Bruce als Leiter, aber nicht zum ersten Mal wurden Stimmen laut, die sich Sorgen wegen seiner Gesundheit machten. Wie alle anderen Bergsteiger wurde auch Bruce verpflichtet, sich einem medizinischen Eignungstest zu unterziehen. Er litt an Bluthochdruck, Herzvergrößerung und einem unregelmäßigen Puls. Trotzdem wurde ihm Tauglichkeit bescheinigt.

F. E. Larkins, einer der untersuchenden Ärzte, schrieb an den Hausarzt von Bruce, Claude Wilson, um ihm mitzuteilen, daß er mit der Entscheidung nicht einverstanden sei. Wilson antwortete: „Ich will auf keinen Fall, daß er sich Sorgen macht und ich will nicht, daß er abgelehnt wird. Ich weiß sehr wohl um die Risiken und übernehme die volle Verantwortung für seine Teilnahme, wobei ich darauf vertraue, daß er sich auch weiterhin so wohl fühlt wie im Moment."[1] Larkins wollte diese riskante Verantwortung jedoch nicht mit ihm teilen: „(Ich) kann unmöglich zulassen, daß das Komitee ihm die Verantwortung überträgt, ohne eine sehr eindringliche Warnung auszusprechen. Wenn er dort eine Apoplexie erleidet, sind Sie für die Folgen mitverantwortlich."[2] Schließlich einigte man sich auf einen Kompromiß. Bruce sollte Expeditionsleiter bleiben, sich aber in Darjeeling vor der Weiterreise noch einmal medizinisch untersuchen lassen.

Als nächstes kümmerte sich das Auswahlkomitee um die Bergsteiger und den Leiter der Kletterer, der zugleich auch der Stellvertreter von Bruce sein sollte. Mallory saß selbst im Auswahlkomitee, weil er als einziger an den beiden vorangegangenen Everestexpeditionen teilgenommen hatte. Es wäre naheliegend gewesen, sich für ihn zu entscheiden, doch er war sich selbst nicht sicher, ob er noch einmal zum Everest zurückkehren sollte, und so setzte er ein Fragezeichen hinter seinen Namen. Die Gründe für seine Unentschiedenheit sind mehrschichtig. Zum einen hatte er sich in Tibet nie richtig wohl gefühlt, und er fürchtete sich vor der Macht, die der Berg über ihn hatte. Zum anderen war er gerade dabei, mit seiner Familie nach Cambridge umzuziehen und sich auf seine neue

Aufgabe vorzubereiten. Die Wahrheit aber war, daß es ihm noch nie gelungen war, wichtige Entscheidungen selbst zu treffen. Meist war er damit zufrieden, wenn andere ihm die Richtung seines weiteren Lebens vorgaben.

Zwar sprach seine Erfahrung für ihn, aber über seine Eignung war man sich uneins. Schließlich hatte er sich 1922 am North Col rücksichtslos verhalten, und für seine Geistesabwesenheit war er geradezu berühmt. Schließlich entschied man sich für Edward Norton als Leiter der Bergsteiger, und mit dieser Besetzung schienen alle sehr zufrieden zu sein. Dennoch wollte das Komitee auch Mallory unbedingt dabei haben, denn in den Augen der Öffentlichkeit war er es, der das Wagnis Everest verkörperte. Mallory hielt es nicht für wahrscheinlich, daß seine neuen Arbeitgeber in Cambridge ihn für die Dauer der Expedition freistellen würden, aber als das Komitee die endgültige Liste der Teilnehmer abschließen wollte, wandte sich Hinks an die Universität mit der Bitte, Mallory für diese wichtige Aufgabe zu beurlauben.

Unentschlossen wie immer, schrieb Mallory an seine Frau: „Ich glaube nicht, daß die Universität einwilligen wird. Und für mich wird es in jedem Fall ein großes Opfer sein. Es ist schrecklich, nicht mit dir darüber reden zu können, Liebling. Du mußt es mir sagen, wenn du die Vorstellung nicht erträgst, daß ich schon wieder weggehe. Damit wäre das Thema für immer abgeschlossen."[3] Zu seiner großen Überraschung zeigte sich die Universität kooperativ und stellte ihn bei halber Bezahlung für sechs Monate frei. Wieder einmal hatten ihm andere eine wichtige Entscheidung abgenommen. Mallory haderte zwar noch mit dieser Entscheidung, schaffte es aber

Oben: George und Ruth Mallory in den ersten Jahren ihrer Ehe. Ruths Tante bezeichnete sie als „weise, einfach und gütig", als „eine Seele so rein wie ein Kristall".

Links: Andrew Irvine war erst 22 Jahre alt, als er Richtung Mount Everest aufbrach – zwölf Jahre jünger als der Durchschnitt der Expeditionsteilnehmer.

Rechts: Captain John Noel im Jahr 1913, in der Verkleidung für seine geheime Reise nach Tibet

Oben: Kletterer beim Abstieg vom North Col im Jahr 1922. Am 7. Juni 1922 kamen hier sieben Sherpas durch eine Lawine ums Leben.

Unten: Sir George Everest überwacht den Bau einer Kartierungsstation. Darstellung aus dem Jahr 1834. Everest war Leiter der Trigonometrischen Vermessung Indiens.

Oben: George Finch (rechts vorne) bei einer seiner häufigen Einweisungen in den Gebrauch von Sauerstoffgeräten während der Expedition im Jahr 1922

Rechts: Unterwegs zum Mount Everest. Die Kletterer brauchten über einen Monat, um von Darjeeling zum Rongbuktal zu marschieren. Jede Nacht mußte ein neues Lager aufgeschlagen werden.

Sir George Everest (1790-1866) bekam nie den Berg zu sehen, der seinen Namen trägt.

Dr. A.M. Kellas war eine herausragende Kapazität für Hochgebirgsphysiologie. Er starb 1921 in Tibet, noch bevor er den Mount Everest erreichte.

Geoffrey Winthrop Young, ein sehr erfahrener Bergsteiger, George Mallorys Freund und Lehrer

Noel E. Odell war der letzte, der Mallory und Irvine am 8. Juni 1924 um 12.50 Uhr noch lebend sah.

Arthur R. Hinks war der Sekretär des Everestkomitees und besaß in den zwanziger und dreißiger Jahren großen Einfluß.

Edward F. Norton, der überaus beliebte Leiter der Everestexpedition von 1924

John Percy Farrar, ein ausgezeichneter britischer Bergsteiger und später Präsident des *Alpine Club*

Howard Somervell, Doktor der Medizin und hervorragender Kletterer bei den Expeditionen von 1922 und 1924

Oben: Die Expedition von 1924 (von links nach rechts): Irvine, Mallory, Norton, Odell, MacDonald; (vorne) Shebbeare, G. Bruce, Somervell, Beetham

Unten: In den Jahren 1922 und 1924 lag das Basislager hinter einer Moräne zum Schutz vor dem ständigen Wind. Im Hintergrund die 20 Kilometer weiter südlich liegende Nordwand. John Noel (vorne) war bei beiden Expeditionen für Foto- und Filmaufnahmen verantwortlich.

Oben: Andrew Irvine, Student der Ingenieurwissenschaften am Merton College in Oxford, war 1924 verantwortlich für die Instandhaltung der Sauerstoffausrüstung.

Unten: Der Nordostgrat auf einem Foto von 1924. Odell glaubte, Mallory und Irvine auf 8.600 Metern gesehen zu haben, also zwischen dem First und dem Second Step. Den ursprünglichen Aufzeichnungen zufolge scheinen sie sich aber zwischen dem Second und dem Third Step befunden zu haben, also ungefähr in 8.660 Metern Höhe.

George Mallory und Edward Norton auf einem Foto von Howard Somervell aus dem Jahr 1922 in einer Höhe von nahezu 8.200 Metern. Alle drei kletterten ohne Sauerstoffgerät.

Ein Sherpa hilft Geoffrey Bruce 1922 beim Abstieg, nachdem dieser bei seiner ersten Bergexpedition eine Rekordhöhe von 8.320 Metern erreicht hatte. Begleitet wurde er bei dieser versuchten Gipfelbesteigung von George Finch.

Rechts: Das chinesische Camp an der Nordwand auf ungefähr 8.150 Metern. Durch Verlängern der Basis der Gipfelpyramide über das Schneedreieck (links oberhalb des Zelts) läßt sich die ungefähre Position des Camps bestimmen.

Links: Kletterer beim Abseilen am North Col im Jahr 1924. Die Route war mit Seilen gesichert; auf den steileren Passagen wurden Strickleitern eingesetzt.

Unten: Conrad Anker am Fuß des Second Step, kurz vor seinem historischen Versuch, das Hindernis ohne Hilfsmittel und ohne Sauerstoffgerät zu bezwingen. Im Hintergrund, 3.000 Meter tiefer, der Rongbukgletscher.

Oben: Mallorys Oberkörper, eingefroren in der Position, in der er sich vor dem weiteren Abrutschen sichern wollte - mumifiziert wie eine Marmorstatue. Um seine Hüften hängt noch das Sicherungsseil (unten links).

Unten: Der grüne Lederschuh an Mallorys rechtem Fuß. Der Knöchel ist oberhalb des Schafts an zwei Stellen gebrochen.

Oben: Das letzte Foto von Mallory und Irvine beim Verlassen von Camp IV am 6. Juni 1924

Unten: Der Nordgrat aus Odells Perspektive: Von hier aus sah er Mallory und Irvine zum letzten Mal. Der schmale Blickwinkel und die perspektivische Verkürzung führen zu einer Verzerrung der Entfernungen.

Fundstücke bei
Mallorys Leiche

Oben: Odells Signal, angefertigt aus sechs Decken. Die Botschaft: Mallory und Irvine sind von ihrem Versuch, den Gipfel zu erreichen, nicht zurückgekehrt.

Links: Letzte Notiz von George Mallory an John Noel, geschrieben in Camp VI am 7. Juni 1924

Lieber Noel,

Wir werden morgen (am 8.) wegen der klaren Sicht wahrscheinlich sehr früh aufbrechen. Es wird um 8.00 Uhr abends [er meinte natürlich morgens] nicht zu früh sein, nach uns Ausschau zu halten, entweder bei der Überquerung des Felsgürtels unterhalb der Pyramide oder beim Aufstieg den Nordostgrad entlang.

Dein G. Mallory

Oben: Mallorys Grab an der Nordwand des Everest auf 8.170 Metern

Unten: Der Suchtrupp beim Gebet am 1. Mai 1999 nach der Beisetzung von George Mallory. Am Horizont sind der Second Step und der Gipfel zu erkennen.

nicht, sich gegen die einhellige Meinung zu stellen. An seinen Vater schrieb er: „Es wäre schon bitter zu sehen, wie andere, ohne mich, den Gipfel besteigen... Ich hoffe nur, ich habe die richtige Entscheidung getroffen... Es war ein fürchterlicher Kampf."[4] Seinem Freund Geoffrey Keynes gegenüber äußerte er sich offener bezüglich seiner Ängste. „Kurz vor der Abreise sagte er zu mir", schrieb Keynes später, „daß das, was er vor sich hatte, ihm wie ein Krieg vorkäme und nicht wie ein Abenteuer, und daß er nicht damit rechne, lebend zurückzukehren. Er wußte, daß ihn niemand dafür tadeln würde, wenn er seine Teilnahme zurückziehen würde, aber er fühlte sich dazu verpflichtet."[5]

Am 28. Oktober 1923 hatte Mallory mit seiner Familie ein großes Haus in der Herschel Road in Cambridge bezogen. Endlich war er wieder mit seiner Frau Ruth und den Kindern zusammen, aber das Haus war groß und mußte dringend renoviert werden, und die letzten Monate, die sie gemeinsam verbrachten, waren nicht von Harmonie geprägt.

Für Mallory begann die schwerste Zeit seiner neunjährigen Ehe. Einen Großteil davon hatte er nicht zusammen mit seiner Frau verbracht. Er war im Krieg gewesen, auf dem Everest oder auf Vortragsreise. Ruth hatte sich unterdessen zu Hause um drei kleine Kinder gekümmert. Ihre einzige Kommunikationsmöglichkeit hatte in der Post bestanden, und die beiden hatten sich tatsächlich Tausende von Briefen geschrieben. Jetzt fuhr Mallory noch einmal fort, und seine Frau hoffte, es würde das letzte Mal sein.

Die Spannungen wegen seiner bevorstehenden Abreise wurden noch durch Geldsorgen verstärkt. Das alte Haus in

Godalming war noch nicht verkauft, in das neue in Cambridge mußte ständig investiert werden, und außerdem stellten sie fest, daß es sich nicht gut beheizen ließ. Die Bank machte sie darauf aufmerksam, daß sie ihr Konto überzogen hatten. Ruth dachte sogar darüber nach, einzelne Zimmer zu vermieten, um die Schulden bezahlen zu können. Am 3. März, ein paar Tage nachdem Mallory Liverpool verlassen hatte, schrieb sie: „Ich vermisse dich sehr. Ich brauche deine Nähe noch mehr als früher. Ich weiß, ich bin oft unausstehlich und gar nicht freundlich gewesen, und das tut mir sehr leid... Ich war unglücklich, weil ich so wenig von Dir hatte. Ich weiß, es ist sehr dumm von mir, die Zeit *mit* Dir zu verderben wegen der *ohne* Dich."[6]

Auf der Reise nach Indien hatte Mallory Zeit, über ihre Beziehung nachzudenken: „Ich fürchte, ich mache dich nicht sehr glücklich. Das Leben ist für dich in letzter Zeit zu oft eine Last gewesen. Es ist entsetzlich, daß wir nicht mehr Zeit füreinander haben und miteinander reden. Natürlich hatten wir beide zuviel zu tun... Wir müssen in Zukunft anders planen; wir müssen zuallererst darauf achten, daß wir Zeit für unser gemeinsames Leben haben."[7]

Neben Bruce, Norton und Mallory gehörten auch noch Howard Somervell, John Noel und Geoffrey Bruce, die alle auch schon 1922 dabeigewesen waren, zum Team. Vier Unteroffiziere der 2. und 6. *Gurkha Rifles*, Hurke, Shamsher, Tejbir und Umar, waren ebenfalls wieder mit von der Partie. Zu den neuen Kletterern gehörten Noel Odell, der Arzt und Bergsteiger Bentley Beetham und Richard Graham. Zwei Expeditionsmitglieder, die keine Bergsteiger waren, hatten besondere Aufgaben: Major R.W.G. Hingston, ein irischer Chirurg der Luftwaffe, war der Arzt und Naturforscher der Expedition, und E.O. Shebbeare von der bengalischen Forstverwaltung half Geoffrey Bruce bei allen Transportproblemen der Expedition.

Richard Graham war ein strenggläubiger Quäker, der im ersten Weltkrieg aus Gewissensgründen den Dienst an der Waffe verweigert hatte. Seine Berufung sorgte sofort für Aufregung bei einigen Teilnehmern. Somervell meldete sich schriftlich aus Indien und drohte mit seinem Austritt aus dem *Alpine Club*, falls man auf die Idee kommen sollte, Graham wegen irgendwelcher Proteste wieder aus dem Team zu nehmen. Auch Mallory war auf seiner Seite, doch die Auseinandersetzung wurde so verbittert geführt, daß Graham schließlich selbst seine Teilnahme aufkündigte, weil er nicht wollte, daß dieser Konflikt die ganze Expedition schwächte. Seine Position wurde von John de Vere Hazard übernommen, einem seltsamen Mann, dessen Verhalten das Komitee diese Entscheidung später bereuen ließ.

Einer allerdings fehlte auf der Liste der Bergsteiger: George Finch. Er hatte das Everestkomitee mit seinen öffentlichen Vorträgen verärgert. Im Sommer 1923 hatte Finch, ohne das Komitee davon zu unterrichten, auf dem europäischen Festland Vorträge über die Expedition von 1922 gehalten. Das Komitee schickte ihm eine Forderung über fünfzig Prozent seines Verdienstes. Finch weigerte sich jedoch, soviel zu zahlen, und als Vergeltung dafür verbot ihm das Komitee, den Everest zum Hauptthema seiner Vorträge zu machen. Man versuchte sogar, den Namen „Mount Everest" schützen zu lassen, um seine Tätigkeiten zu unterbinden.

Mit dem Ausscheiden von Percy Farrar aus dem Komitee hatte Finch seine Unterstützung verloren. Er wußte, daß seine Tage gezählt waren. Er bastelte dennoch weiter an seinen geliebten Sauerstoffapparaten, wurde aber nicht zur Expedition von 1924 eingeladen. Odell übernahm die Verantwortung für die Sauerstoffausrüstung und ersetzte außerdem den arg in Verruf gebrachten A. M. Heron als Expeditionsgeologen.

John Noel war auch 1924 für die Film- und Fotoaufnahmen zuständig und beseitigte mit einem Mal alle finanziellen Sorgen des Komitees. Obwohl der Film der Expedition von 1922 nur bescheidenen Erfolg gehabt hatte, bot Noel für sämtliche Bildrechte an der neuen Expedition die gigantische Summe von 8 000 Pfund, die dem Komitee noch *vor* der Abreise zur Verfügung gestellt werden sollte. Mit diesem Angebot sparte das Komitee außerdem noch die mit 2 000 Pfund veranschlagten Kosten für eine Bilddokumentation ein.

Die gebotene Summe trieb Noel auf, indem er eine Gesellschaft namens *Explorer Film Ltd.* gründete und Francis Younghusband die Firmenleitung anbot. Die Gelder wurden von den potentiellen Abnehmern im voraus bezahlt, die ihrerseits wieder auf die Gewinne aus dem späteren Vertrieb hofften. Selbst der Aga Khan ließ sich zu einer Beteiligung an der Filmgesellschaft überreden. Zwei Jahre zuvor hatte der findige Captain Noel alle Negativfilme in einem speziell zur Dunkelkammer umgebauten und mit Yakdung beheizten Zelt im Basislager entwickelt. Diesmal baute er in Darjeeling sein

‚EINE TRISTE WELT ...'

eigenes Entwicklungslabor auf. Der belichtete Film wurde vom Everest mit einer Reiterstaffel nach Indien transportiert, wo zwei Assistenten mit der Filmentwicklung und der Herstellung von Glasplattendias vier Monate lang sieben Tage die Woche beschäftigt waren.

Der letzte Teilnehmer, der zur Expedition stieß, war Andrew Irvine, den alle wegen seines blonden Haars „Sandy" nannten. An seiner Nominierung überraschte vor allem sein Alter und sein Mangel an Erfahrung. Irvine wurde am 8. April 1902 als drittes von fünf Kindern der Eheleute William und Lilian Irvine in Birkenhead geboren.

Seine Ausbildung folgte dem traditionellen Schema: vorbereitende Schule, Privatschule Shrewsbury, Oxford. Seine Aufnahme dort war nicht ganz reibungslos vonstatten gegangen, da er zunächst den Aufnahmetest nicht bestanden hatte. Aber schließlich, nachdem er privat mit einem „Tutor" gelernt hatte, wurde er vom Merton College aufgenommen, an dem er Ingenieurwissenschaften studierte. Man munkelte allerdings, daß er eher wegen seines Talents als Ruderer und weniger wegen seiner intellektuellen Fähigkeiten akzeptiert worden war. Zweimal vertrat er seine Universität in der Ruderregatta zwischen Oxford und Cambridge, die im zweiten Jahr von seinem Team überlegen gewonnen wurde.

Seine Nominierung verdankte Irvine der rein zufälligen Begegnung mit Noel Odell in Spitsbergen im Sommer 1923, wo der junge Studienanfänger an einer Expedition in die Arktis teilnahm. Irvines Kraft, Ausdauer und gute Laune hatten großen Eindruck auf Odell gemacht, und als ein Platz im Kletterteam der Everestexpedition zu besetzen war, hatte Odell dem Komitee den jungen Irvine vorgeschlagen.

Einige Teilnehmer hielten Irvine für zu jung und zu wenig erfahren im Bergsteigen. Er war tatsächlich zwölf Jahre jünger als der durchschnittliche Expeditionsteilnehmer und war noch nie auf einen Berg geklettert, der höher als 1830 Meter war. Odell wußte jedoch, daß er Mut besaß. Denn einmal hatte er zusammen mit Irvine auf Skiern 20 Kilometer auf einem Gletscher zurückgelegt, und anschließend waren sie 900 Meter hoch geklettert, um als erste einen Berg zu besteigen, der noch heute Irvinefjellet heißt.

Irvines wichtigster Beitrag zur Expedition war sein technisches Wissen. Schon als kleiner Junge hatte er selbst Spielzeug gebastelt und in einer kleinen Abstellkammer zu Hause herumgewerkelt. Als er 17 Jahre alt war, hatte sich sein Vater ein Auto, einen Essex, gekauft. Irvine hatte alle Nieten herausgebohrt und sie durch Schrauben ersetzt. Nach getaner Arbeit legte er die Hand auf den Wagen und verkündete, er habe jetzt alle „Scharten" ausgewetzt.[8] Das Fahrzeug blieb der Familie in der Tat mehr als zehn Jahre lang erhalten.

Bei der Everestexpedition hatte Irvine schnell den Ruf weg, fast alle mechanischen Probleme lösen zu können. Alleine – ohne Finch – hätte sich Odell mit der Wartung der Sauerstoffausrüstung überfordert gefühlt – schließlich war er Geologe und kein Ingenieur.

In Irvine hatte er jemanden, mit dem er diese verantwortungsvolle Aufgabe teilen konnte. Irvine beschäftigte sich ständig mit den Geräten. Beim Anmarsch auf den Everest notierte er in seinem Tagebuch: „Festgestellt, daß alle bis auf ein Sauerstofftragegestell durch den Transport beschädigt sind. Nachmittag und Abend damit verbracht, sie mit Kupfernieten und Draht zu reparieren. Außerdem habe ich Lampenschirme aus Blech gemacht, weil die aus Karton immer wieder Feuer gefangen haben."[9]

Mallory schrieb an Ruth über seinen ersten Eindruck von Irvine: „... vernünftig und nicht übererregbar wird er zu denen gehören, auf die man immer zählen kann, außer vielleicht beim Gespräch."[10] Auch Somervell war beeindruckt, als er ihm das erste Mal in Darjeeling begegnete: „Irvine, der Junge aus Oxford mit den blauen Augen, ist viel jünger als alle anderen, und er ist von angenehmer Art; weder wichtigtuerisch wegen seiner „Bläue", noch unterwürfig wegen des Altersunterschiedes zu allen anderen. Ruhig aber stark, mit gesundem Menschenverstand und einer glücklichen Hand mit den Geräten (nicht einer der Sauerstoffapparate hätte ohne ihn funktioniert...) Jedesmal, wenn einer der Primuskocher nicht zündet, landet er bei Irvine, in dessen Zelt es wie im Laden eines Kesselflickers aussieht. Er ist wirklich ein Mann (oder Junge) von Welt, aber noch voller Ideale und sehr anständig im Umgang mit den Trägern."[11]

Am 24. Oktober war Irvine offiziell der letzte freie Platz der Expedition angeboten worden. Anders als Mallory suchte er keine Ausflüchte, sondern nahm sofort an und konnte sein Glück gar nicht fassen. Odell schrieb später über seinen Schützling: „Auch wenn ihm die Erfahrung im Bergsteigen fehlte, spürte man an seiner natürlichen Begabung, seiner zweifellosen Fertigkeit im Umgang mit dem technischen Gerät und seinen praktischen Fähigkeiten überhaupt – von seiner charakterlichen Eignung einmal ganz zu schweigen –, daß er für die Aufnahme in die Gruppe bestens geeignet war..."[12]

Wie in den Vorjahren formierte sich die Expedition erst in Darjeeling. Charlie Bruce und Edward Norton verließen England als erste und kamen bereits am 16. Februar in Bombay an. Mallory, Irvine, Hazard und Beetham verließen Liverpool am 29. Februar an Bord der *SS California*. Zwar teilte Mallory nicht, wie er gehofft hatte, die Kabine mit Irvine, aber die beiden nahmen ihre Mahlzeiten gemeinsam ein, und auf der langen Reise nach Indien entwickelte sich eine enge Freundschaft zwischen ihnen. Seit seiner Vortragsreise im Jahr 1923 war Mallory eine Berühmtheit in England. Andere Reisende erkundigten sich bei ihm nach der neuen Expedition oder wollten mit ihm zusammen fotografiert werden.

Odell kam direkt von den persischen Ölquellen angereist, Hingston von seinem Luftwaffenstützpunkt in Mesopotamien, und Somervell aus Travancore in Südindien, wo er als Missionsarzt arbeitete. Alle Teilnehmer sollten sich in der dritten Märzwoche im *Mount Everest Hotel* in Darjeeling einfinden.

Am 25. März 1924 brach die Expedition Richtung Tibet auf, über die alte Route nördlich durch den Himalaya, über Serpo La bis Kampa Dzong und von dort weiter westwärts nach Tingri Dzong. Nach zwei Wochen begannen Krankheiten das Team zu schwächen. Beetham erwischte eine schwere Ruhr, von der er sich nicht mehr vollständig erholte. Mallory klagte über Magenschmerzen und fürchtete, eine Blinddarmentzündung zu haben. Aber als Somervell mit den Vorbereitungen für den chirurgischen Eingriff begann, erholte er sich schlagartig.

Wirlich bedenklich hingegen war der Gesundheitszustand von Charlie Bruce. Vor der Expedition hatte er an einer Tigerjagd teilgenommen und dabei mehr „eingefangen" als beabsichtigt. Am 7. April feierte er seinen achtundfünfzigsten Geburtstag in gewohnt ausgelassener Art, mit einer Flasche besten Rums, die ihm sein Bruder zu diesem Anlaß hatte nachsenden lassen. Am nächsten Tag ging es ihm nicht besonders gut, er machte sich mit Verzögerung auf den Weg und brach später mit hohem Fieber zusammen. Bruce litt an Malaria.

Am nächsten Tag hatte er einen weiteren Anfall, und nach reiflicher Überlegung entschied er sich dafür, die Expeditionsleitung abzugeben. Er kehrte um und vertraute auf die medizinische Betreuung von Hingston in Indien. Norton nahm seine Stelle ein und bestimmte Mallory zum Leiter der Kletterabteilung. Mallory war von der neuen Konstellation natürlich überaus begeistert. Während der einmonatigen Anreise ins Basislager wurde die Freundschaft zwischen Mallory und Irvine immer enger. Aus ihren Aufzeichnungen geht hervor, daß sie viel Zeit gemeinsam verbrachten.

Während der gesamten Expedition litt Irvine wegen seiner überaus hellen Haut unter der starken Sonneneinstrahlung. Am 11. April erwähnte er dieses Problem zum ersten Mal: „Mein Gesicht ist von Sonne und Wind ganz wund. Auch meine Nägel und die Haut um sie herum reißen auf, meine Nase schält sich ständig."[13] Die Sonne sollte ihm keine Verschnaufpause mehr gönnen, solange sie in Tibet waren.

Aber trotz der Beeinträchtigung verbrachte er jede freie Minute mit der Reparatur der Ausrüstung: egal was kaputt war, Sandy mußte ran. Am selben Tag, an dem er zum ersten Mal seinen Sonnenbrand erwähnte, schrieb er: „Den ganzen Nachmittag habe ich versucht, das Schweißgerät zu reparieren, leider ohne den geringsten Erfolg... Schließlich habe ich den Lötkolben über dem Primuskocher erhitzt. Ich habe Mallorys Bett zusammengelötet, Beethams Kamera, Odells Kamerastativ, eine Dose Paraffin abgedichtet und meine winddichten Hosen zerrissen."[14]

Unglücklicherweise tauchten schon bald ernsthafte Probleme mit den Sauerstoffgeräten auf. Als die Flaschen in Kalkutta ankamen, waren viele bereits leer und nur noch einige zur Hälfte gefüllt. Das Problem war schnell entdeckt: die Ventile ließen sich nicht richtig schließen. Vor der Abreise aus Indien waren die Flaschen neu gefüllt worden, aber als die Expedition Shekar Dzong erreichte, stellte sich heraus, daß ein Drittel der Flaschen bereits wieder leer war. Also arbeitete Irvine die ursprünglichen Flaschen um und schaffte es außerdem, sie zwei Kilogramm leichter zu machen.

Bei der Bekleidung der Bergsteiger hatte es seit 1922 leider keine vergleichbaren Fortschritte gegeben – trotz George Finchs Erfindung der Daunenjacke. Im Grunde unterschieden sich die Bekleidung und Ausrüstung des Jahres 1924 kaum von denen der vorangegangenen Expeditionen. Jeder Teilnehmer hatte 50 Pfund Kleidungsgeld erhalten, und alle hatten sich für ähnliche Kleidungsstücke entschieden. Norton beschrieb seine Ausstaffierung wie folgt: „Ich trug eine dicke Wollweste und Wollunterhosen, ein dickes Flanellhemd und zwei Pullover unter einem leichten Anzug aus windabweisendem Gabardine und einer Kniebundhose... weiche, elastische Kaschmirsocken und ein paar Stiefel mit Pelzbesatz, Ledersohle und Eisnägeln... einen sehr leichten Schlafanzug aus windabweisendem Gaberdine... ein Paar lange wollene Fausthandschuhe und darunter ein Paar aus Gabardine... Auf dem Kopf trug ich einen mit Pelz besetzten Motorradhelm aus Leder, und Augen und Nase wurden von einer in eine Ledermaske eingenähten Schutzbrille aus Crooke's Glas geschützt... ein riesiger Wollschal komplettierte meine Verkleidung."[15]

Zumindest, was das Essen anging, gab sich die Expedition einige Mühe. Auf der Bestelliste bei der *Army und Navy Cooperative Society* standen 60 Dosen Wachteln in Leberpastete, 300 Pfund Schinken und fünfzig Flaschen Montebello Champagner von 1915.[16]

Als sich die Expedition Rongbuk näherte, wurde immer heftiger darüber spekuliert, wie man den Berg am besten in Angriff nehmen sollte. Mallory fragte alle Teilnehmer nach ihrer Meinung und arbeitete im Anschluß daran seinen Plan aus. Am 17. April schrieb er an seine Frau: „Ich trieb auf einer Geisteswelle – kein anderes Wort könnte diesen Vorgang treffender beschreiben –, über die ich zu einem anderen Plan bezüglich der Besteigung des Bergs gelangt bin.... Dieser Plan hat gegenüber allen bisherigen so viele Vorzüge, daß Norton ihn sofort akzeptiert hat & heute abend hatten wir schon wieder ein Pow-Wow und alle waren von ganzem Herzen überzeugt."[17]

Mallorys Plan war der einer klassischen Belagerung. Er war überzeugt davon, daß der einzige Weg, der einen auf den Gipfel des Everest brachte, der Aufbau einer Pyramide von Lagern und Ausrüstung war, wobei jedes Lager das über ihm liegende versorgte. Je höher im Berg, desto kleiner und spartanischer sollten die Lager sein. Das höchstgelegene schließlich sollte als Sprungbrett für die Gipfelbesteigung dienen.

Vorgesehen waren zwei sehr frühe Versuche, für den Fall, daß der Monsun schon bald einsetzen würde. Sie sollten gleichzeitig stattfinden, wobei es eine Gruppe mit, die andere ohne Sauerstoff versuchen sollte. Camp V sollte auf einer Höhe von 7773 Metern errichtet werden, Camp VI auf 8077 Metern und Camp VII auf 8321 Metern. Am Tag der Besteigung sollte die Sauerstoffgruppe von Camp VI aus aufbrechen, die andere Gruppe von Camp VII. Beide Gruppen sollten sich gegenseitig unterstützen und den Gipfel etwa gleichzeitig erreichen.

Mallory war der Meinung, daß diejenigen, die aus dem höher gelegenen Lager aufbrachen, es ohne „Englisches Gas" versuchen sollten, er und Irvine würden von Camp VI mit Sauerstoffgeräten aufbrechen. Die Bergsteiger wunderten sich darüber, daß Mallory ausgerechnet Irvine als Partner für die Gipfelbesteigung auswählte – und beispielsweise nicht den erfahreneren Odell. Norton war nicht glücklich über diese Entscheidung, glaubte aber nichts dagegen unternehmen zu können, da er Mallory in dieser Hinsicht ja völlig freie Hand gewährt hatte. Irvine war entzückt: „Ich bin unheimlich glücklich, mit Mallory beim ersten Versuch dabeizusein, aber ich wünsche mir so sehr, es wäre ein Versuch *ohne Sauerstoff* (Hervorhebung von Irvine)."[18]

Die Expedition erreichte Rongbuk am 28. April. Nortons Berechnungen zufolge hätte der erste Versuch etwa am 17. Mai stattfinden sollen – früher als alle bisherigen Versuche, aber die Erinnerung an den sehr frühen Monsun des Jahres 1922 ließen Norton jetzt sogar nach einer noch früheren Möglichkeit suchen. Der Zeitplan schien vernünftig zu sein, ließ aber keine Toleranz für die Unwägbarkeiten des Wetters. Eine weitere Lektion, die sie bei früheren Versuchen gelernt hatten, war, daß Kletterer und Sherpas sich auf keinen Fall schon zu Beginn der Expedition verausgaben durften. Deshalb wurden vor Ort weitere 150 Träger angeheuert, um die tiefer gelegenen Camps zu versorgen.

Am 3. Mai verließen Mallory, Irvine, Odell, Hazard und 20 Träger Camp II am East Rongbukgletscher, um unterhalb des North Col Camp III aufzuschlagen. John Noel begleitete sie mit seiner Kamera. Ein zweite Gruppe mit 20 Trägern folgte der ersten einen Tag später mit zusätzlichem Nachschub. Leider wurde das Gebirge von einem schweren Sturm heimgesucht, und so erreichte die zweite Gruppe Camp III nur noch ohne die Extravorräte.

Arktische Winde fegten über den Gletscher, die Temperatur fiel auf -45 °C. Die Bergsteiger kämpften sich durch Schneegestöber, in denen sie nicht mal mehr die Hand vor Augen sehen konnten, und als sie schließlich in Camp III ankamen, hatten sie nichts als ihr nacktes Leben und ein Tuch mit einer Handvoll Gerste dabei. Als Geoffrey Bruce schließlich mit dem dringend benötigten Nachschub Camp III erreicht hatte, notierte er: „Nichts rührte sich im Lager; es schien wie tot. Die Träger waren unglücklich, und dieser verheerende Schneesturm, der ganz unvermittelt über sie hereingebrochen war, hatte ihren Glauben erschüttert und ihren Enthusiasmus gedämpft. Viele wurden so apathisch, daß sie sich nicht einmal etwas zu essen machen wollten..."[19]

Am nächsten Morgen stand Mallory um 6.30 Uhr auf, um in Camp II hinabzusteigen. Irvine schrieb: „Ein Energiebündel. Vorsichtig fragte ich ihn, ob ich irgendwie helfen könne, hatte aber nicht im geringsten die Absicht, meinen warmen Schlafsack zu verlassen. Fest entschlossen lehnte er mein Angebot ab, und so schlief ich weiter bis 9 Uhr."[20] Auch Bruce blieb im Camp III, doch das Wetter wurde nicht besser: „Am Abend wurde der Wind sogar noch stärker und blies aus allen Richtungen. Wieder waren alle Zelte voll Schnee, mit allen entsprechenden Folgen. Die Kälte war grimmig, und das Thermometer fiel auf 39° unter den Gefrierpunkt."[21]

Die Operation war zum Stillstand gekommen. Norton befahl den kompletten Rückzug. Am 12. Mai waren alle wieder im Basislager, aber die Expedition hatte einen hohen Preis gezahlt. Die meisten Träger waren krank und verletzt, die anderen völlig demoralisiert. Ein Sherpa hatte sich ein Bein gebrochen und sich eine Lungenentzündung zugezogen, doch am schlimmsten dran waren der Gurkha Unteroffizier Shamsher, der ein Blutgerinsel im Gehirn hatte, und der Schuster Manbahadur, dessen Füße bis zu den Knöcheln erfroren waren. An keinem von beiden konnte die Operation vorgenommen werden, die notwendig gewesen wäre, um ihr Leben zu retten. Und so mußten beide schon bald in Nähe des

Basislagers beigesetzt werden. Das war der unheilvolle Auftakt zur dritten Everestexpedition.

Am 15. Mai empfing der Abt von Rongbuk die Expeditionsteilnehmer und gab den Bergsteigern und Sherpas seinen Segen. Aber die Expedition konnte nichts tun außer zu warten, bis das Wetter besser wurde. Eine Woche saßen sie im Basislager fest, und Noel, der das Zelt mit Mallory teilte, berichtete, daß Mallory ungeduldig, übererregbar und sehr unruhig war.

Mallory war allerdings nicht der einzige, den die Witterung frustrierte. Auch Norton machte sich große Sorgen. Er fürchtete, der Monsun könne bald einsetzen. Aber glücklicherweise besserte sich das Wetter schon kurz nach der Audienz des Lama, und sofort schmiedete Norton neue Pläne für die Gipfelbesteigung.

Zunächst mußten die Lager neu bestückt werden. Als neuer Gipfeltag wurde der 29. Mai bestimmt. Mallory und Norton begannen, gefolgt von Odell und dem Sherpa Lhakpa, mit der Anbringung von Seilen am North Col. Sie wollten die Unglücksroute von 1922 vermeiden und wählten diesmal einen direkteren Aufstieg, der durch einen 60 Meter hohen Eiskamin führte. Sie befestigten den Weg mit Holzpfählen, zwischen denen sie ein Seil spannten. Norton wollte so schnell wie möglich wieder vom Paß absteigen, und so begannen sie mit dem Abstieg bereits um Viertel vor vier. Er schrieb dazu: „...je weniger Worte man über den Abstieg verliert, desto besser ist es. Wir wählten die Route von 1922, waren sehr schnell, rutschten mehrfach ab und verschwanden in Spalten. Und alles nur aus Nachlässigkeit."[22]

Nicht zum ersten Mal war der North Col ihr Verderben. Mallory stürzte in eine Gletscherspalte. An Ruth schrieb er darüber: „Unterdessen war ich, auf der Suche nach der besten Abstiegsmöglichkeit, in eine leicht zu übersehende Gletscherspalte gefallen... der Schnee gab nach, und ab ging's nach unten, Schnee wirbelte um mich herum. Aber zum Glück stürzte ich nur etwa zehn Fuß tief, bevor ich halb blind und atemlos einen instabilen Halt fand. Ich wurde nur von meinem Eispickel gehalten, der sich irgendwie in die Spalte gebohrt hatte und den ich noch immer in der Hand hielt – unter mir befand sich ein sehr unschönes schwarzes Loch."[23] Er schrie um Hilfe, doch keiner hörte ihn. Langsam wurde ihm klar, daß er sich alleine aus seiner mißlichen Lage befreien mußte. Er schaffte es, ein Loch in die Seitenwand der Spalte zu hacken und sich hindurchzuzwängen. Leider kam er auf der falschen Seite heraus. Als er schließlich in Camp III ankam, war er völlig am Ende.

Am nächsten Morgen kletterten Somervell, Irvine und Hazard mit zwölf Sherpas auf den Paß und errichteten Camp IV.

Schwerer Schneefall jedoch machte den Anstieg zur Qual. Vorgesehen war, daß Somervell und Irvine in Camp III zurückkehren, während Hazard und die Sherpas das neue Lager aufbauen sollten. Es schneite immer weiter, die ganze Nacht hindurch und den Großteil des folgenden Tages.

Der Tagesanbruch des 23. Mai war hell und klar. Bruce und Odell brachen mit siebzehn Trägern zum North Col auf, in der Hoffnung, am nächsten Tag Camp V zu errichten. Sie hatten erst wenig an Höhe gewonnen, als sich das Wetter rapide verschlechterte. Sie sahen, wie Hazard und eine Gruppe Sherpas in schwerem Schnee den Abstieg riskierten. Hazard hatte entschieden, Camp IV aufgrund der schlechten Wetterbedingungen aufzugeben, aber vier Sherpas fürchteten sich so sehr vor dem steilen Abstieg den North Col hinunter, daß sie das Camp nicht verlassen wollten.

Nortons schlimmster Alptraum war Wirklichkeit geworden. Hazard hatte die Sherpas einfach am North Col zurückgelassen. Seine Wut war grenzenlos. Jetzt war er für vier verängstigte Männer verantwortlich, deren Lebensmittelvorräte zur Neige gingen und die zu erfrieren drohten; jeder Versuch, sie zu retten, konnte eine Lawine auslösen. Die meisten Bergsteiger in Camp III waren körperlich zu erschöpft, um an einer Rettungsaktion teilzunehmen. Sie litten an verschiedenen Krankheitserscheinungen, von Halsschmerzen bis Durchfall (Irvine versuchte sich mit Blei und Opium zu heilen). Da das Wetter immer schlechter wurde, war Norton sich fast sicher, der Monsun habe bereits eingesetzt. Er begrub alle Hoffnung auf eine erfolgreiche Gipfelstürmung. Das einzig wichtige war jetzt ein funktionierender Rettungsplan.

Der nächste Morgen brachte besseres Wetter. Trotz der zum Teil tiefen Schneefelder marschierten Norton, Mallory und Somervell, die erfahrensten und am besten akklimatisierten Bergsteiger den Nort Col hinauf, um die gestrandeten Sherpas zu retten. Alles ging gut, bis die drei Bergsteiger zu dem Vorsprung oben auf dem Paß kamen. Um den Vorsprung zu erreichen, mußten sie knapp unterhalb des Passes ein Schneefeld überqueren, das jederzeit abrutschen konnte. Somervell bestand darauf zu führen, und von Norton und

Mallory fest angeseilt gelang ihm die Überquerung. Nur neun Meter vor der Stelle, an der die vier verängstigten Sherpas warteten, ging Somervell jedoch das Seil aus. Den Sherpas blieb nur die Möglichkeit, das kurze Stück bis zu Somervell ungesichert zurückzulegen, und zwar einer nach dem anderen.

Der erste machte sich vorsichtig auf den Weg bis zu Somervell und dann weiter bis zum Anker. Der zweite wartete geduldig, bis der erste einen sicheren Stand hatte. Dann machte auch er sich auf den Weg Richtung Seil. Aus irgendeinem unerfindlichen Grund beschlossen die letzten beiden Männer, gemeinsam loszugehen.

Das Unvermeidbare geschah. Der lose Schnee geriet in Bewegung, sie rutschten auf die Eiskante zu, die 60 Meter unter ihnen lag. Wie durch ein Wunder kamen die beiden Sherpas im rutschenden Schnee schon nach wenigen Metern wieder zum Stehen. Somervell machte sich los, rammte seinen Eispickel in den Schnee, wickelte das Seil um den Schaft und ließ sich soweit ab, bis er den ersten der beiden Männer zu fassen bekam. Er zog ihn hinauf in Sicherheit. Dann ließ er sich ein zweites Mal ab und wiederholte das Manöver.

Erst um halb acht erreichten die drei Bergsteiger und vier Sherpas Camp III. Sie standen noch unter Schock. Am nächsten Tag, dem 25. Mai gab die Expedition das Lager an der Firnmulde des East Rongbuk auf und zog sich ganz aus dem Everest zurück. Zum zweiten Mal in weniger als vierzehn Tagen hatten sie einen schweren Rückschlag erlitten.

Norton war nicht bekannt, daß das Wetter am Everest in diesem Frühjahr verrückt spielte. Verursacht wurde es durch eine Wetterfront, die aus Afghanistan herüberzog, und nicht,

‚EINE TRISTE WELT ...'

wie angenommen, von einem verfrühten Monsun. Hätte er das gewußt, wäre er sicher im Basislager geblieben. Aber so saßen alle Expeditionsteilnehmer nach der zweiten Niederlage aufgrund des schlechten Wetters wieder am Fuß des Berges und warteten auf neue Anweisungen.

Norton hatte die Wahl: Er konnte die Expedition abbrechen oder einen letzten Plan entwickeln, um die geringen verbliebenen Kräfte optimal einzusetzen. In Camp I rief er alle Bergsteiger zusammen, um die verschiedenen Möglichkeiten mit ihnen durchzusprechen. Man war einer Meinung, daß ein letzter Versuch gestartet werden sollte, um mit sechs Bergsteigern und den wenigen Sherpas, die noch fit genug waren, den North Col zu besteigen.

Der Himmel klärte sich auf, das gute Wetter kam wieder. Um das Gewicht so gering wie möglich zu halten, wurde sogar auf den Einsatz von Sauerstoff verzichtet. Man beschloß, Mallory und Geoffrey Bruce, die am wenigsten Zeit in großer Höhe verbracht hatten und deshalb wahrscheinlich von allen Kletterern körperlich noch am stärksten waren, den ersten Versuch zu überlassen. Auf sie sollte noch ein weiteres, kräftiges Paar folgen: Somervell und Norton. Odell und Irvine warteten als Unterstützung im Camp am North Col, ebenso wie Noel, der alles filmte. Hazard blieb in Camp III.

Noel bemerkte, daß Mallory erschöpft wirkte und gar nicht gut aussah. Er hatte den Eindruck, als hielte ihn nur noch sein Wille auf den Beinen – seine Kraft schien von den verheerenden Bedingungen aufgezehrt worden zu sein. Vor dem Aufbruch von Camp I schrieb Mallory am 27. Mai einen letzten Brief an seine Frau: „Mein Mädchen, das ist alles in allem eine sehr schlechte Zeit. – Ich blicke zurück auf gewaltige Anstrengungen und Erschöpfung und Tristesse, wenn ich aus der Zeltöffnung hinaus in eine trostlose Welt aus Schnee und schwindenden Hoffnungen schaue – und doch, und doch, und doch muß da noch etwas anderes sein... Die einzige Chance, die uns jetzt noch bleibt, ist, körperlich wieder fit zu werden und auf einen einfacheren und schnelleren Plan zu setzen... Aber ich habe Zweifel, ob ich fit genug sein werde... Liebling, Ich wünsche dir alles Gute und hoffe, daß deine Ängstlichkeit verflogen ist, wenn du diesen Brief erhältst – mit den besten Neuigkeiten, die auch die schnellsten sein werden. Es steht fünfzig zu eins gegen uns, aber wir haben noch eine Chance & werden stolz auf uns sein. Alles Liebe. Dein Dich immer liebender George." [24]

Am 30. Mai traf das Team im vorgeschobenen Basislager ein, bereit, den ersten Aufstieg zu wagen. Mallory und Bruce stiegen am nächsten Tag auf den North Col und verbrachten die Nacht in Camp IV. Am 1. Juni stiegen die beiden auf den Grat, gefolgt von acht Sherpas, beladen mit Verpflegung und Ausrüstung. Es war ein klarer, aber kalter Tag, und unerträglicher Nordwestwind ließ sie langsamer als geplant vorankommen. Auf 7 625 Metern setzte die Hälfte der Träger ihre Last ab und machte sich wieder auf den Weg talwärts. Die rauhen Bedingungen hatten ihnen alle Kraft geraubt. Unterdessen wurde nur 90 Meter höher Camp V errichtet. Mallory, Bruce und die verbliebenen Sherpas bereiteten sich auf die Nacht vor.

Am selben Tag stiegen Norton, Somervell und sechs Sherpas auf den North Col, von dort am folgenden Tag auf den

Grat, und schafften es von Camp IV bis in Camp V. Hinter dem Paß wurden sie von der ungezügelten Kraft des Windes gepackt. Norton notierte später: „Der Wind nahm uns selbst zu so früher Stunde den Atem, gerade so, als würde man in das Eiswasser eines Bergsees springen, und innerhalb von ein oder zwei Minuten war jede Empfindung aus unseren gut geschützten Händen gewichen, weil wir uns, um einen festeren Stand zu haben, an den eisigen Felsen festhalten mußten... Es schien, als würde der Wind durch unsere windabweisende Kleidung geradewegs hindurchblasen, und dennoch erzeugte er einen solchen Druck, daß die beladenen Träger bei jedem Schritt wankten." [25]

Etwa auf halber Strecke zwischen den beiden Camps kam Norton Mallorys Gruppe entgegen, die nach einer schlaflosen Nacht im tosenden, eisigen Wind total erschöpft war. Norton stieg weiter hinauf, und um 1 Uhr mittags erreichte seine Gruppe Camp V. Am Nachmittag löste sich ein Felsbrocken an einem höher gelegenen Zelt und verletzte zwei Träger. Einer der Männer hatte eine Platzwunde am Kopf und mußte am nächsten Tag ins Basislager zurückkehren; der andere Sherpa, Semchumbi, erlitt eine Schnittwunde am Knie, war aber entschlossen weiterzumachen.

Zur Überraschung aller ließen die Winde am nächsten Tag stark nach, das Wetter schien sich zu bessern. Die Bergsteiger beschlossen, den Berg endlich in Angriff zu nehmen. Leider hatte Somervell vom ständigen Einatmen der kalten Luft Halsschmerzen bekommen, und Semchumbi konnte mit seinem verletzten Knie auch nicht weiter. Um 1.30 Uhr machten alle auf Geheiß von Norton Halt und errichteten Camp VI. Sie hatten eine Höhe von 8 170 Metern erreicht.

Für den nächsten Tag war die Gipfelbesteigung angesetzt. Sie brachen früh auf, um 6.40 Uhr – obwohl keiner von ihnen körperlich in guter Verfassung war. Somervells Hals schmerzte noch, und Norton zitterte am ganzen Körper. Später erinnerte er sich: „Es war ein schöner Tag, und es gab auch kaum Wind – ein perfekter Tag also für unsere Aufgabe – doch es war bitterkalt, und ich erinnere mich, daß ich bei einer Rast in der Sonne so stark zitterte – obwohl ich in die schon beschriebenen dicken Kleider gehüllt war –, daß ich fürchtete, an Malaria erkrankt zu sein. Ich maß meinen Puls. Er war auf 64, also nur etwa zwanzig über meinem ansonsten sehr langsamen Pulsschlag." [26]

Eine Stunde später erreichten die beiden das *Yellow Band*, aber die große Höhe machte das Vorwärtskommen schwierig. Beide japsten in der dünnen Luft. Somervells Atmung war darüber hinaus auch noch durch seinen rauhen Hals und ständige Hustenanfälle eingeschränkt. Norton hatte mittlerweile seine dunkle Brille abgenommen, um auf dem dunklen Fels besser zu sehen. Schnell waren seine Augen entzündet, und es fiel ihm schwer, überhaupt noch etwas zu erkennen.

Trotz dieser Einschränkungen überwanden die beiden das *Yellow Band* und machten sich an die Überquerung der Nordwand, wobei sie etwa 150–180 Meter unterhalb des Nordostgrats blieben. Um die Mittagszeit waren sie in der Nähe der großen Rinne, die vom Gipfel die Pyramidenwand hinunterläuft. Somervells Hals verschlimmerte sich, und auch der Husten setzte ihm immer stärker zu. Er war am Ende.

‚EINE TRISTE WELT ...'

Norton ging alleine weiter und bemerkte dazu später: „... da war viel Pulverschnee, der die sowieso schon instabilen Tritte verhüllte. Die ganze Seite des Berges bestand aus Platten, die an Dachziegel erinnerten und etwa auch dieselbe Neigung hatten. Zweimal mußte ich umkehren und einen anderen Weg suchen. Der Couloir selbst war voller Pulverschnee, in dem ich bis zum Knie und manchmal sogar bis zur Hüfte einsank..."[27] Mittlerweile war es 1 Uhr nachmittags. Norton wußte, daß er jetzt umkehren mußte, wollte er noch in Camp VI zurückfinden.

Trotz seiner offensichtlichen Enttäuschung hatte Norton einen neuen Höhenrekord von 8 573 Metern aufgestellt – einen Rekord, der dreißig Jahre lang Bestand haben sollte. (Fünf Tage später erreichten Mallory und Irvine eine Höhe von 8 610 Metern, zumindest nach Meinung Odells, das konnte aber nie bestätigt werden.)

Norton brauchte auf dem tückischen Untergrund eine Stunde, bis er seinen Gefährten wieder erreicht hatte. Wieder vereint seilten sie sich an und begannen um 2 Uhr nachmittags den Abstieg. Somervell fiel der Eispickel aus der Hand und raste den Nordhang hinunter. Als die beiden Camp VI erreichten, bauten sie das Zelt ab und bedeckten es mit Steinen, damit es nicht weggeweht werden konnte. Dann stiegen sie weiter talwärts ab. Sie erreichten Camp V bei Einbruch der Dunkelheit, entschlossen sich aber dazu, noch den North Col hinunterzusteigen. Als sie sich sicher fühlten, seilten sie sich ab und setzten ihren Weg einzeln fort. Norton wählte einen schnellen Abstieg über ein Schneefeld unterhalb von Camp V. Er kam problemlos voran und rechnete damit, daß Somervell ihm sogleich folgen würde.

Doch leider spürte Somervell, der jetzt im immer dunkler werdenden Gebirge auf sich alleine gestellt war, eine Beklemmung im Hals. Er drohte zu ersticken: „Irgendwo in einer Höhe von 25 000 Fuß, bei Einbruch der Dunkelheit, hatte ich einen Hustenanfall, wobei sich etwas in meinem Hals verschob und so verkantete, daß ich weder ein- noch ausatmen konnte."[28] Die Schleimhaut in seinem Hals war gefroren, ein Teil hatte sich gelöst und die Luftröhre blockiert, so daß er nicht mehr atmen konnte.

„Natürlich konnte ich Norton auch kein Zeichen geben, oder ihn aufhalten. Wir waren schon nicht mehr angeseilt. Und so setzte ich mich im Schnee nieder, um zu sterben, während er weitermarschierte, und nichts davon ahnte, daß sein Gefährte nur wenige Yards hinter ihm den Tod erwartete. Ich machte ein oder zwei letzte Versuche zu atmen, aber es klappte nicht. Schließlich preßte ich mit beiden Händen gegen meine Brust, legte meine ganze Kraft hinein – und tatsächlich wurde das Hindernis hochgeschleudert. Was für eine Erlösung! Ich hustete etwas Blut, atmete befreit auf – viel freier als in den Tagen zuvor. Zwar waren die Schmerzen recht stark, aber ich war jetzt ein neuer Mensch..."[29] Howard Somervell hatte großes Glück gehabt. Ein paar Sekunden länger und er wäre gestorben.

In der immer schwärzer werdenden Nacht stiegen die beiden Bergsteiger weiter gemeinsam hinunter. Norton schrie um Hilfe. Es dauerte nicht lange, da hatten Mallory und Odell die beiden erschöpften Männer gefunden und halfen ihnen in

Camp IV, wo Irvine bereits Suppe und Tee vorbereitet hatte. In der Nacht bekam Norton plötzlich starke Schmerzen in den Augen und fürchtete zu erblinden. Er litt an Schneeblindheit, die noch weitere 60 Stunden andauerte.

Mit dem erfolgreichen Abstieg von Norton und Somervell war Nortons aus der Not geborener Plan einer schnellen Besteigung mit wenig Gewicht aufgegangen. Das gute Wetter hielt, und die Sherpas hatten die Zeit nicht ungenutzt verstreichen lassen, sondern die Camps mit Sauerstoff und Lebensmitteln bestückt. Noch während Nortons Versuch hatte Mallory an der Idee eines letzten Versuchs gebrütet, bevor der schwere Schneefall des Sommermonsuns einsetzen und jeden weiteren Versuch wegen eines zu hohen Lawinenrisikos unmöglich machen würde.

Mallory favorisierte noch immer den jungen und unerfahrenen Sandy Irvine als Partner. Norton war nicht grundsätzlich gegen den Versuch, hielt aber Irvine nicht für die richtige Besetzung und riet Mallory, sich für den bereits gut akklimatisierten Odell zu entscheiden. Doch Mallory war unnachgiebig und bestand auf Irvine als Partner, und Norton – der noch immer an der Schneeblindheit litt und sich äußerst unwohl fühlte – wollte den Mann, den er selbst zum Leiter der Kletterer ernannt hatte, nicht zu etwas zwingen. Noel erinnerte sich an Nortons Bedenken: „Es konnte kein Zweifel daran bestehen, daß Mallory einen verlorenen Kampf ausfocht. Ich hatte Gelegenheit, Mallory aus der Nähe zu beobachten... und ich bin der festen Überzeugung, daß er körperlich in keiner guten Verfassung war."[30]

Daß Mallory darauf beharrte, den unerfahrenen Irvine mitzunehmen, erstaunt Bergsteiger und Historiker noch heute. Einige vermuten darin die Erfüllung von Mallorys romatischer Vorstellung über die Besteigung des Everest, in der er selbst die Rolle des in die Jahre gekommenen Sir Galahad bei seinem letzten Ansturm auf den Heiligen Gral einnimmt, begleitet vom athletischen, 22jährigen Irvine, der all das zu verkörpern schien, was Mallory in seiner Jugend gewesen war.

Andere haben eine tiefere, romantische Anziehung zwischen den beiden vermutet. Sie betonen die immer intensiver werdende Freundschaft der beiden auf der Reise von Liverpool und Mallorys Umgang mit bekannten Homosexuellen in Cambridge. Zudem gab es unbestätigte Gerüchte, Mallory habe auf seiner Reise nach Kanada im Jahr 1923 eine homosexuelle Affäre gehabt. Für diese Theorie gibt es jedoch nur wenige Anhaltspunkte. Duncan Grant, ein enger Freund Mallorys, betonte immer wieder, er sei nicht bisexuell gewesen. Auch deutet bei Irvine alles darauf hin, daß er nur heterosexuelle Neigungen hatte – allen Berichten zufolge schien er sehr reges Interesse am anderen Geschlecht zu haben.

Angesichts der Auswahl, die Mallory hatte – Irvine oder Odell – ist seine Entscheidung leicht nachvollziehbar. Irvine war jung, fit und ein Experte im Reparieren der äußerst anfälligen Sauerstoffgeräte. Mallory selbst hatte zwei linke Hände. Zwar wäre er lieber ohne Sauerstoff geklettert, aber auch er hatte sich mittlerweile davon überzeugen lassen, daß im Sauerstoff der Schlüssel zum Erfolg lag. Zwar war Odell dem Titel nach zuständig für die Ausrüstung, doch es war

Irvine, der technisches Geschick bewiesen hatte und die Ausrüstung am Laufen hielt.

Am 24. April schrieb Mallory an seine Frau: „Es war klar, daß mich entweder Irvine oder Odell in der ersten Sauerstoffgruppe begleiten würden. Odell hatte zwar die Verantwortung für die Ausrüstung, aber eigentlich war Irvine die ganze Zeit über der zuständige Ingenieur. Mit löchrigen und defekten Apparaten fing er an und aus dem, was ihm zur Verfügung stand, hat er praktisch ein neues Gerät gebaut... und deshalb wird Irvine mich begleiten. Er wird ein sehr starker Gefährte sein, sehr fähig im Umgang mit dem Sauerstoff und dem Kocher. Das einzige, was mir ein wenig Sorge bereitet, ist sein Mangel an Gebirgserfahrung. Ich hoffe der Untergrund wird nicht zu schwierig sein."[31]

Mallory gab sich bezüglich Irvines Kletterfähigkeiten keinen Illusionen hin, seine Entscheidung für ihn traf er nach eingehenden Überlegungen. Da es sich außerdem um einen letzten verzweifelten Versuch handelte, ist es auch durchaus denkbar, daß Mallory jemanden dabei haben wollte, der keine seiner Entscheidungen anzweifelte. Bei früheren Besteigungen hatte Mallory manchmal eine Entschlossenheit an den Tag gelegt, die an Rücksichtslosigkeit grenzte. Das Erreichen des Gipfels war jetzt zu einer Leidenschaft geworden, die völlig von ihm Besitz ergriffen hatte. Noel hielt diese Entschlossenheit gar für ein Zeichen von Geisteskrankheit.

Außerdem gibt es gute Gründe, warum Mallory nicht mit Odell klettern wollte. Odell hatte sich im Verlauf der Expedition – vielleicht aufgrund seines Alters – nur sehr langsam an die große Höhe gewöhnt, und erst nach Mallorys

Verschwinden zeigte sich, wie hervorragend er sich akklimatisiert hatte. Odell war zudem dafür bekannt, am Morgen sehr langsam zu sein. Nach einer gemeinsamen Klettertour in Spitsbergen schrieb Tom Longstaff, Odell käme am Morgen schlecht in Fahrt, und sei erst am Nachmittag in Bestform. In Mallorys Augen war das sicher ein Nachteil, denn er wollte immer so früh wie möglich aufbrechen. Er wußte, wie wichtig ein früher Start für das Erreichen des Gipfels war. Dennoch wird Odell sehr enttäuscht gewesen sein, als er erfuhr, daß er beim letzten Versuch nicht mit von der Partie sein würde.

Irvine war zwar körperlich fit und sehr gut akklimatisiert, aber er litt noch immer unter der Sonne. Am 3. Juni notierte er: „Eine sehr unangenehme Nacht, alles Irdische schien an meinem Gesicht zu scheuern, und bei jeder Berührung fielen verbrannte und vertrocknete Hautstücke ab, was mich vor Schmerz fast aufschrien ließ."[32] Die Qualen gingen weiter, und am 5. Juni schrieb er diese letzten Zeilen in sein Tagebuch: „Alle hatten ihre Schwierigkeiten angesichts der eisigen Lufttemperatur einerseits und andererseits einer Temperatur von fast 50° Celsius in der Sonne; hinzu kamen noch die entsetzlich starken Reflexionen im Schnee. Mein Gesicht ist eine einzige Qual. Habe zwei Sauerstoffapparate für unseren Aufbruch morgen früh vorbereitet."[33]

Drei Tage lang eine Sauerstoffmaske zu tragen, muß für Irvine eine schier unerträgliche Vorstellung gewesen sein, aber er zweifelte nicht einen Moment daran, seinen Freund und Lehrer auf dieser letzten Tour zu begleiten.

Am Morgen des 6. Juni aßen Mallory und Irvine zum Frühstück eine Büchse Sardinen, schnallten ihre doppelten

‚EINE TRISTE WELT …'

Sauerstoffflaschen auf den Rücken und bereiteten ihren Aufbruch in Camp V vor. Acht Sherpas begleiteten sie. Odell machte noch eine letzte Aufnahme der beiden. Es war ein stiller Aufbruch, über dem eine unheilvolle Stimmung lag. Um 5 Uhr nachmittags kehrten vier Sherpas ins Lager zurück und überbrachten die Nachricht von Mallory, sie seien sicher in Camp V angekommen. Auf der hingekritzelten Notiz stand auch noch: „Kein Wind hier. Sieht vielversprechend aus."[34]

Am nächsten Tag stiegen die beiden Engländer mit den vier verbliebenen Sherpas auf eine Höhe von 8168 Metern zu Camp VI auf – einem einsamen Zweimannzelt an der Nordwand des Everest. Die vier Sherpas setzten ihre Last ab und kehrten in Camp V zurück, wo sie Odell trafen, der von Camp IV nachgestiegen war, um Mallory und Irvine zu unterstützen. Sherpa Lakpa berichtete Odell, die beiden wären bei Kräften und es ginge ihnen gut. Er hatte zwei Nachrichten von Mallory dabei – eine für Odell und eine für John Noel.

Lieber Odell,
Es tut uns schrecklich leid, daß wir alles in einer solchen Unordnung zurückgelassen haben – unser Kocher ist im letzten Moment den Hang hinuntergerollt. Geh morgen zurück in Camp IV, hoffentlich bevor es dunkel wird. In Zelt I muß ich einen Kompaß liegengelassen haben – nimm ihn um Gottes willen an Dich; wir haben keinen hier oben. Von jetzt an werden wir aufgrund des Luftdrucks von 90 Atmosphären die nächsten zwei Tage Sauerstoff einsetzen müssen, wahrscheinlich beide Flaschen – ein verdammtes Gewicht beim Klettern. Perfektes Wetter für unser Vorhaben.
Dein G. Mallory[35]

> Lieber Noel,
> Wir werden morgen (am 8.) wegen der klaren Sicht wahrscheinlich sehr früh aufbrechen. Es wird um 8.00 Uhr abends (Er meinte natürlich morgens.) nicht zu früh sein, nach uns Ausschau zu halten, entweder bei der Überquerung des Felsgürtels oder beim Aufstieg den Nordostgrat entlang.
> Dein G. Mallory[36]

Die beiden übernachteten in Camp VI. Es war ihre letzte Nacht. Alles stand zu ihren Gunsten: Sie hatten genügend Proviant und eine gute Ausrüstung, ausreichend Sauerstoff, das Wetter sah vielversprechend aus; der Himmel war blau, der Wind hatte nachgelassen, und es war auch nicht besonders kalt: perfekte Aussichten also für einen Gipfeltag.

Am nächsten Morgen, dem 8. Juni, brachen die beiden auf. Keiner weiß genau, um wieviel Uhr sie sich auf den Weg gemacht haben, aber Mallory war für seine frühen Aufbrüche bekannt, und man kann praktisch ausschließen, daß die beiden in solch großer Höhe, wo selbst der geringste Schlaf als Gnade anzusehen ist, verschlafen haben. Wahrscheinlich wird er versucht haben, gegen 6 Uhr aufzubrechen, auch wenn das bedeutete, um 4 Uhr früh aufzustehen, um sich anzuziehen, zu essen und die müden Füße in die gefrorenen Lederstiefel zu quetschen. Als Odell später am selben Tag das Camp erreichte, fand er im Zelt jedoch das reinste Chaos vor. Er schloß daraus, daß ihr Aufbruch an diesem Morgen nicht reibungslos verlaufen sein konnte.

Weiter unten machte sich um 6 Uhr auch Odell auf den Weg. Von Camp V stieg er hinauf zu Camp VI und nahm

Proviant mit, für den Fall, daß die anderen nicht mehr genügend zu essen haben sollten. Der Himmel war klar, doch um 8 Uhr zogen von Westen her Wolken auf, die ihm die Sicht auf den Nordostgrat nahmen, der zum Gipfel hinaufführt. Aber die Nebelschwaden waren nur dünn und der Himmel ansonsten klar, so daß man annehmen mußte, daß sich die höher gelegenen Teile des Berges in der Sonne befanden: „... Man konnte eine gewisse Helligkeit erahnen, was auf momentan klare Sicht in der oberen Hälfte schließen ließ. Ich war so überwältigt, daß ich mir wegen Mallorys und Irvines Weiterkommen von Camp VI keine Sorgen machte. Ich hoffte, sie würden sich schon auf dem letzten Stück der Pyramide befinden." [37]

Das Wetter hielt: Der Wind blies schwach, es schneite nur gelegentlich. Odell hielt nach Fossilien Ausschau. Als er auf einer Höhe von etwa 7925 Metern angekommen war, entdeckte er eine Felsspitze, die er bestieg, obwohl er sie auch hätte umgehen können. Er sah auf die Uhr. Es war 12.50 Uhr. Die Wolken verschwanden, und vor ihm lag der ganze Gipfel. Odell sah Mallory und Irvine auf dem Grat – ein Anblick, der die Nachwelt nicht mehr losgelassen hat. Odell änderte seine Schilderung später, nachdem man ihn intensiv befragt hatte, doch wahrscheinlich ist seine erste Schilderung noch immer die verläßlichste:

„Plötzlich klärte sich die Atmosphäre auf, und der gesamte Gipfelgrat und der Gipfel des Everest waren zu sehen. Meine Augen hefteten sich auf einen winzigen schwarzen Punkt auf dem verschneiten Kamm unterhalb einer Felsstufe; der schwarze Punkt bewegte sich. Ein weiterer schwarzer Punkt wurde erkennbar, bewegte sich durch den Schnee auf den anderen zu. Der erste näherte sich daraufhin der Felsstufe und tauchte kurze Zeit später oben auf; ebenso der zweite. Dann verschwand dieser phantastische Anblick erneut in einer Wolke.

Dafür gab es nur eine Erklärung. Es konnte sich nur um Mallory und seinen Gefährten handeln – dessen war ich mir trotz der großen Distanz völlig sicher. Sie bewegten sich schnell vorwärts, weil sie zweifellos wußten, daß ihnen nicht mehr allzu viele Stunden Tageslicht blieben, um den Gipfel von ihrer jetzigen Position aus zu erreichen und noch vor Einbruch der Nacht in Camp VI zurückzukehren. Die Stelle auf dem Grat, um die es hier geht, ist eine herausragende Felsstufe in unmittelbarer Nähe des Fußes des letzten Pyramidenabschnitts, und es ist von großer Bedeutung, daß sie diese Stelle erst so spät passierten. Nach Mallorys Zeitplan hätten sie schon einige Stunden früher dort vorbeikommen müssen – falls sie zum vorgesehenen Zeitpunkt aufgebrochen waren."[38] Wolken zogen auf, und die beiden Bergsteiger wurden danach nie mehr gesehen. Odell vermutete sie auf einer Höhe von 8 610 Metern und erzählte, daß sie schnell und entschlossen Richtung Gipfel unterwegs waren.

Odells Bericht hat die Nachwelt gleichermaßen fasziniert und enttäuscht. Im Verlauf mehrerer Befragungen über die Jahre hinweg hat er seinen ursprünglichen Bericht immer mehr zurückgenommen und abgeändert. Doch sein erster Bericht ist immer noch der genaueste und klarste: „Der *gesamte* Gipfelgrat und der Gipfel des Everest waren sichtbar." Er beharrte darauf, daß er „trotz der großen Distanz" alles deutlich erkennen konnte, und war sich sicher, die Bewegungen zweier Menschen auf einer Schneedecke zu erkennen, und das mehrere Minuten lang.

Einige Autoren haben Odells Beobachtung als Phantasiegebilde abgetan und behauptet, er habe Vögel gesehen, die um die Felsen kreisten. Aber Odell war ein erfahrener Geologe, der darin geschult war, die Bergwelt genauestens zu beobachten. Außerdem war er gut akklimatisiert und hatte sehr scharfe Augen (Selbst in fortgeschrittenem Alter brauchte er keine Brille!). Daß er die beiden schwarzen Silhouetten vor einem verschneiten Hintergrund sah, spricht für seine Aussage, daß er sie deutlich erkennen konnte.

Läßt man Odells Beobachtung gelten, stellt sich die Frage, an welcher Stelle des Grats sich die beiden Bergsteiger um 12.50 Uhr befanden. Waren sie in der Nähe des First Step? Falls ja, dann waren sie sehr spät dran gewesen, um den Gipfel zu erreichen. Waren sie am Second Step? Das ist sehr unwahrscheinlich, da kein Kletterer dieses Hindernis so schnell und leicht überwinden kann. Oder waren sie bereits am Third Step, wie Audrey Salkeld in ihrem Buch behauptet? Sollte das stimmen, waren die beiden dem Gipfel näher, als Odell vermutete. Dann hätten ihnen nur noch 150 Meter zum Ziel gefehlt. Nachdem er die beiden aus den Augen verloren hatte, stieg Odell weiter den Berg hinauf und erreichte um 2 Uhr nachmittags Camp VI. Es fing an zu schneien und ein eiskalter Wind war aufgekommen. Im Zelt herrschte das reinste Chaos, wie Mallory bereits in seiner Nachricht angekündigt hatte – Essensreste und Teile der Sauerstoffausrüstung lagen überall herum.

Odell besah sich genau die Sauerstoffausrüstung, die vor dem Zelt lag. Eine Flasche und Teile des Reglers befanden sich im Zelt, doch die Tragegestelle aus Aluminium lagen davor. Vielleicht hatte Irvine an einem defekten System arbeiten müssen, und ihr Aufbruch hatte sich deshalb verzögert. Allerdings sollte man annehmen, daß sich alle Teile zusammen im Zelt befunden hätten, falls wirklich eine Reparatur nötig gewesen wäre.

Denkbar war aber auch, daß Mallory die Flaschen ins Zeltinnere schleppte, um mit Sauerstoff zu schlafen. In diesem Fall hätte er den Rahmen wahrscheinlich draußen gelassen, weil er nur den ohnehin schon geringen Platz im Zelt weggenommen hätte. Im Schlaf Sauerstoff zu atmen, war sicher angenehm, aber was sie in der Nacht verbrauchten, hätte ihnen am Tag für den Anstieg zum Gipfel gefehlt. Andererseits war ein Sauerstofflager aus dem Jahr 1922 nicht weit von hier entfernt, und es ist möglich, daß Mallory diese Reserveflaschen entdeckt hatte und sie nutzte, um ihre geringen Reserven zu ergänzen.

Odell sah auch, daß Mallory die Leuchtsignale im Zelt liegengelassen hatte (vielleicht aus Gewichtsgründen). Daß er aber auch seine Lampe zurückgelassen hatte, entging seiner Aufmerksamkeit. (Sie wurde erst von der Expedition 1933 entdeckt.)

Im Verlauf des Nachmittags verschlechterte sich das Wetter: Der Wind frischte stark auf, es schneite und die Sicht wurde schlecht. Odell wartete über eine Stunde im Zelt, in der Hoffnung, das Wetter würde sich wieder bessern. Da er annahm, Mallory und Irvine würden unter diesen Bedingungen

‚EINE TRISTE WELT ...'

umkehren, stieg er weitere 60 Meter höher und begann, nach den beiden zu rufen und zu jodeln. Keine Antwort. Er wartete weiterhin, doch irgendwann mußte auch er wieder ins Lager zurückkehren. Der Schneesturm dauerte zwei Stunden, dann kam die Sonne wieder hervor, der Wind ließ nach, und die dünne Schicht Neuschnee begann zu schmelzen. Odell suchte mit den Augen den Grat ab, konnte aber keine Spur seiner Kollegen entdecken.

Mallorys Anweisungen waren deutlich gewesen: Odell sollte am Abend in Camp IV zurückkehren und dort ihre Rückkehr abwarten. Deshalb brach Odell um 16.30 Uhr auf und stieg schnell hinunter bis zum North Col, wobei er sich immer wieder umdrehte und die höher gelegenen Hänge nach den vermißten Bergsteigern absuchte. In Camp IV stieß er auf Hazard und berichtete ihm, was geschehen war. Noch machte sich Odell keine allzu großen Sorgen. Seine Gedanken kreisten eher um die Frage, ob sie es geschafft hatten und weniger um ihr Wohlergehen.

Die ganze Nacht über behielten sie den Grat im Auge, in der Hoffnung, eine Spur von Mallory oder Irvine zu entdecken. Aber da Mallory sowohl seine Lampe als auch sein Leuchtsignal in Camp VI zurückgelassen hatte, blieb ihm gar keine Möglichkeit, auf sich aufmerksam zu machen. Am Morgen brach Odell mit zwei Sherpas auf. Die erste Nacht verbrachten sie in Camp V, dann stiegen sie mit Sauerstoffgeräten hinauf in Camp VI. Das Camp sah noch genauso aus, wie Odell es verlassen hatte. Von Mallory oder Irvine fehlte jede Spur.

Odell stieg höher, in der Hoffnung, irgendeinen Hinweis darauf zu erhalten, was Mallory und Irvine passiert war, doch es waren bereits 50 Stunden vergangen und noch immer hatten sie keinen Anhaltspunkt. Nach zwei Stunden brach er die Suche ab, um den Rest der Expedition über die Tragödie in Kenntnis zu setzen. Er breitete in Form eines „T" zwei Schlafsäcke auf dem Schnee aus – das vereinbarte Zeichen für ein Unglück in Camp IV.

Odell nahm Mallorys Kompaß an sich, ebenso wie ein von Irvine verändertes Sauerstoffgerät, verschloß das Zelt in Camp VI und machte sich zum letzten Mal an den Abstieg. Norton, Bruce, Noel und Hingston warteten in Camp III voller Sorge auf die ersten Nachrichten von den Bergsteigern. Als Odell am North Col eintraf, übermittelte er ihnen mit sechs großen Tüchern in Form eines Kreuzes die Nachricht.

Die anderen Bergsteiger im Camp III sahen das Zeichen und wußten, daß es keine Hoffnung mehr gab. John Noel erinnerte sich: „Captain Norton stand neben mir. Er war schneeblind, seine Augen bandagiert. Ich hielt wie gewohnt meine Kamera auf die Sherpas weit über uns am North Col. Gleichzeitig blickte ich durch mein starkes Teleskop. Und dann geschah das, was wir alle am meisten gefürchtet hatten. Ich sah, wie die Sherpas Tücher ausbreiteten und dann mit ihren eigenen Körpern ein Kreuz auf dem Schnee darstellten. Ich konnte es nicht glauben. Immer wieder sah ich durch das Teleskop, in der Hoffnung, ein anderes Signal zu erkennen... Norton wartete darauf, daß ich ihm berichtete, was ich sah... aber ich hatte einfach nicht den Mut, es ihm zu sagen. ‚Was ist es?'

fragte er immer wieder. Die Sherpas verrieten ihm schließlich, daß es sich um ein Kreuz handelte."³⁹

Einen Moment lang war Norton versucht, eine kleine Truppe den Rongbuk Gletscher hinauf bis zum Fuß des Berges zu schicken, falls die beiden die Nordwand hinuntergestürzt sein sollten, aber schon bald sah er ein, wie sinnlos diese Idee war und gab sie wieder auf. Die Chance, noch irgendwelche Spuren von den Vermißten zu finden, war mittlerweile äußerst gering, zudem war auch kein Bergsteiger mehr übrig, dessen körperliche Verfassung es erlaubt hätte, ihn noch einmal in den Berg zu schicken. Die Expedition von 1924 war damit beendet.

Norton erinnert sich: „Wir waren eine traurige kleine Gruppe. Den Verlust unserer Kameraden akzeptierten wir mit der stoischen Haltung, die unsere Generation im Weltkrieg erworben hatte, und es gab keinerlei Anflug eines morbiden Lamentierens über das Unabänderliche. Doch die Tragödie ging uns sehr nahe. Die leeren Zelte unserer Freunde und die leeren Plätze am Tisch erinnerten uns immer wieder daran, wie die Atmosphäre im Lager hätten sein können, wenn alles gut gegangen wäre... das Gefühl des Verlusts war sehr stark zu spüren, und bis zum Tag des Aufbruchs hing eine finstere Wolke über dem Basislager."⁴⁰

Sir Francis Younghusband schrieb den Bergsteigern: „Wo und wann sie starben, wissen wir nicht. Aber dort, in den Armen des Mount Everest, werden sie für immer ruhen – 10 000 Fuß höher als irgendein Mensch je die ewige Ruhe fand. Der Everest bezwang ihre Körper. Doch ihr Geist ist unsterblich. Von heute an wird kein Mensch mehr einen Gipfel im Himalaya besteigen, ohne dabei an Mallory und Irvine zu denken."[41]

KAPITEL ACHT

‚Ein Berg des schönen Gedenkens'

‚Der Gedanke an die Heldentaten läßt unsere Herzen höher schlagen. Erbarmungsloser Everest – unser Schrecken – für sie bleibst du für immer wunderbar.'

Nachruf George Mallory von Geoffrey Winthrop Young

Ruth Mallory war in Cambridge, als sie einen Brief ihres Mannes erhielt, den er am 24. April 1924 geschrieben hatte: „Das Telegramm, das unseren Triumph verkündet, so es denn einer wird, wird dich noch vor diesem Brief erreichen, nehme ich an. Aber es werden keine Namen darauf stehen. Du wirst nur hoffen können, daß ich einer der siegreichen Bezwinger gewesen bin! Ich denke, du wirst nicht enttäuscht sein. Dein dich immer liebender George." [1]

In der Tat wurde ein Telegramm aus Tibet abgeschickt, doch mit anderem Inhalt, als Mallory vermutet hatte. Drei Tage, nachdem die Bergsteiger zuletzt gesehen worden waren, schickte Norton einen Kurier mit einer verschlüsselten Nachricht vom Basislager nach Phari Dzong. Der Text lautete „obterras london – mallory irvine nove remainder alcedo – norton rongbuk." [2]

Hinks erreichte das Telegramm in seinem Büro der *RGS* am Morgen des 19. Juni. Dechiffriert bedeutete die Nachricht, daß Mallory und Irvine beim letzten Gipfelansturm gestorben waren, der Rest der Expedition sich aber sicher im Basislager befand. Leider erfuhr die Presse von dieser Nachricht, bevor Hinks die Familien der beiden Toten informieren konnte. Ruth Mallory hörte zum ersten Mal vom Tod ihres Mannes, als ein Journalist in ihrer Haustür stand und sie um eine Stellungnahme bat. Völlig benommen von dieser Nachricht und der Art, in der sie ihr überbracht wurde, zog sie sich zurück und machte mit ein paar engen Freunden eine lange Wanderung.³

Am folgenden Tag veröffentlichte das Everestkomitee eine Pressemeldung und schickte zugleich ein Telegramm an die Expedition nach Tibet: „Komitees Glückwünsche zu heldenhaften Erfolgen ganzer Expedition, heute veröffentlicht, besondere Würdigung perfekter Führung. Alle tief bewegt vom Heldentod der in Gipfelnähe vermißten Kletterer. Beste Wünsche, schnelle Erholung, Gesundheit. Collie."⁴ Douglas Freshfield (ein früherer Präsident des *Alpine Club*) nahm Anstoß am unpassenden Ton des Telegramms. Obwohl Norman Collie, der damalige Präsident, es unterzeichnet hatte, vermutete Freshfield Hinks hinter dem Text. Er schrieb ihm: „Das Wort ‚Glückwünsche' ist einigen Leuten im Hals steckengeblieben."⁵

Samstags erfuhr Arthur Benson, Mallorys Betreuer in Cambridge, aus der Zeitung von seinem Tod, und ihm war gar nicht danach zumute, „den Heldentod" seines ehemaligen Studenten zu feiern: „Es ist eine große Tragödie. Ich glaube

‚EIN BERG DES SCHÖNEN GEDENKENS'

zwar, Menschen haben das Recht, ihr Leben zu riskieren – aber das ist seine dritte Expedition, und er hatte eine Frau und zwei [sic] Kinder..."[6]

Die Nachricht schockierte ganz England. Bis in den Juli hinein trafen private und öffentliche Beileidsbekundungen ein, darunter auch ein Kondolenzschreiben von König George V. In der Charterhouse School erinnerte der Direktor Frank Fletcher an seinen ehemaligen Kollegen: „Als treuer Freund wird er uns im Gedächtnis bleiben, voller Stärke und Ausdauer, mit seinem Hang zum Abenteuer, seiner Liebe für die Schönheit und alle schönen Dinge, in der sich die Liebe Gottes zeigt."[7]

Kein Bergsteiger, weder zuvor noch seither, ist jemals so geehrt worden. Am 17. Oktober fand in der St. Paul's Cathedral eine Trauerfeier statt, an der Verwandte und Freunde, Mitglieder der *Royal Geographical Society* sowie des *Alpine Club,* aber auch Würdenträger wie der König, der Prinz von Wales, die Herzöge von York und Connaught oder Prinz Arthur von Connaught teilnahmen. In seiner Würdigung betonte der Bischof von Chester Irvines erstaunliche Leistungen als junger Bergsteiger, seinen Humor und seine unglaubliche Hilfsbereitschaft bis zur Selbstaufgabe.[8]

Am selben Abend veranstalteten die *RGS* und der *AC* ein gemeinsames Treffen in der Royal Albert Hall, auf dem Norton über Mallory sprach: „Ein Feuer loderte in ihm, und es machte aus ihm einen der beiden großen Gegenspieler, die der Everest je hatte... Sein Tod entriß uns einen treuen Freund, einen großartigen Bergsteiger und einen waghalsigen Gentleman."[9]

Mallorys langjähriger Freund Geoffrey Keynes schrieb an Ruth: „Ich wußte schon lange, daß so etwas geschehen würde, aber das macht es auch nicht leichter zu ertragen... Du bist vielleicht der einzige Mensch, der weiß, wie sehr ich George geliebt habe, und deshalb glaube ich auch eine Vorstellung davon zu haben, was Du erleidest."[10] Eine Woche später schrieb Geoffrey Winthrop Young: „Ich war in Frankreich, und solange wir nicht mehr wußten, konnte ich auch nicht schreiben. Auch jetzt kann ich es eigentlich noch nicht: Ich empfinde eine große Taubheit durch den Schmerz, und doch ist es nur der Schatten Deiner Trauer, denn man kann sich Dich alleine gar nicht vorstellen. Ein unaussprechlicher Stolz liegt in diesem herrlichen Mut und dieser Ausdauer, diesem freudigen und äußersten Triumph eines menschlichen Geistes über alles Gepränge, alle Widerstände des Vergänglichen. Und der unaussprechliche Verlust..."[11]

Ruth antwortete Young: „Ich glaube nicht, daß mich sein Tod auch nur im geringsten stolzer macht auf ihn. Sein Leben ist es, das ich liebte und noch immer liebe. Ich war mir so sicher, daß es ihm nie an Mut oder Aufopferung gemangelt hat. Ob er den Gipfel des Bergs erreicht hat oder nicht, ob er lebt oder tot ist, all das ändert nichts an meiner Bewunderung für ihn. Ich glaube, den Schmerz habe ich abgesondert. Er ist so groß, und er wird so lange bleiben.... Oh Geoffrey, wäre es doch nie geschehen! So leicht hätte es verhindert werden können."[12]

Auch das Leben von William und Lilian Irvine war zerstört. Mochte Sandy Irvine noch ein gewisses Faible für die Gefahren einer Gipfelbesteigung mitgebracht haben, seine

‚EIN BERG DES SCHÖNEN GEDENKENS'

Eltern hatten nichts dafür übrig, und die Nachricht seines Todes war für sie ein fürchterlicher Schlag. Jede Nacht, bis zu ihrem Tod, zündete Irvines Mutter eine Kerze an und stellte sie auf die Veranda vor dem Haus, in der vergeblichen Hoffnung, alles möge nur ein schrecklicher Irrtum sein und ihr Sohn würde eines Abends nach Hause kehren. Dann sollte ihm ein Willkommenslicht entgegenleuchten.

Auch die in Tibet verbliebenen Bergsteiger mußten die Erlebnisse verarbeiten. Drei Tage, nachdem sich die Tragödie ereignet hatte, schrieb Somervell vom Basislager aus: „Keine neuen Nachrichten. Es ist beunruhigend. Ein paar Leute sind zurück ins Lager gekommen, sehr pessimistisch. Es ist sehr enttäuschend, wenn man denkt, daß Mallory und Irvine es vielleicht nicht geschafft haben – aber vielleicht kommen sie niemals wieder. Vielleicht sind sie gar tot. Mein Freund und Bergsteigerkollege Mallory, mein Seelenverwandter – tot? – Ich kann es nicht glauben."[13] Im Lauf der Zeit versuchte er sich rational mit dem Tod auseinanderzusetzen: „Es gab nur zwei Möglichkeiten – Unfall oder Unfähigkeit. Es ist schrecklich. Doch es gibt wenig bessere Todesarten, als bei einer großen Kraftanstrengung zu sterben, und der Everest ist das schönste Kenotaph für zwei der besten Männer."[14] Vor dem Abzug aus dem Basislager errichteten die Bergsteiger eine vier Meter hohe Steinpyramide als Denkmal für alle, die auf den drei Everestexpeditionen ihr Leben verloren hatten: im Jahr 1921 Dr. Kellas, 1922 sieben Sherpas, und 1924 Shamsher, Manbahadur, Mallory und Irvine.

Norton schrieb an den Sekretär des *Alpine Club:* „Ich leide sehr unter dem Verlust von Mallory und Irvine. Mallory und ich teilten wochenlang dasselbe Zelt. Er war mehr als meine rechte Hand in allem, was den Berg betraf. Er ging mit mir durch dick und dünn. Und der junge Irvine war ein echter Siegertyp. Ich wäre überglücklich, wenn sie es vor ihrem Ende wenigstens noch geschafft haben." [15]

Natürlich gab es unter den Bergsteigern verschiedene Meinungen darüber, wie Mallory und Irvine zu Tode gekommen waren. Odell war der einzige, der glaubte, sie seien vor Erschöpfung gestorben, nachdem sie den Gipfel erreicht und beim Abstieg von der Dunkelheit überrascht worden waren. Die anderen glaubten, Mallory und Irvine seien einfach abgestürzt, wahrscheinlich beim Abstieg. Aber Norton konnte sich einfach nicht vorstellen, daß Mallory vor Erschöpfung aufgegeben hatte.

Als Norton Hinks von dem Unglück berichtete, achtete er darauf, sich so auszudrücken, daß die Schuld am Tod der beiden weder bei ihnen selbst noch bei der Ausrüstung gesucht werden konnte: „Ich habe keine Zweifel daran, daß die beiden angeseilt waren – einer von beiden rutschte wohl ab und riß den anderen mit. Ich selbst war schon einmal in der Nähe der Stelle, an der sie zuletzt gesehen wurden. Das ist ein äußerst gefährlicher Abschnitt – jeder Fels ist nach außen abschüssig, und mit einer Schicht Pulverschnee darauf, wie es an jenem Tag der Fall war, kann das äußerst heikel werden. Ich denke nicht, daß wir die Sauerstoffausrüstung dafür verantwortlich machen können." [16]

Hinks, der ja schon von Anfang an gegen den Einsatz von Sauerstoff gewesen war, beabsichtigte die Teilnehmer der Expedition eingehend zu befragen, sobald sie wieder

‚EIN BERG DES SCHÖNEN GEDENKENS'

in London eingetroffen waren, und so herauszufinden, ob Defekte an der Sauerstoffausrüstung in irgendeiner Weise für den Tod der Bergsteiger verantwortlich gemacht werden konnten. Aber ohne konkrete Beweise gelang es dem Everestkomitee nicht, zu einer einhelligen Meinung zu kommen, und schon gar nicht, gegen den Hersteller der Sauerstoffgeräte juristisch vorzugehen. Das Unternehmen wies außerdem ausdrücklich darauf hin, daß Irvine die Ausrüstung technisch verändert hatte, und man unterstellte ihm, er habe auch in einem Teil des Systems, in dem hoher Druck herrschte, Leitungen verwendet, die nur für geringen Druck zugelassen waren. Dadurch hätte es zu undichten Stellen kommen können. So verzichtete das Komitee auf gerichtliche Schritte.

Natürlich gab es zwischen den Bergsteigern und dem Everestkomitee eine heftige Kontroverse darüber, ob Mallory und Irvine den Gipfel erreicht hatten. Odell zweifelte nicht daran: „Ich halte es für sehr wahrscheinlich, daß sie es geschafft haben." [17] An dieser Überzeugung hielt er bis an sein Lebensende im Alter von 99 Jahren fest. Auch Charlie Bruce glaubte an ihren Erfolg und schrieb an Hinks: „Ich glaube, (Odell) hat recht mit seiner Annahme, daß Mallory und Irvine den Gipfel erreicht haben und sich bereits wieder beim Abstieg befanden, als das Unglück sie wahrscheinlich schon bei Dunkelheit ereilte." [18]

Auch Tom Longstaff war dieser Auffassung: „Im letzten Brief, den ich von Mallory erhielt, schrieb er: ‚Diesmal segeln wir mit Gottes Hilfe bis auf den Gipfel – oder wir stapfen bis oben hinauf und kämpfen gegen den Wind an.' Ich würde keine bloße Prahlerei zitieren, denn es war alles andere als das – sie haben es geschafft. Jedem Bergsteiger ist klar, daß sie es geschafft haben... Das Altern bleibt ihnen jetzt erspart, und ich bin mir sicher, sie wollten mit keinem von uns tauschen."[19]

Auch Mallorys alte Freunde äußerten ihre Überzeugung, daß die beiden den Gipfel erreicht hatten. Geoffrey Young schrieb: „Ich persönlich glaube (wie übrigens die meisten), daß sich der Unfall beim Abstieg ereignet hat. Und wenn das der Fall ist, dann wurde der Gipfel zum ersten Mal bestiegen – weil Mallory Mallory ist."[20] Auch David Pye und Lady O'Malley waren dieser Ansicht, ebenso wie John Noel, wenn auch aus anderen Gründen.

Andere waren sich weniger sicher. Douglas Freshfield hielt den Plan, nur zwei Bergsteiger ohne Unterstützung Richtung Gipfel zu schicken, ausschließlich bei niedrigeren Bergen für die richtige Taktik. Bei großen Anstiegen fand er es „völlig irrig, wenn nicht gar selbstmörderisch".[21] Auch Norton war nicht überzeugt: „Nichts ist ‚bewiesen'. Mehr kann man dazu nicht sagen."[22] Diese beiden Aussagen machten diejenigen wütend, die an den Erfolg glaubten. Voll Zorn schrieb Young an Freshfield und stellte die Motivation derjenigen in Frage, die an Mallorys und Irvines Erfolg zweifelten: „Natürlich wird es immer Leute geben, die ein Interesse daran haben, Zweifel zu säen, und zwar deshalb, weil sie selbst den Gipfel in dem Glauben besteigen möchten, die ersten zu sein."[23]

Ob Mallory und Irvine den Gipfel erreicht hatten oder nicht, machte auch in finanzieller Hinsicht einen großen Unterschied. Laut Vertrag mit der *Times* mußte die Zeitung bei erfolgreicher Besteigung des Everest dem Komitee weitere

‚EIN BERG DES SCHÖNEN GEDENKENS'

1 000 Pfund zahlen. Das Interesse an Veröffentlichungen über die Everestbesteigung war immens, und die *Times* hatte nichts dagegen, den „Gipfelbonus" zu zahlen, solange man sich auf eine Version einigen konnte, doch davon war das Komitee noch weit entfernt. Hinks schrieb an die *Times:* „Wir hoffen alle, daß sie den Gipfel erreicht haben. Wir stellen uns lieber vor, daß sie dort oben geblieben sind und nicht nach dem Sturz in die Tiefe auf dem Rongbuk Gletscher liegen. Aber wie soll man darauf eine endgültige Antwort finden? Sie werden sicher Verständnis dafür haben, daß es dem Komitee unmöglich ist, in dieser Frage eine eindeutige Position zu beziehen." [24]

John Noel behauptete weiterhin felsenfest, Mallory und Irvine hätten den Gipfel erreicht, aber die Gründe für diese Annahme waren und blieben mysteriös. Kurz vor seinem Tod im Jahre 1989 erzählte er eine interessante Geschichte. Einige Tage nach dem Tod von Mallory und Irvine besuchte Noel das Kloster in Rongbuk und nahm einen Gegenstand aus dem persönlichen Besitz von Andrew Irvine mit. Man führte ihn in eine dunkle Kammer, in der sich ein Mönch auf den Gegenstand konzentrierte. Auf der kahlen Wand entstand ein Bild, fast wie von einem Filmprojektor – wie es schien, allein durch die Gedankenkraft des Mönchs. Noel verglich das Bild mit dem einer blassen Schwarzweißprojektion.

„Man konnte Mallory und Irvine erkennen. Dem Gipfel, der nur wenig über ihnen lag, hatten sie den Rücken zugekehrt. Sie waren beim Abstieg. Mallory stürzte unterhalb der letzten Pyramide in eine Spalte und starb. Irvine stieg weiter hinunter, starb aber schließlich vor Erschöpfung (...) Als ich diese

Bilder mit meinem Film verglich, sah ich, daß sich die Spalte zwischen dem *Yellow Band* und der letzten Pyramide befand. Dort ist Mallory, Andy Irvine weiter unten. Nur weil sie beim Abstieg waren, belegt natürlich immer noch nicht, daß sie es geschafft haben, obwohl der Gipfel wirklich sehr nah war. Außerdem war das, was ich gesehen hatte, nicht gerade das, was man wissenschaftlich nennen würde... Wer würde einem so etwas schon glauben?" [25]

In den Jahren nach dem Tod der beiden Bergsteiger kursierten immer mehr dieser parapsychologischen Geschichten. Das war nicht besonders verwunderlich, da jeder von ihrem unglücklichen Ende wußte und Spiritualismus damals in England äußerst populär war.

Eine dieser Geschichten erzählte der österreichische Bergsteiger Frido Kordon. Nachdem er 1926 an einer von seinem Sohn geleiteten Séance teilgenommen hatte, behauptete Kordon, Mallory und Irvine hätten den Gipfel um 5 Uhr nachmittags erreicht. Irvine sei kurz darauf zusammengebrochen und gestorben. Mallory habe ihn begraben und die Stelle mit einer Steinpyramide markiert. Kaum hätte Mallory mit dem Abstieg begonnen, sei auch er gestürzt und ums Leben gekommen.

Andere ähnliche Versionen waren weit verbreitet, aber Jahre später erwies sich eine davon auf schauerliche Weise als wahr – zumindest in einigen Details. Ein Mann namens Williamson nahm Kontakt zu John Noel auf und behauptete, in spirituellem Kontakt zu Andrew Irvine zu stehen. Dieser habe ihm berichtet, daß die beiden den Gipfel erst spät am Tag erreicht hätten. Beim Abstieg ohne Seil sei Mallory in den Tod gestürzt. Irvine habe völlig erschöpft in der Eiseskälte den Berg alleine hinabsteigen müssen. Vor lauter Müdigkeit habe er sich auf einer Felsplatte niedergelassen, um sich ein wenig zu erholen. Den Eispickel habe er neben sich gelegt. Zusammengekauert und vor Kälte zitternd, sei ihm Mallory erschienen, der sagte: „Auf geht's, Junge, wir müssen weiter." Odell fand die Geschichte einleuchtend, weil sie erklärte, wieso Irvines Eispickel auf einer Felsplatte nur wenig unterhalb des Grats lag.

Mallorys Biographin Audrey Salkeld berichtet, wie Ruth Kontakt zu ihrem toten Mann herstellte.[26] Eines Tages erhielt Ruth Post von Will Arnold Forster, einem engen Freund der Familie. Forster hatte Mallory lange gekannt und war überzeugt davon, daß er mit ihm bei einer spirituellen Sitzung durch „Tischerücken" Kontakt aufgenommen hatte. Als sich der Tisch bewegte und die Buchstaben „g·e·o" schrieb, fragte Will: „Bist du das, George?" „y·e·s" lautete die Antwort. Dann fragte er ihn, wo er war, als seine Seele in eine andere Welt wechselte. „t·h·e·t·o·p." „George", fragte er weiter, „soll ich dem Everestkomitee etwas von dir ausrichten?" Die rätselhafte Antwort lautete: „o·r·g·a·n·i·c e·x·h·a·u·s·t·i·o·n (körperliche Erschöpfung)."

Als Ruth davon hörte, reiste sie nach Cornwall, um Forster und seine Frau zu besuchen. Gemeinsam versuchten sie erneut, Kontakt zu Mallory herzustellen. „Weißt du, wer hier ist?" fragte Will. „r·u·t·h", lautete die Antwort. Ruth stellte George mehrere Fragen – ob er spüre, wenn sie an ihn denke und ob er wisse, wie es ihr und den Kindern ging. Daß er die Fragen bejahte, war ihr ein großer Trost.

„Bist Du beschäftigt?" fragte sie ihn. Sie erhielt ein „y·e·s" als Antwort.

Nach den tragischen Ereignissen von 1924 verweigerte der Dalai Lama allen Bergsteigern, die zum Everest wollten, die Einreise. Major Frederick Bailey, der jetzt für die diplomatischen Beziehungen mit Tibet zuständig war, hatte während seiner Amtszeit einige Mißverständnisse zu beseitigen, unter anderem auch im Zusammenhang mit der Aufregung über Herons geologische Grabungen 1921 und dem Tod von sieben Sherpas 1922. Jetzt braute sich der nächste Ärger zusammen. John Noels Film über die Expedition war erschienen, und die Tibeter waren mit einigen Sequenzen nicht einverstanden. Außerdem mißfiel ihnen, daß ihre Mönche vor den Vorstellungen in englischen Kinos Musik machten und tanzten. Sie waren empört darüber, daß ihre Religion zu einer Bühnennummer degradiert wurde und legten bei der britischen Vertretung offiziell Beschwerde ein.

Bailey, der selbst schon viele unbekannte Länder bereist hatte, machte sich Sorgen um die Auswirkungen der Everestexpeditionen auf die empfindliche tibetische Kultur und Wirtschaft. In Gestalt der neuesten Auseinandersetzung schienen sich seine schlimmsten Befürchtungen zu bewahrheiten.

Am 1. Januar 1925 schrieb er an Hinks: „Es kann gar kein Zweifel daran bestehen, daß es in Tibet niemanden gibt, dem diese Expeditionen willkommen sind. Genehmigungen werden nur aus reiner Freundlichkeit uns gegenüber erteilt, und die wird nicht mehr ausreichen, wenn die Expeditionen weiterhin die religiösen Gefühle der Tibeter verletzen." [27]

‚EIN BERG DES SCHÖNEN GEDENKENS'

Bailey unterstützte vorbehaltlos die Entscheidung des Dalai Lama, keine Visa mehr auszustellen, und so wurde, solange er im Amt war – bis in die späten Zwanziger Jahre hinein –, kein weiterer Besteigungsversuch am Everest mehr unternommen.

Am 19. März 1931 wurde unter der Präsidentschaft von Sir William Goodenough ein neues Mount Everestkomitee gegründet: Tom Longstaff und Francis Younghusband vertraten die *RGS*, J.J. Withers und Norman Collie den *Alpine Club*. Trotz Protestschreiben an die tibetische Regierung war noch keine Erlaubnis für eine neue Expedition in Sicht. Gerüchte kamen auf, eine amerikanische oder deutsche Expedition hätte um Erlaubnis nachgefragt. Diese Bedrohung des Nationalstolzes schweißte die offiziellen Stellen zusammen. Der Druck auf die Tibeter erhöhte sich. Schließlich willigte der Dalai Lama „widerstrebend ein – als Respekt vor den Wünschen der britischen Regierung, damit die freundschaftlichen Beziehungen nicht zerbrechen."[28]

Mit der Organisation der neuen Expedition wurde Hugh Ruttledge betraut, ein ehemaliger Beauftragter für den öffentlichen Dienst in Indien. Er hatte zwar Erfahrung im Wandern durch den Himalaya, maßte sich aber nicht an, ein Bergsteiger zu sein. Ruttledge stellte ein ausgezeichnetes Kletterteam zusammen, darunter Frank Smythe, Eric Shipton, Colin Crawford, Percy Wyn Harris, Lawrence Wager, T.E. Brocklebank, E. St J. Birnie, Dr. W. McLean, E.O. Shebbeare und Jack Longland. Kleidung und Ausrüstung waren seit 1924 im Grunde genommen gleich geblieben.

Ende Februar 1933 verließ die Expedition Darjeeling und kam in Rongbuk am 16. April an. Den North Col erreichten die

Bergsteiger am 13. Mai, und Camp V wurde am 22. Mai auf 7 830 Meter Höhe aufgeschlagen. Nach einer Schlechtwetterphase schafften sie es, am 29. Mai Camp VI auf 8 350 Metern zu errichten. Sie hatten einen gefährlichen Standort auf einem winzigen Vorsprung gewählt, der nicht einmal einen Meter breit war und zum Tal hin abfiel. Ein Viertel des Zelts hing über der Nordwand. Trotz der unbequemen Situation verbrachten Wager und Wyn Harris die Nacht in diesem Zelt, Longland kehrte mit den Sherpas in das tiefer gelegene Lager zurück.

Schon zu Beginn des Abstiegs wurde der Everst von einem schweren Unwetter heimgesucht. Innerhalb von Minuten schrumpfte die Sichtweite auf ein paar Meter zusammen. Longland und seine Träger kämpften ums Überleben. Da tauchte plötzlich mitten aus der Dunkelheit ein grüner Fleck auf: Camp VI, in dem Mallory und Irvine ihre letzte Nacht verbracht hatten. Die Männer durchsuchten das Zelt, fanden die Lampe und eine Faltlaterne, die Mallory neun Jahre zuvor zurückgelassen hatte, bevor er Richtung Gipfel aufgebrochen war. Die Lampe funktionierte noch.

Trotz der extremen Bedingungen schafften es Longland und die Sherpas, das tiefer gelegene Lager zu erreichen. Nach einer schlaflosen Nacht in Camp VI machten sich Wager und Wyn Harris auf den Weg zum Gipfel. Sie wählten einen diagonalen Aufstieg zum Nordostgrat. Eine Stunde später stolperten sie über einen Eispickel, der an einem Felsvorsprung lehnte.

Ein erstaunlicher Fund! Der Pickel lag 18 Meter unterhalb des Grats und 225 Meter vom First Step entfernt. Er war in gutem Zustand, und der eingravierte Name des schweizer

‚EIN BERG DES SCHÖNEN GEDENKENS'

Herstellers war noch gut zu lesen. Dieser Pickel konnte nur von der Expedition von 1924 stammen, als alle Bergsteiger mit den Pickeln dieses Fabrikats ausgestattet worden waren. Er mußte Mallory oder Irvine gehört haben, weil alle anderen Bergsteiger, die 1924 so hoch gestiegen waren, die Route über die Nordwand gewählt hatten und gar nicht bis zum Grat hinaufgeklettert waren. Was Wager und Wyn Harris nicht wissen konnten: Der Holzgriff des Pickels trug das Zeichen, mit dem Irvine all seine Ausrüstungsgegenstände markiert hatte.

Wagner und Wyn fragten sich, wie es dazu kommen konnte, daß der Pickel dort lag, wo sie ihn gefunden hatten? Hatte Irvine ihn aus Versehen fallen lassen? Dann müßten sich die beiden dazu entschlossen haben, mit nur einem Pickel weiterzuklettern – eine Entscheidung, die man an einem Berg, der fast ausschließlich aus Fels besteht, sogar nachvollziehen könnte. Oder legte der unerfahrene Irvine eine Rast ein, stellte den Pickel neben sich und ließ ihn stehen, als er sich wieder auf den Weg machte? In diesem Fall hatte er es nicht für nötig befunden, zurückzugehen, um ihn zu holen.

Oder markierte der Pickel die Unfallstelle? Waren Sie an dieser Stelle die Nordwand hinuntergestürzt? Wäre das der Fall, dann waren sie beim *Abstieg* abgestürzt, denn Noel Odell hatte die beiden um 12.50 Uhr auf ihrem Weg zum Gipfel an einer *höher* gelegenen Stelle des Bergs gesehen. Vielleicht war das die einfachste Erklärung: Als Mallory und Irvine wieder hinunterstiegen, vielleicht während des Schneesturms am Nachmittag, rutschte einer von ihnen auf einer Platte aus. War es Irvine, ließ er seinen Pickel fallen und riß Mallory mit in die

Tiefe. War es Mallory, ließ Irvine möglicherweise seinen Pickel fallen, um das Seil mit beiden Händen zu halten, konnte das Gewicht aber nicht halten und wurde von seinem Gefährten in die Tiefe gerissen.

Wager und Wyn Harris waren begeistert über ihren Fund. Schließlich handelte es sich um den ersten Hinweis auf das Schicksal von Mallory und Irvine und möglicherweise einen Anhaltspunkt dafür, wo ihre Leichen lagen.

Sie ließen den Pickel dort zurück, wo sie ihn gefunden hatten und stiegen weiter hinauf. Auf dem Grat kamen sie nicht gut voran, stiegen ein wenig ab und arbeiteten sich am *Yellow Band* weiter vor. Sie erreichten einen Punkt unmittelbar unterhalb des Second Step, der für sie aussah wie eine gewaltige senkrechte Wand. Wahrscheinlich waren sie zu weit entfernt und betrachteten das Hindernis aus dem falschen Blickwinkel, um es richtig einschätzen zu können – jedenfalls hielten sie den Fels für unbezwingbar. Ihre Einschätzung stützte die sich immer weiter verbreitende Meinung, daß auch Mallory und Irvine dieses Hindernis nicht überwinden konnten und deshalb auch den Gipfel nicht erreichten.

Wager und Wyn Harris setzten ihre Traverse oberhalb des *Yellow Band* unter äußerst schwierigen Bedingungen fort und schafften es bis hinter den Norton Couloir. Dort machten sie Rast. Es war 12.30 Uhr und es fehlten ihnen nur noch 300 Meter bis zum Gipfel. Sie hatten etwa dieselbe Höhe erreicht wie Norton 1924. Doch diesmal waren die Felsen mit Schnee bedeckt, und es wäre zu gefährlich gewesen, weiter hinaufzusteigen. Beim Abstieg tauschte Wyn Harris seinen Eispickel gegen den von Irvine.

‚EIN BERG DES SCHÖNEN GEDENKENS'

Am 1. Juni starteten Shipton und Smythe den zweiten Versuch. Smythe erreichte alleine den First Step, stieg aber auch nicht höher als Wager und Wyn Harris. Da der Monsun bald einsetzen mußte, begrub die Expedition die Hoffnung, noch weiter hinauf zu kommen. Vielen Bergsteigern ging es nicht gut: Birnie litt unter schweren Erfrierungen, McLean hatte eine Lungenentzündung und Shipton konnte nicht mehr zusammenhängend reden. Smythe bezeichnete ihren Rückzug als „einen Abstieg gebrochener Männer".

Was Erfahrung und Fähigkeit der Klettertruppe anging, war die Expedition von 1933 eine der stärksten, die je an den Everest geschickt wurde. Zwar hatten die Bergsteiger den Gipfel nicht erreicht, aber immerhin hatten sie Irvines Eispickel gefunden. Außerdem konnten Wager und Wyn Harris etwas über den Second Step berichten.

Das Fehlschlagen der britischen Expeditionen in den 1920er und 1930er Jahren führte zu einer mystifizierten Vorstellung vom Everest, und die Geschichten von Bergsteigern, die gegen unmenschliche Bedingungen ankämpften, fanden große Beachtung. Die Tibeter kontrollierten auch weiterhin sehr genau den Zugang zum Everest, aber es kam, wie es kommen mußte: Inoffizielle Expeditionen versuchten ihr Glück am höchsten Berg der Erde. Von all diesen nicht autorisierten Unternehmungen ist diejenige von Maurice Wilson im Jahr 1934 wohl die bemerkenswerteste.

Wilson wurde 1898 in Bradford, Yorkshire, geboren. Wie die meisten jungen Männer seiner Generation ging er mit achtzehn Jahren zur Britischen Armee und kämpfte in Frankreich. Als Infanterist wurde er nach der dritten

Schlacht von Ypres mit dem militärischen Verdienstkreuz ausgezeichnet. Später geriet er unter Beschuß eines Maschinengewehrs und wurde schwer verletzt nach England transportiert.

Nach seiner Entlassung aus dem Militär 1919 zog es Wilson zunächst nach London, dann in die USA und über Neuseeland schließlich wieder zurück nach England. Rastlos und am Rande eines Nervenzusammenbruchs erkrankte er schwer an Tuberkulose. Er verlor sehr viel Gewicht, lehnte es aber ab, sich medizinisch behandeln zu lassen. Nach seiner Genesung behauptete er, sich innerhalb von zwei Monaten durch strenge Diät und Gebete selbst geheilt zu haben. Er glaubte, endlich seine Berufung gefunden zu haben und fing an, die Geheimnisse seiner Genesung zu lehren.

Während er sich 1932 in Deutschland von seiner Krankheit erholte, entdeckte er einen alten Zeitungsausschnitt über die Everestexpedition von 1924. In dem Glauben, daß man mit Fasten und Gottvertrauen alles im Leben erreichen konnte, entschied er sich, selbst zum Everest zu reisen, um seine Heilmethode stärker publik zu machen. Sein Plan war einfach: Er wollte zum Everest fliegen, sein Flugzeug auf dem East Rongbukgletscher bruchlanden und von dort den Gipfel zu Fuß erreichen. Er war felsenfest davon überzeugt, sein Glaube allein würde ihn auf den Gipfel tragen. Doch bevor er sich an den Aufstieg machte, mußte er, da er weder Pilot noch Bergsteiger war, erst einmal beide Fertigkeiten erlernen.

Mit dem Fliegen fing er an. Seit den Dreißiger Jahren wurde in England eine Fluglizenz verlangt, und so hatte er keine andere Wahl, als Flugstunden zu nehmen. Er kaufte sich eine

‚EIN BERG DES SCHÖNEN GEDENKENS'

drei Jahre alte Gypsy Moth, die er in *Ever Wrest* umbenannte, und absolvierte seinen Flugkurs im London Aero Club. Zeitgenössischen Berichten zufolge war er nicht gerade ein begnadeter Schüler. Die Flugstunden waren nervliche Härtetests für seine Ausbilder und ein teures Vergnügen für den Schüler. Dennoch schaffte er es schließlich, den Pilotenschein zu erwerben und machte sich danach sofort auf den Weg in den Lake District und den Norden von Wales. Nach fünf Wochen Felsenkletterei kehrte er nach London zurück und hatte vom Bergsteigen noch weniger Ahnung als vom Fliegen.

Im April 1933 hielt er seine Vorbereitung für ausreichend. Er flog nach Bradford, um sich vor seiner Abreise nach Asien noch von seinen Eltern zu verabschieden. Leider trat über dem Moorland von Yorkshire plötzlich ein Problem mit dem Triebwerk auf. Er mußte bruchlanden, wobei er eine Hecke zerstörte und sein Flugzeug auf den Rücken drehte. Die Reparaturarbeiten dauerten drei Wochen – Zeit genug, mehr öffentliche Aufmerksamkeit auf sich zu ziehen, als ihm lieb war.

Das Luftfahrtministerium bekam Wind von seinem Vorhaben und teilte ihm offiziell mit, er dürfe unter gar keinen Umständen den nepalesischen Luftraum durchfliegen. Hiervon wenig beeindruckt setzte er seine Vorbereitungen fort, und am Sonntag, den 21. Mai war er schließlich soweit, vom Stag Lane Aerodrome in Enfield, nördlich von London, zu starten.

Leider hatte seine Berühmtheit sowohl Anwohner als auch die Presse angezogen. Wenige Minuten vor dem Start erreichte ihn ein Telegramm des Luftfahrtministeriums, das ihm den Flug unter *allen* Umständen untersagte. Er zerriß das Telegramm und warf es fort. Aber für einen kurzen Moment war er so irritiert, daß er aus Versehen mit dem Wind startete. Mit Mühe und Not schaffte er es, ganz am Ende des Rollfeldes abzuheben.

Bei seinem sensationellen Alleinflug überquerte er Europa und landete in Kairo, wo ihm das Überfliegen Persiens untersagt wurde. In Bahrain bekam er keinen Treibstoff, doch er hielt durch und schaffte es bis nach Indien. Hier war dann allerdings endgültig Schluß, weil die Behörden sein Flugzeug beschlagnahmten. Trotz größter Anstrengungen der britischen Regierung, ihn aufzuhalten, hatte er fast 8 000 Kilometer zurückgelegt.

Wilson verkaufte sein Flugzeug für 500 Pfund und reiste weiter nach Darjeeling. Dort beantragte er ein Visum für Sikkim und Tibet. Natürlich wurde sein Antrag abgelehnt. Trotzdem fand er drei Träger, die bereits an der Expedition 1933 teilgenommen hatten und machte sich unerlaubt auf den Weg nach Tibet. Aus Vorsicht reiste er nachts und als tibetischer Mönch verkleidet. Nach 25 Tagen hatte er das Kloster in Rongbuk erreicht (zehn Tage schneller als die britische Expedition im Jahr zuvor).

Nach kurzer Erholungspause machte er sich bei gutem Wetter allein mit einem 20 Kilogramm schweren Rucksack auf den Weg, den East Rongbukgletscher hinauf. Am 21. April hatte er Geburtstag. Er schrieb: „[36] heute. Wünschte mir mehrfach gute Rückkehr. Hatte die ganze Nacht höllisch kalte Füße. Noch tobt der Sturm..."[29] Am nächsten Tag wurde das Wetter noch schlechter. Er erreichte eine Stelle nur etwa fünf Kilometer unterhalb von Camp III. In sein Tagebuch schrieb er:

‚EIN BERG DES SCHÖNEN GEDENKENS'

„Kein Zweck weiterzugehen. Augen schrecklich und Hals trocken. Selbst mit übermenschlicher Anstrengung schaffe ich es nicht rechtzeitig in Camp III, Wetter schlecht."[30] Wilson befand sich in einer mißlichen Lage: Er war unerfahren, allein in großer Höhe, knapp an Vorräten, hatte starke Schmerzen wegen seiner Kriegsverletzung und war erschöpft. Das Thermometer war mittlerweile auf -30°C gefallen, doch irgendwie schaffte er es, die Energie aufzubringen und sich zurück ins Kloster zu schleppen. Neun Tage hatte er alleine auf dem Gletscher verbracht. Trotz aller erlittenen Qualen notierte er an diesem Abend in sein Tagebuch: „Ich weiß, daß ich es noch immer schaffen kann."[31] Fast drei Wochen vergingen, bis er für den nächsten Versuch bereit war. Als er Rongbuk am 12. Mai 1934 verließ, nahm er zwei Sherpas mit. Mit Hilfe der Träger, die sich im Tal auskannten, erreichte er Camp III in nur drei Tagen. Sein strenges Fasten warf er schnell über Bord, als sie ein Vorratslager der Expedition von 1933 entdeckten. Abend gönnten sie sich solche Köstlichkeiten wie Wachteln und Karlsbader Pflaumen und beschlossen das Mahl mit einer Dose Schokolade.

Die nächsten Tage mußten die Männer in ihren Zelten bleiben, weil fürchterliche Winde über den Gletscher hinweg fegten. Wilson litt an Höhenkrankheit, aber als sich das Wetter besserte, machte er sich alleine auf den Weg zum North Col, und schlief, so gut es ging, auf exponierten Eisplatten. Nach vier Tagen erreichte er sein letztes Hindernis – eine zwölf Meter hohe Eiswand, die bereits der britischen Expedition im

Vorjahr unüberwindlich erschienen war. Alleine und ohne Erfahrung scheiterte er an dem Eiskamin.

Am 25. Mai taumelte er erschöpft und geschlagen zurück in Camp III. In sein Tagebuch schrieb er: „Nur eine Möglichkeit – kein Essen, kein Wasser – umkehren."[32] Nach zwei Tagen hatte er sich erholt und bemühte sich nach Kräften, die Sherpas dazu zu überreden, ihn in Camp V zu begleiten: „Das wird mein letzter Versuch, ich bin bereit."[33] Die Sherpas ließen sich nicht überreden, und so machte er sich am 29. Mai alleine auf den Weg. Sein letzter Tagebucheintrag vom 31. Mai lautete: „Wieder unterwegs, wunderschöner Tag."[34]

Im Jahr darauf wurde Maurice Wilsons Leiche von Eric Shiptons Expedition gefunden. Er lag auf der Seite neben den Überresten seines Zelts. Gestorben war er wahrscheinlich an Erschöpfung und Unterkühlung. Shipton und Warren nahmen sein Tagebuch an sich, das heute im Archiv des *Alpine Club* in London aufbewahrt wird. Sie wickelten seine sterblichen Überreste in sein Zelt und begruben ihn, indem sie ihn in eine Felsspalte am East Rongbuk warfen. Ebenso wie seine Leiche gelegentlich aus ihrem Grab im Eis auftaucht (die Chinesen fanden sie 1960 und 1965, und seither ist sie noch ein paarmal gesehen worden), so kursieren immer wieder Geschichten über den bizarren Charakter dieses Mannes.

Gerüchte machten die Runde, denen zufolge Eric Shipton ein zweites, geheimes Notizbuch fand, in dem Wilson über seine sexuellen Phantasien Buch führte. Anderen Gerüchten zufolge soll die Leiche Frauenkleider getragen haben, und die Chinesen sollen zudem noch einen hochhackigen Damenschuh in einem der Lager aus der Zeit vor dem Krieg entdeckt haben.

‚EIN BERG DES SCHÖNEN GEDENKENS'

Es entspricht den Tatsachen, daß Wilson in Wellington, Neuseeland, ein Geschäft für Frauenbekleidung hatte, aber Gerüchte bezüglich seines Fetischismus ließen sich nie erhärten.

Maurice Wilsons Entschlossenheit und zwanghafte Beschäftigung mit dem Everest ist ein weiterer Beleg für die Macht, die dieser Berg auf manche Menschen ausübt. Sicher war er ein Einzelgänger und seelisch wenig gefestigt, aber seine Expedition zeugte von einer außerordentlichen Willenskraft und Beharrlichkeit gegenüber schier unüberwindlichen Widerständen. Ohne jegliche Erfahrung erreichte er eine Höhe von 6 400 Metern – und das im Anschluß an eine heimliche Anreise durch Tibet, die auch heute noch fast jeden zur Strecke bringen würde.

Seine größte Leistung war wahrscheinlich nicht, den North Col ohne fremde Hilfe zu erreichen, sondern seinen winzigen Doppeldecker sicher bis nach Nordindien zu navigieren – trotz der Entschlossenheit der britischen Regierung, diese Reise zu unterbinden.

Die Expedition, die 1935 die Leiche von Maurice Wilsons fand, wurde von Eric Shipton geleitet. Weitere Teilnehmer waren Bill Tilman, Edwin Kempson, Edmund Wigram und der neuseeländische Bergsteiger L. V. Bryant. Einer der Sherpas war der damals 20jährige Tenzing Norgay. Die vorrangige Aufgabe der Expedition bestand in der Erkundung der Umgebung des Everest, nicht so sehr in der Besteigung des Gipfels. Innerhalb von zwei Monaten schafften es die Kletterer, 26 Gipfel in der Region um den Everest zu besteigen.

1936 waren erneut britische Bergsteiger am Everest, diesmal wieder unter der Leitung von Hugh Ruttledge. Die Wetterbedingungen waren ungewöhnlich, der Wind kam meist von Osten und brachte sehr viel Schnee mit. Der Monsun setzte früh ein und brachte noch mehr Schnee. Sehr schnell wurde der Berg zu gefährlich, und so mußte die Expedition vorzeitig abgebrochen werden.

Zwei Jahre später gab es erneut einen Versuch, diesmal unter der Leitung von Bill Tilman. Die Teilnehmer mußten mit einem sehr geringen Budget auskommen und hatten die Ausrüstung daher auf das absolute Minimum reduziert. Am 6. April 1938 kamen sie bei optimalen Wetterbedingungen an. Die ersten drei Lager waren schnell errichtet, dann schlug das Wetter um, und Mitte Mai setzten gewaltige Schneefälle ein.

Am 29. Mai erreichten die Kletterer, darunter auch der junge Sherpa Tenzing, 7450 Meter. Smythe und Shipton versuchten am 8. Juni, den Gipfel zu erreichen, doch extrem eisige Winde und Schneefälle zwangen sie zur Umkehr. Tilman und Peter Lloyd starteten einen zweiten Versuch, dem aber ebenfalls kein Erfolg beschieden war. Die letzte Hoffnung, den Everest von Norden her zu besteigen, wurde begraben. Europa rüstete sich erneut zum Krieg, und mehr als ein Jahrzehnt mußte vergehen, bevor sich wieder Bergsteiger in die Flanken des großen Berges wagten und hinauf zu dem bislang unerreichten Gipfel blickten.

Der Zweite Weltkrieg veränderte die politische Landschaft der Region. Nach 1945 wurde Tibet für alle Ausländer geschlossen, dafür öffnete sich der südliche Zugang zum

‚EIN BERG DES SCHÖNEN GEDENKENS'

Everest über Nepal. 1951 schickten die Briten eine Erkundungsexpedition los, mit deren Rückkehr das Everestfieber im Nachkriegsengland schlagartig stieg. Sofort wurden Pläne für eine Gipfelbesteigung im Jahr 1952 geschmiedet. Aber die Schweizer waren schneller und erhielten die einzige Kletterbewilligung für 1952. Im Frühjahr stiegen Raymond Lambert und Tenzing Norgay auf den Südostgrat und stellten mit 8600 Metern einen neuen Höhenrekord auf. Den Gipfel erreichten sie allerdings nicht. Ihre Bewilligung galt das ganze Jahr 1952 über, und so kehrten sie im Herbst zurück, um es noch einnmal zu versuchen – auch diesmal ohne Erfolg.

1953 kehrten die Briten an den Everest zurück. John Hunt leitete die Expedition, die sehr gut organisiert und bis ins letzte Detail geplant war. Die Bergsteiger profitierten auch von der Erfahrung der Schweizer und konnten mit diesem Wissen ihre Ausrüstung optimieren.

Um 11.30 Uhr am Morgen des 29. Mai standen der Neuseeländer Edmund Hillary und der Nepalese Tenzing Norgay gemeinsam auf dem Gipfel des Everest. Hillary ließ seinen Blick hinüber zum Nordgrat schweifen, über den sich Mallory und Irvine 29 Jahre zuvor dem Gipfel genähert hatten. Er suchte nach einem Zeichen von ihnen, sah aber nichts als Schnee, Eis und nackten Fels.

Es dauerte einige Tage, bis die Nachricht in London eintraf. Großbritannien feierte den Erfolg am Morgen des 2. Juni 1953, dem Tag der Krönung von Prinzessin Elizabeth.

Als 1950 die chinesische Armee in Tibet einmarschierte, war die Nordroute zum Everest für Bergsteiger aus dem

Westen endgültig blockiert. Die kommunistischen Länder kletterten aber weiterhin auf dieser klassischen Route zum Gipfel.

1952 las man in der *Times* und in verschiedenen europäischen Bergsteigerzeitungen von einer russischen Expedition mit verheerendem Ausgang. Angeblich hatten sowjetische Bergsteiger versucht, im Herbst vom Norden her den Gipfel zu besteigen – um der für das Folgejahr geplanten britischen Expedition zuvorzukommen. Eine Erfolgsmeldung wäre auf dem Höhepunkt des kalten Krieges ein phantastischer Propagandasieg für die Sowjets gewesen.

Die russische Expedition verließ Moskau am 16. Oktober 1952, und errichte nach mehreren Verzögerungen Camp VII auf einer Höhe von 8170 Metern. Dann geschah die Katastrophe. Sechs Bergsteiger, unter ihnen der Führer der Kletterpartie Pawel Datschnolian, verschwanden und wurden trotz intensiver Suche nie aufgefunden. Die Expedition soll erst sehr spät zurückgekehrt sein – am 27. Dezember, als ein Überleben am Everest so gut wie unmöglich war.

Allerdings bestehen Zweifel daran, ob der Versuch im Herbst 1952 überhaupt stattgefunden hat. Richtige Beweise gibt es nicht, und die sowjetischen Bergsteigerorganisationen haben immer entschieden geleugnet, daß es eine Expedition gegeben hat. (*Genau* die Reaktion, mit der man bei einem katastrophalen Ausgang gerechnet hätte.)

Ein überzeugenderer Grund dafür, daß die Expedition wirklich nicht stattgefunden hat, ist die Tatsache, daß die Chinesen, nachdem die russisch-chinesische Allianz 1959 zerbrochen war, diese Geschichte nicht enthüllten, obwohl sie

‚EIN BERG DES SCHÖNEN GEDENKENS'

sonst keine Gelegenheit ausließen, die Russen zu blamieren. Angesichts des angespannten Verhältnisses zwischen beiden Nationen in den Sechziger Jahren, erscheint es äußerst unwahrscheinlich, daß die Chinesen kein Kapital daraus geschlagen hätten – vor allem, nachdem sie selbst 1960 den Gipfel erreicht hatten. Daß es sich bei dem angeblichen Versuch der Russen 1952 um eine typische Falschmeldung aus der Zeit des Kalten Krieges handelt, ist also sehr wahrscheinlich.

Vor 1955 hatte es in China keine Tradition im alpinen Klettern gegeben. Dann aber halfen die Russen in einem Akt echter Solidarität sozialistischer Bruderstaaten, brachten ihnen Klettertechniken bei und stellten ihnen die Ausrüstung zur Verfügung. 1958 und 1959 führten Russen und Chinesen gemeinsam Erkundungsexpeditionen im Everestgebiet durch. Bevor sie sich jedoch gemeinsam an eine Besteigung wagen konnten, setzten die wachsenden politischen Spannungen zwischen beiden Ländern dieser Kooperation ein Ende.

China beschloß, es im Alleingang zu versuchen, und zwar in typisch maoistischem Stil. Die Expedition war monströs und bestand aus 214 Männern und Frauen, chinesischen und tibetischen Bergsteigern. Am 19. März 1960 errichteten sie auf einer Höhe von 5 120 Metern das Basislager auf dem Rongbuk Gletscher. Sie hatten eine 80 Kilometer lange Straße durch die Berge und über den Pang La gebaut, um zum Gletscher zu gelangen. Das Wetter war schlecht, und die Expedition brauchte fünf Wochen bis zum North Col. Aufgrund der sich immer weiter verschlechternden Wetterbedingungen kamen die Bergsteiger nur sehr langsam voran. Sie benötigten sechs

Tage bis zum Second Step, bevor sie erschöpft ins Basislager zurückkehrten.

Die Expedition fand erneut die Leiche von Maurice Wilson oberhalb des vorgeschobenen Basislagers (ABC). Seine Leiche war bereits 1935 in einer Gletscherspalte beigesetzt worden, tauchte aber durch die Bewegung des Gletschers immer wieder an der Oberfläche auf. Außerdem fanden die Chinesen in der Nähe von Camp V auf einer Höhe von 7788 Metern eine Sauerstoffausrüstung, die noch aus der Zeit vor dem Krieg stammte und wahrscheinlich 1924 von Noel Odell benutzt worden war. Die Chinesen nahmen sie mit nach Beijing, untersuchten sie und stellten fest, daß sie noch tadellos funktionierte.

Als die Wettervorhersage eine kurze Schönwetterperiode vor dem drohenden Monsun meldete, machten sich vier Bergsteiger auf den Weg, um den Gipfel zu erklimmen. Am 24. Mai brachen Chu Yin-hua, Liu Lien-man, Wang Fu-chou und Konbu (ein Tibeter, der manchmal auch Gonpa geschrieben wird) von ihrem Lager in einer Höhe von 8500 Metern auf: Nach mehreren Stunden kamen sie an den Second Step, an dem ihr Versuch ein paar Tage zuvor gescheitert war. Wager und Wyn Harris hatten das Hindernis 1933 für unüberwindbar gehalten, und möglicherweise war es auch Mallory und Irvine 36 Jahre zuvor zum Verhängnis geworden.

Der Second Step ist circa 30 Meter hoch, mit einer durchschnittlichen Steigung von 60 bis 70 Grad. Der untere Teil läßt sich umgehen, doch im oberen Teil ist die Wand nahezu senkrecht. Die Bergsteiger kamen nicht weiter. Liu übernahm die Führung und machte sich viermal daran, die Wand zu überwinden, aber jedesmal stürzte er ab. Nach seinem letzten Versuch an dem verwitterten Fels konnte er sich kaum noch auf den Beinen halten.

Jetzt war Chu Yin-hua an der Reihe. Er entledigte sich seiner schweren Stiefel und Steigeisen, zog die dicken Wollsocken aus und versuchte sich barfuß am bloßen Fels. Auch er fiel – zweimal. Es hatte zu schneien angefangen, und die Wetteraussichten waren schlecht. Die Bergsteiger schrieben später: „Was hätten wir tun sollen? Umdrehen wie die britischen Bergsteiger? Nein! Auf keinen Fall! Das ganze chinesische Volk und die Expedition hatten ihre Augen auf uns gerichtet."[35]

In einem allerletzten verzweifelten Versuch kam Liu Lien-man (der sich von seinen vorherigen Versuchen schon wieder ein wenig erholt hatte) seine Ausbildung als Feuerwehrmann zugute. Er kauerte sich nieder, damit Chu sich auf seine Schultern stellen konnte. Mit großer Anstrengung schaffte er es, sich aufzurichten. Chu konnte über die Kante der Platte greifen und sich hinaufziehen.

Die vier Chinesen brauchten fünf Stunden für den Second Step, aber damit waren noch nicht alle Schwierigkeiten überwunden. Liu war so erschöpft, daß er kurz hinter dem Second Step zusammenbrach. Die Sauerstoffvorräte wurden knapp, und es war schon fast dunkel. Auf einer Höhe von 8 595 Metern ließen sich die Bergsteiger nieder und beratschlagten, wie sie weiter vorgehen sollten: „Die drei Mitglieder der kommunistischen Partei und Konbu hielten einen kleinen Parteitag ab. Schließlich wurde entschieden, so schnell wie möglich den Gipfel zu besteigen, Liu Lien-man sollte bleiben, wo er war."[36]

Liu wurde unter einen Felsvorsprung gelegt, die anderen stiegen weiter hinauf. Auf allen Vieren kriechend erreichten die drei verbliebenen Bergsteiger den Gipfel kurz vor Morgengrauen. Seit sie das Camp verlassen hatten, also seit 19 Stunden, hatten sie weder Nahrung noch Flüssigkeit zu sich genommen. 15 Minuten standen sie auf dem Gipfel und ließen zum Zeichen ihres Erfolges eine kleine Gipsbüste von Mao Tse-tung und eine chinesische Flagge dort zurück. Neun Steine lasen sie auf, um sie bei ihrer Rückkehr Mao zu präsentieren. Dann stiegen sie wieder hinunter. Als sie auf Liu trafen, stellten sie fest, daß er seinen Sauerstoff für den Rückweg gespart hatte.

Der Leiter der Expedition, Shih Chan-chun, behauptete später, daß zwei der erfolgreichen Bergsteiger (Wang Fu-chou und Chu Yin-hua) erst seit zwei Jahren kletterten und keiner der Chinesen mehr als fünf Jahre Erfahrung habe. Offensichtlich hatten die Männer sehr wenig Sauerstoff verbraucht, und Liu Lien-man hatte eine Nacht in einer Höhe von 8 535 Metern sogar ohne Sauerstoff kampiert. Die Bergsteiger erreichten das Camp erst um 4 Uhr nachmittags. 19 Stunden hatten sie gebraucht, um den Berg zu besteigen, zwölf, um wieder von ihm herunterzusteigen.

Shih sagte, man verdanke den Erfolg „der Führung der Kommunistischen Partei und der beispiellosen Überlegenheit des sozialistischen Systems unseres Landes – ohne die wir, einfache Arbeiter, Bauern und Soldaten, das niemals geschafft hätten."[37] Wie dem auch sei, ihr Erfolg ist ein Zeichen dafür, was Bergsteiger erreichen können, wenn sie zu allem entschlossen sind. Aber auch ihr Erfolg hatte seine Schattenseiten. Der ungeduldige 22jährige Chu Yin-hua bezahlte das Ablegen seines Schuhwerks in der klirrenden Kälte mit dem Verlust mehrerer Zehen. Der Erfolg der Chinesen wurde von Bergsteigern aus dem Westen angezweifelt, es gab ja nicht einmal ein Gipfelfoto (was zugegebenermaßen nachts auch nicht so leicht zu bewerkstelligen ist). Aber im Verlauf der Jahre haben sich die Wogen geglättet, und heute wird allgemein akzeptiert, daß die Chinesen tatsächlich die ersten waren, die den Everest *erfolgreich* über die Nordroute bestiegen haben. Die Erfahrung von 1960 lieferte auch wichtige Indizien für eine Klärung des Versuchs von Mallory und Irvine. Wenn die Chinesen den Second Step bezwangen und nach insgesamt 19 Stunden den Gipfel erreichten, könnte es dann nicht auch der erfahrenere Mallory in letzter verzweifelter Kraft geschafft haben?

Mit Beginn des neuen Jahrzehnts setzte in China die Kulturrevolution ein, und die Nachrichten aus dem Inneren des Landes wurden noch unzuverlässiger als zuvor. Man hörte von einer Expedition im Jahre 1966, von der nur zwei Bergsteiger von insgesamt 26 überlebt haben sollen. 1969 meldete die chinesische Nachrichtenzentrale, drei Bergsteiger hätten unabhängig voneinander den Gipfel des Everest erreicht, ohne Unterstützung und ohne Sauerstoff. Diese unbestätigten Berichte bestärkten ausländische Beobachter nicht gerade in ihrer Auffassung, China könne eine ernsthafte Expedition ausrichten.

Aber 1975 wurde wie schon 1960 eine sehr große Expedition zum Everest geschickt, mit insgesamt 410 Teilnehmern und wieder unter der Leitung von Shih Chan-chun. Mitte März schlug man das Basislager auf, und am 4. Mai befanden sich 37 Männer und sieben Frauen in einem Camp an der Nordwand auf einer Höhe von über 8 200 Metern.

Schlechtes Wetter zwang sie jedoch zum Abstieg, aber am 27. Mai schafften es dann doch neun Bergsteiger (acht Tibeter und ein Chinese) bis auf den Gipfel. Sie rammten eine rot bemalte Meßstange aus Metall in den Boden und hißten die chinesische Flagge. Diesmal sollte niemand an ihrem Erfolg zweifeln.

Das war die größte Gruppe, die je gemeinsam auf dem Gipfel stand. Phantog war die erste Frau, die den Gipfel über die Nordroute erreichte. (Junko Tabei, Teilnehmerin der japanischen Expedition über Nepal war elf Tage zuvor die erste Frau auf dem Everest gewesen.) Die chinesisch/tibetische Gruppe blieb 70 Minuten lang auf dem Gipfel, führte wissenschaftliche Untersuchungen durch und fotografierte.

Wieder einmal hatten die Chinesen einen großen Gipfelerfolg zu verzeichnen. Im September darauf entdeckte eine britische Expedition die Meßstange. Sie war teils von Schnee bedeckt, und die rote Farbe war durch die Einwirkung der eisigen Winde abgeblättert.

Im Basislager wurde in maoistischer Manier gefeiert: „Mit Rufen wie ‚Lang lebe der große Vorsitzende Mao!' und ‚Lang lebe die kommunistische Partei Chinas!', mit Trommeln, Gongs und einem großen Feuerwerk. Ausgelassen bejubelten die Menschen den großen Sieg der revolutionären Linie des

‚EIN BERG DES SCHÖNEN GEDENKENS'

großen Vorsitzenden Mao Tse-tung, die Errungenschaften der großen proletarischen Kulturrevolution und die Kritik an Lin Piao und Konfuzius und den enormen Erfolg der Besteigung des Qomolangma Feng (Everest)."[38]

Die chinesische Expedition schleppte eine Aluminiumleiter zum Second Step und sicherte sie in einer Ecke des oberen Abschnitts. Seither konnten sich alle Bergsteiger auf dem Weg nach oben dieses Hilfsmittels bedienen und brauchten den schwierigsten Teil des Grats nicht mehr zu klettern.

1979 erteilten die Chinesen zum ersten Mal seit dem Zweiten Weltkrieg einem nicht-kommunistischen Land die Erlaubnis, den Everest über die Nordwand zu besteigen. Bei der chinesisch/japanischen Erkundungsexpedition kam eines der Geheimnisse um das Verschwinden von Mallory und Irvine ans Licht.

Am 11. Oktober 1979 war Ryoten Yashimoro Hasegawa, der Leiter der japanischen Kletterpartie, mit dem Chinesen Wang Hong-bao unterwegs zum North Col. Als die beiden den East Rongbukgletscher zum vorgeschobenen Basislager hinaufstiegen, fragte Hasegawa Wang beiläufig, wo sich die Leiche von Maurice Wilson befände, den die Chinesen 1975 gefunden hatten: „Ich fragte Mr. Wang, ob sie die Leiche des Engländers hier in der Nähe entdeckt hätten."[39]

Zu Hasegawas Erstaunen machte Wang eine abfällig Handbewegung und fing an, über eine *zweite* Leiche zu reden, die viel weiter oben im Berg lag: „Mr. Wang hatte an der chinesischen Expedition 1975 teilgenommen. Auf etwa 8 150 Metern habe er die viel ältere Leiche eines Engländers gefunden... Sie habe unterhalb eines Felsens auf der Seite gelegen, als würde er schlafen. Die Kleider waren so alt, daß sich schon bei nur leichter Berührung Stücke lösten. In der Wange hatte er ein Loch, das so groß war, daß man leicht seine Finger hineinstecken konnte. Ich war völlig überrascht, in solch großer Höhe die alte Leiche eines Engländers zu finden. Sofort kamen mir Mallory und Irvine in den Sinn. Alle Bergsteiger am Everest kennen das Schicksal von Mallory und Irvine. Die beiden sind eine Legende." [40]

Hasegawa stieß auf großes Mißtrauen. Immer wieder wurden alle Details überprüft. Man sagte, er könne gar kein Chinesisch, und Wang kein Japanisch, sie hätten sich also leicht mißverstehen können. Andere behaupteten, Wang wäre über einen toten Russen gestolpert, der in den Fünfziger oder Sechziger Jahren hier ums Leben gekommen war.

Aber Hasegawa glaubte fest daran, daß Wangs Beschreibungen korrekt waren: „Es stimmt, Mr. Wang verstand kein Japanisch und ich kein Chinesisch. Aber seit wir uns zum ersten Mal in Beijing begegnet waren, war schon wieder ein Monat vorüber. Wir hatten zusammen gelebt und die Berge erkundet. Und wir hatten viel über das gesprochen, was uns verband – das Bergsteigen. Mit Mimik und Gestik kann man alles Wesentliche ausdrücken. Außerdem verwenden Chinesen und Japaner dieselben Schriftzeichen. Als Mr. Wang mir diese Geschichte erzählte, schrieb er mit seinem Eispickel ‚8150 Meter, Engländer, Leiche' in den Schnee."

„In den Sechzigern hatte eine große russische Gruppe einen Besteigungsversuch am Everest gestartet, bei dem es offensichtlich zu einem schweren Unfall gekommen war. Deshalb fragten mich die Leute immer wieder, ob es sich nicht um einen Russen handeln könne. Aber das glaube ich nicht, weil die Chinesen in den Fünfziger und Sechziger Jahren von den Russen das Bergsteigen als Sport erlernt hatten. Sie wußten also sehr gut, wie Russen aussahen. So wie Mr. Wang mir das Alter der Kleidung und den Zustand des Körpers beschrieb, werden sie wohl kaum einen Russen mit einem Engländer verwechselt haben."[41]

Hasegawa wollte sich von Wang alles noch einmal erzählen lassen, doch am nächsten Tag riß eine Lawine eine Gruppe von sechs Bergsteigern mit sich, darunter auch Hasegawa und Wang. Wang und zwei weitere Chinesen stürzten in eine Gletscherspalte und starben. Auch Hasegawa wurde weggerissen, konnte aber seinen Pickel ins Eis rammen und so am Spaltenrand gerade noch Halt finden. Er hatte fünf gebrochene Rippen, aber er war am Leben.

So leicht gibt der Everest seine Geheimnisse nicht preis.

KAPITEL NEUN

‚Ein Treffen – jetzt und mit allen!'

> ‚*Wir müssen uns alle hier unten treffen, zu Snickers und Tee. Wir brauchen ein Treffen – jetzt und mit allen!'*
>
> Funkspruch von Conrad Anker, nach der Entdeckung von Mallorys Leiche an der Nordwand des Mount Everest

Als wir in Kathmandu landeten, hatten wir zwei Stunden Verspätung. Wegen technischer Probleme hatten wir in Abu Dhabi das Flugzeug wechseln müssen. Deshalb konnten wir beim Anflug die majestätischen Himalayagipfel nicht mehr sehen – aber auch nicht den Smog, der wie ein braunes Sargtuch über der Stadt hängt. Nepals erste Asphaltstraße wurde 1956 fertiggestellt, und heute droht die Hauptstadt bereits an Autoabgasen zu ersticken.

Neben mir im Flugzeug saß Graham Hoyland, einer der Produzenten des BBC-Films. Nach 30 Minuten am Zoll fuhren wir mit einem Konvoi kleiner Laster zu unserem Hotel, wo wir auf die restlichen Expeditionsmitglieder stießen, die in den letzten Tagen aus allen Erdteilen angereist waren. Eric Simonson, der Leiter der Kletterpartie, war zusammen mit den meisten Bergsteigern über Los Angeles und Bangkok aus Seattle gekommen. Der Kameramann Ned Johnston, ein Amerikaner, der in Sarawak lebt, kam aus Singapore; Jyoti Rana, der Toningenieur, lebt in Kathmandu. Liesl Clark, die amerikanische Co-Produzentin, und Thom Pollard, unser Kameramann für Aufnahmen in großer Höhe, waren von Boston gekommen. Jochen Hemmleb, der Wissenschaftler der Expedition, war aus Frankfurt angereist.

Die Gruppe der Kletterer war eindrucksvoll: Alle waren Berufsbergsteiger oder Bergführer, und vier von ihnen waren zuvor schon auf den Mount Everest gestiegen. Eric Simonson (43) war seit 25 Jahren Bergführer und hatte den Gipfel im Jahr 1991 im dritten Anlauf geschafft. Dave Hahn (37) und Andy Politz (39) waren schon mehrfach am Mount Everest gewesen und hatten den Gipfel vom Norden her bestiegen – der eine 1994, der andere 1991. Auch Graham Hoyland (41) hatte ihn schon einmal erklommen. Die Gruppe der Sherpas war ebenso stark besetzt: Vier waren schon auf dem Gipfel gewesen, einige bereits mehrmals.

Conrad Anker (36) war noch nie höher als 7 000 Meter gestiegen, gilt aber als einer der besten Felsenkletterer in Amerika und ist berühmt dafür, einige der schwierigsten Berge der Erde bestiegen zu haben. Er war fest entschlossen, bei seiner ersten Everestexpedition einen Gipfelversuch zu wagen, vor allem aber wollte er den Second Step ohne die chinesische Leiter bezwingen.

Die jüngsten Bergsteiger waren Jake Norton und Tap Richards (beide 26), auch sie von Beruf Bergführer. Es war ihre erste Expedition zum Everest, obwohl beide bereits den

‚EIN TREFFEN – JETZT UND MIT ALLEN!'

8 163 Meter hohen Cho Oyu im Himalaya bestiegen hatten. Lee Meyers, ein weiteres Mitglied, war Spezialist für Notfallmedizin und ein erfahrener Bergsteiger. Seine Hauptaufgabe bei dieser Expedition bestand darin, sich um die Gesundheit und das Wohlergehen der anderen Teilnehmer zu kümmern. Viel Zeit, sich kennenzulernen, blieb nicht. Gerade hatte uns ein Fax unseres deutschen Co-Produzenten vom ZDF erreicht, das die ganze Expedition in Frage stellte. Es war ein kurzer Artikel aus der aktuellen Ausgabe der Bildzeitung. Auf Englisch hatte der Leiter der Kulturredaktion von Hand darüber geschrieben: „What does this mean, Peter? Is it a problem for you?" Statt mein Schuldeutsch zu bemühen, bat ich Jochen, den Artikel zu übersetzen. Als er ihn vorlas, wurden wir beide ganz bleich. In dem Ausschnitt stand, daß eine Gruppe japanischer Bergsteiger gerade von einer Everestexpedition zurückgekehrt sei, bei der sie Mallorys Kamera gefunden hatten.

Als Produzent hatte ich mehr als ein Jahr an diesem Projekt gearbeitet, und jetzt hatte ich endlich das Kletter- und Kamerateam im Himalaya, nur um festzustellen, daß die Japaner schneller gewesen waren. Wie hatte das passieren können? Erst zwei Wochen zuvor war ich in Tokyo gewesen, um Yashimoro Hasegawa, einen der bekanntesten japanischen Kletterer, zu interviewen. Er hatte nichts davon erwähnt, daß auch die Japaner nach der Kamera suchten. Sollte die Meldung stimmen, konnten wir gleich wieder nach Hause fahren und mußten die hohen Vorbereitungskosten rechtfertigen.

Der Film war seit über einem Jahr in Planung. Graham Hoyland, selbst ein erfahrener Bergsteiger und Fernsehproduzent aus Manchester, hatte die Idee dazu gehabt. Er hatte viele Jahre für BBC Radio gearbeitet und war schon zweimal mit einer Dokumentarfilmcrew am Mount Everest gewesen. 1993 war er der fünfzehnte Brite, der den Gipfel erreichte.

Sein Vorschlag war, über die Nordroute aufzusteigen, um nach den Leichen und den Kameras von Mallory und Irvine zu suchen, und zwar im Frühjahr 1999, dem 75. Jahrestag des Todes der beiden Everestpioniere. Die Filme könnten unter Umständen beweisen, ob die beiden am 8. Juni 1924 den Gipfel erreicht hatten.

Grahams Interesse hatte auch einen familiären Hintergrund. In den späten Sechzigern hatte sein Großonkel Howard Somervell, Freund und Klettergefährte von Mallory, dem damals zwölfjährigen Graham von der Expedition von 1924 berichtet. Somervell hatte ihm erzählt, Mallory habe seine eigene Kamera im Basislager vergessen und er habe ihm deshalb für den letzten Besteigungsversuch seine Kamera geliehen habe. Seither hatte Graham davon geträumt, Somervells Kamera zu finden.

Es war ein verlockendes Projekt, wenn auch wenig erfolgversprechend. Warum hatte man die Leichen bisher nicht gefunden? Weshalb sollten wir mehr Erfolg haben? Auch machte ich mir Gedanken, ob es ethisch zu vertreten war, nach den sterblichen Überresten zweier berühmter Bergsteiger zu suchen, die seit einem Dreivierteljahrhundert tot waren. Aber die meisten Sorgen bereitete mir der

‚EIN TREFFEN – JETZT UND MIT ALLEN!'

Gedanke an die Gefahren, die mit Filmaufnahmen in über 8 000 Meter Höhe verbunden waren. Aber das Projekt war eine Herausforderung und konnte ein echter Knüller werden, falls wir auf neue Beweise stoßen sollten. Graham schickte mir seine gesamten Unterlagen, und mir wurde allmählich klar, daß wir keinem Phantom hinterher jagten, sondern uns auf neueste Untersuchungen stützen konnten. Jochen Hemmleb, Student aus Frankfurt, hatte mit Hilfe der geologischen Kartographie den Standort des chinesischen Camps von 1975 an der Nordwand ausfindig gemacht. Die Längen- und Breitengradangaben waren auf etwa dreißig Meter genau. Unweit dieses Lagers war Wang Hong-bao auf die Leiche des Engländers gestoßen. Die Stelle lag ein ganzes Stück weit weg von der normalen Route zum Gipfel, was auch erklärte, warum die Leiche bisher nicht gefunden worden war.

Ich entschloß mich, den Film zu machen. Ein detaillierter Finanzierungsplan wurde ausgearbeitet, und nach langwierigen Verhandlungen erklärte sich ein Konsortium aus mehreren Filmgesellschaften damit einverstanden, die Kosten untereinander aufzuteilen. Zur gleichen Zeit erkundigten wir uns bei Bergführern danach, wie man eine Expedition organisieren könne. Im November 1998 erfuhren wir, daß ein amerikanisches Team ebenfalls nach Mallory und Irvine suchen wollte. Es schien mir unsinnig und auch viel zu gefährlich, zwei Teams auf dem Berg gleichzeitig nach denselben Dingen suchen zu lassen.

Wir trafen uns in Boston: ich als Vertreter der BBC, Liesl Clark von NOVA und Eric Simonson und seine Partner von der Expedition 8 000. Simonson hatte bereits eine Liste starker Kletterer zusammengestellt, aber ihm fehlte Geld. Da er dringend einen großen Sponsor brauchte, schien es sinnvoll, alle Kräfte zu einer gemeinsamen Expedition zu vereinen. Ein Wettrennen um die Leichen war nun wirklich das letzte, was wir wollten.

Die folgenden beiden Monate waren für alle Beteiligten ungeheuer hektisch: In den USA wurde die endgültige Liste der Kletterer bestimmt, Ausrüstung und Sauerstoff bestellt; in England mußte ein Filmteam gefunden, die Ausrüstung bestellt, Zeitpläne aufgestellt und am Budget gefeilt werden. Wir setzten uns auch mit den Nachfahren der beiden toten Bergsteiger in Verbindung – um uns ihrer Zustimmung zu versichern und um die Erlaubnis zu bekommen, die Leichen einer DNA-Analyse zu unterziehen.

In der dritten Märzwoche war alles bereit, verpackt und auf dem Weg nach Kathmandu. Die Bergsteiger trafen ein paar Tage früher ein, um in Ruhe ihre Ausrüstungen zu untersuchen und sich noch mit speziellem Proviant einzudecken. Graham Hoyland und ich kamen am 22. März als letzte an. Jetzt war die Gruppe komplett.

Den ersten Abend im Hotel in Kathmandu verbrachten wir verzweifelt damit, die Quelle der Bildzeitungsmeldung ausfindig zu machen. Glücklicherweise lagen Deutschland und England zeitlich ein paar Stunden hinter Nepal, und so konnten wir den Fall klären, bevor es in Europa Tag wurde.

Am Tag zuvor hatte die britische Zeitung *Mail on Sunday* ausführlich über Mallory und unsere Expedition berichtet. Bild hatte daraus eine kurze Meldung gemacht, dabei aber entweder den Inhalt völlig mißverstanden oder falsch übersetzt. Im Artikel hatte man Hasegawas Expedition von 1979 mit unserer verwechselt und die Geschichte somit völlig falsch dargestellt. Uns jedenfalls fiel ein Stein vom Herzen. Die Fahrt von Kathmandu nach Osten und dann nach Norden über die Grenze nach Tibet war eine echte Katharsis. Monatelange Organisation und Vorbereitung waren abgeschlossen, und alles, was wir vergessen hatten, mußte jetzt einfach zurückbleiben. Die Straße war wunderschön, von Bäumen und einem bunten Teppich von Feldern gesäumt, hinter denen sich im Norden das ständig wechselnde Panorama des Himalaya aufspannte. An den Hängen sah man kleine Punkte, Häuser aus Ziegelsteinen, die aus der tiefroten Erde des Kathmandu-Tals gebrannt waren – ein Blick, der mehr an die Toskana als an Nepal erinnerte. Bei Einbruch der Dunkelheit hielten wir in einer kleinen Pension in Barabhise.

Am nächsten Morgen standen wir um 4.30 Uhr auf und erreichten schon um sieben die tibetische Grenze. Sieben Tonnen Zelte, Verpflegung, Treibstoff, Film- und Kletterausrüstung – einfach alles, was die Expedition für die nächsten beiden Monate benötigte – mußte mühselig von unseren nepalesischen Fahrzeugen auf chinesische umgeladen werden. Der einzige Trost war, daß das immer noch viel einfacher war, als die Strecke zum Rongbuk zu Fuß zurückzulegen, wie Mallory und Irvine das vor 75 Jahren getan hatten.

Wir überquerten die schmale Brücke der Freundschaft, das Niemandsland zwischen Tibet und Nepal. Obwohl es sich bei dieser Stelle um die wichtigste Grenze Tibets handelt, sind die Straßen in verheerendem Zustand. Die Ausrüstung kam auf den Laster, die Expeditionsteilnehmer mußten über die Brücke laufen, vorbei an humorlosen chinesischen Grenztruppen in grünen Uniformen, die jeden unserer Schritte mit Argwohn verfolgten. Es ist immer eine nervenaufreibende Angelegenheit, eine chinesische Grenze mit Filmmaterial zu passieren. Alle Reisedokumente und die Ausrüstungslisten waren in Ordnung, aber sicher sein kann man sich nie: Zöllner sind unberechenbar. Aber alles lief glatt, in weniger als 30 Minuten hatten wir mit der Hilfe zweier Vertreterder chinesischen Bergsteigervereinigung die Formalitäten abgewickelt.

Zhangmu ist eine typische Grenzstadt, wo man alles kaufen kann, von der Stereoanlage für den Truck bis hin zu einer Frau für die Nacht. Hier begann der lange Anstieg hinauf zum tibetischen Hochplateau. Entlang der vier Kilometer langen Straße die steile Seite des Berges hinauf standen Häuser und Geschäfte. Das Leben hier hielt viele Überraschungen bereit. So lernten wir alle schnell aufzupassen, ob nicht gerade Müll aus einem Fenster über uns geworfen wurde – von der leeren Bierflasche bis zu dem, was die Chinesen beschönigend „Erde der Nacht" nennen.

Für jeden, der sich in große Höhen vorwagt, ist es von aller größter Wichtigkeit, sich langsam zu akklimatisieren. Im Basislager am Mount Everest atmet man nur noch halb so viel Sauerstoff ein wie am Meer, auf dem Gipfel nur noch ein Drittel. Deshalb ist es sehr wichtig, dem Körper genügend

‚EIN TREFFEN – JETZT UND MIT ALLEN!'

Zeit zu lassen, sich an den geringen Sauerstoffgehalt der Luft zu gewöhnen, um in großer Höhe überhaupt überleben zu können. Obwohl man die physiologischen Vorgänge bis heute nicht genau erklären kann, hat man doch in den letzten zehn bis zwanzig Jahren viel dazugelernt. Symptome wie Kurzatmigkeit, erhöhte Herzfrequenz und Kopfschmerzen tauchen auf. Schon nach wenigen Tagen beginnt der Körper verstärkt mit der Produktion roter Blutkörperchen und erhöht so die Sauerstoffaufnahme. Kleine Kapillaren, sogenannte Mitochondrien, die die Muskeln mit Blut versorgen, wachsen und werden leistungsfähiger. Außerdem verändert sich die Blutversorgung des Gehirns. All das vollzieht sich im Verlauf mehrerer Wochen, in denen man in immer größere Höhen steigt. Es gibt allerdings eine Höhe, an die sich der Körper nicht mehr anpassen kann.

Jeder Menschen braucht verschieden lange für die Anpassung. Wird die Akklimatisation überstürzt, wird man höhenkrank, was unter Umständen gefährlich ist. Zwar sind es von Kathmandu, das auf 1 370 Metern liegt, bis ins Basislager auf 5 200 Metern nur etwa 400 Kilometer, aber der Körper braucht mindestens eine Woche, um sich an die Höhe anzupassen. Am besten nimmt man sich für alles viel Zeit, trainiert nur leicht, und nimmt enorme Mengen Flüssigkeit auf – mindestens vier Liter pro Tag. Die Expeditionen in den Zwanziger Jahren brauchten zu Fuß von Darjeeling für die 480 Kilometer bis zum Rongbuk über einen Monat. Das verschafft ihnen genügend Zeit, sich zu akklimatisieren, und außerdem waren sie konditionell in sehr guter Verfassung, als sie ankamen.

Am 25. März 1999 begann unsere Reise in das Innere von Tibet. Unsere nächste Anlaufstelle war Nyalam, nur 30 Kilometer nördlich von Zhangmu, aber die Strecke steigt 1 400 Meter entlang der steilen und unwegsamen Schlucht des Bhode Kosi hinauf. Die unbefestigte Straße ist in die Flanken des tiefen Felseinschnitts geschlagen. Die Bergsteiger sprachen von der Fahrt durch das Valiumtal – und das aus gutem Grund. Schon nach wenigen Kilometern lagen auf der matschigen Straße 15 Zentimeter Schnee, die der Fahrer sich sofort zunutze machte, um das Heck des Busses durch die Haarnadelkurven rutschen zu lassen – zum großen Entsetzen der Passagiere. Hunderte von Metern unter uns toste der Fluß talwärts, Richtung Nepal.

Dieser Abschnitt der Straße kann häufig wegen Schnee- und Geröllawinen gar nicht passiert werden, aber wir hatten die Information erhalten, daß die gesamte Strecke frei war. Der Winter war außergewöhnlich trocken gewesen, und es war sehr wenig Schnee gefallen, das Lawinenrisiko war also gering. Die herabhängenden Blätter der kümmerlichen Bäume an den steilen Talwänden waren ein Beleg für die Trockenheit, und im Radio kamen ständig Meldungen über Waldbrände in Nepal.

Das *Snow Land Hotel* in Nyalam gehört dem Bürgermeister der Stadt und ist ein gutes Beispiel dafür, wie weit der Privatbesitz schon bis in die entlegensten Winkel Chinas vorgedrungen ist. Im Restaurant des Hotels auf der anderen Straßenseite aßen wir vorzüglich zu Abend. Die Räume aber waren karg, und wir nannten den Ort bald Rattenburg. Jede Nacht knabberte ein kerngesunder Nager an unseren

Rucksäcken und kletterte an den dünnen Netzen über unseren Betten, was den Zartbesaiteten unter uns den Schlaf raubte.

Die beiden Tage in Nyalam boten dem Team Gelegenheit, auf leichten Wanderungen den Akklimatisationsprozeß zu beginnen. Alle hatten mit ähnlichen Symptomen zu kämpfen: Antriebs- und Appetitlosigkeit sowie Kopfschmerzen. Einige der energischsten Teilnehmer, vor allem Conrad Anker und Andy Politz, brachen früh auf und marschierten durch die Berge, 600 Meter oberhalb der Stadt. Wir anderen entschieden uns für die entspanntere Variante und trotteten gemütlich die Hauptstraße entlang auf den nächsten Hügel.

Als nächstes fuhren wir weiter Richtung Norden. Nachts hatte es geschneit, und jetzt lag der Schnee 30 Zentimeter hoch auf der Straße. Nach zwei Stunden mit knirschender Gangschaltung und gequältem Motor erreichten wir den eigentlichen Himalaya. Wir hatten zwei Pässe überquert, den Lalung La mit 5200 Metern und den Yakruchong La mit 5125 Metern. Eine kurze Rast gab uns Gelegenheit, uns die Beine zu vertreten und einen Vorgeschmack auf die sauerstoffarme Luft in dieser Höhe zu bekommen. Zum ersten Mal wurde uns klar, was es hieß, im Basislager zu leben, wo die Atmosphäre schon recht dünn war.

Hinter dem Paß bog die Straße nach Osten ab, ins tibetische Hochplateau, eine staubtrockene Wüste, in der man alle nur erdenklichen Braunschattierungen antrifft. Wir fuhren die Nordflanke des Himalaya entlang, der sich majestätisch zu unserer Rechten erhob. Links waren die viel niedrigeren braunen Hügel der tibetischen Hochebene zu sehen. Immer wieder passierten wir die Steinruinen tibetischer Klöster, unverrückbare stumme Zeugen der brutalen Unterdrückung der tibetischen Religion durch China.

John Noels erste Eindrücke 1913 sind heute noch aktuell: „Von diesem schrecklichen Land, das seine Einwohner für das schönste der Welt halten, geht eine unvergeßliche Faszination aus. Das Leben in Tibet ist das härteste, das man sich vorstellen kann, aber der Reisende sehnt sich immer zurück nach der wilden Herrlichkeit der Berge und der langen felsigen Ebenen." [1]

Hier oben ist es kalt, trocken und unwirtlich – wie auf 4300 Metern Höhe nicht anders zu erwarten. Und dennoch schaffen es die Tibeter, sich auf dieser Höhe, dem höchsten Ort, an dem Menschen dauerhaft leben können, durchzuschlagen. In den kurzen Sommermonaten pflanzen sie Kartoffeln und Gerste an, Ziegen und Schafe machen sich das bißchen Gras im Frühjahr streitig. Als Noel das erste Mal nach Tibet kam, hielt er es für das erbärmlichste Land der Erde, aber trotz der schwierigen Bedingungen und der extremen Armut begrüßen die Tibeter jeden Besucher mit einem Lächeln.

Nach mehreren Stunden erreichten wir Tingri, 4350 Meter über dem Meer. Hier hatte die Expedition von 1921 ihr Basislager errichtet, und wir machten Bekanntschaft mit denselben 50 Stundenkilometer schnellen, trockenen und staubigen Winden, die den Aufenthalt hier so unangenehm machen. In den Zwanziger Jahren war Tingri ein bedeutendes Handelszentrum; heute ist es nur noch ein trostloser, verlorener Truckstop auf dem Highway der Freundschaft –

‚EIN TREFFEN – JETZT UND MIT ALLEN!'

ein eindrucksvoller Name für eine schmale Straße aus Bruchsteinen, die Lhasa mit dem Westen des Landes verbindet.

Seit dem Besuch von Charles Howard-Bury 1921 hat sich hier wenig verändert. Damals schrieb er: „Tingri ist am Hang eines kleinen Berges inmitten einer großen Ebene gelegen. Von dort aus kann man, wenn man nach Süden blickt, die wundervolle Kette der westlich vom Mount Everest liegenden verschneiten Gipfel sehen, von denen viele über 25 000 Fuß hoch sind."[2]

Im Süden sahen wir den schneebedeckten flachen Gipfel des Cho Oyu, des sechsthöchsten Berges der Erde, der sich hinter beigefarbenen Hügeln erhebt. Weiter östlich lag die Göttin-Mutter selbst, gehüllt in ihren unverwechselbaren Wolkenschleier, der aus winzigen Eiskristallen besteht, die vom Wind Dutzende von Kilometern weit getragen werden – ein sicheres Zeichen für starke Winde am Gipfel.

Zum Akklimatisieren verbrachten wir noch zwei Tage in Tingri. Im Morgengrauen des 29. März brachen wir auf zum letzten Teil unserer Reise, einer halsbrecherischen Fahrt von sechs Stunden über den Pang La, den „grünen Paß", ins Basislager. Auf dem Paß hielten wir kurz an, um die atemberaubende Aussicht zu genießen. Der Everest war nur noch 65 Kilometer entfernt – so nah, wie ihm Noel 1913 gekommen war.

Es war unmöglich, seinen Blick vom Berg abzuwenden. Kein Schleier zeigte sich an diesem Tag um den Gipfel, kein Wölkchen am Himmel, kein Windhauch. Alle dachten das eine: Es wäre der perfekte Tag, um den Gipfel zu besteigen. Wir sahen auch, daß die Nordwand praktisch schneefrei war.

Wenn das Wetter nicht umschwenkte und die Bergsteiger das Suchgebiet in fünf oder sechs Wochen erreichten, standen die Chancen nicht schlecht, Hinweise auf die Expedition von 1924 zu finden.

Die letzten vier Stunden fuhren wir auf der Straße, die die Chinesen 1960 zum Rongbuk gebaut hatten. Wir fühlten uns wie Liliputaner im Land der Riesen; die Erde trat einem hier in einem Maßstab entgegen, der vielen von uns völlig fremd war. Gletschermoränen hingen mehrere hundert Metern hoch über unseren Köpfen, und Felsbrocken von der Größe unseres Busses schienen nur lose auf den Felswänden zu liegen. Mehr als einen Kilometer breite Flußbette ließen uns an die tosenden Ströme denken, von denen diese Region heimgesucht wurde, wenn der Schnee schmolz.

Am frühen Nachmittag kamen wir am Kloster von Rongbuk vorbei, dem höchst gelegenen religiösen Gebäude der Welt. 1921 lebten hier noch Hunderte von Nonnen und Mönchen; heute findet man hier nur noch ein paar Dutzend, die damit beschäftigt sind, das Gebäude so gut es geht wieder aufzubauen. Die Chinesen erlauben mittlerweile die Renovierung buddhistischer Klöster in ganz Tibet – vorrangig in touristischen Gebieten.

So früh im Jahr anzureisen, barg ein Risiko, da uns die Lawinensituation hätte zwingen können, in Zhangmu zu bleiben. Aber wir hatten Glück und waren die erste Expedition am Everest. Die Sherpas hatten bereits das Basislager auf der Ostseite des Tals auf 5 200 Metern Höhe aufgeschlagen, ungefähr eineinhalb Kilometer näher am Berg als die britischen Expeditionen in den Zwanziger

Jahren. Es war ein guter Platz, eine ebene, steinig ausgewaschene Stelle mit Frischwasser aus einem nahen Gebirgsbach.

Drei große Gemeinschaftszelte und viele Einzelzelte standen bereits, als wir ankamen. Wir brauchten nur unsere Sachen auszupacken und so viele Felsbrocken wie möglich herbeizuschleppen, um die Zelte gegen die erbarmungslosen tibetischen Winde zu verankern, die fast die ganze Zeit über das Tal hinunter wehten. Hier sollten wir nun zwei Monate wohnen.

Das Rongbuktal, das „Tal der steilen Schluchten", ist selbst bei gutem Wetter ein öder Ort. Vor Tausenden von Jahren hat der Rongbuk-Gletscher das Tal U-förmig ausgehöhlt, hat sich aber seit der letzten Eiszeit weit ins Tal zurückgezogen. Zu beiden Seiten der mit Steinen übersäten Talsohle türmen sich Geröllhalden, und einen Kilometer südlich des Lagers kann man die Oberfläche des Gletschers selbst sehen – von Steintrümmern bedeckt.

Hinter dem Gletscher kann man eines der größten Wunder der Natur bestaunen: die Nordwand des Mount Everest. In der trockenen klaren Luft des Himalaya wirkte der Berg näher als die 20 Kilometer, die er tatsächlich entfernt war – eine kolossale Festung aus Granit und Eis, eine Herausforderung für jeden Bergsteiger, sein Glück an diesen Hängen zu probieren. Als Mallory 1921 zum ersten Mal in Rongbuk eintraf, war auch er von der Größe des Berges beeindruckt: „Sein Anblick verbannte jeden anderen Gedanken. Wir vergaßen die Steinwüsten und unsere Sehnsucht nach anderen Schönheiten. Wir stellten keine

Fragen und machten keine Bemerkungen. Wir schauten einfach nur hin."[3]

Uns ging es nicht anders: Der Berg verbannte alle anderen Gedanken. Jeden Tag, den wir im Basislager zubrachten, hatten wir ihn im Blick, versuchten die Windstärke anhand der Größe der Wolken zu schätzen, die über den Gipfel wehten, und suchten die höher gelegenen Hänge nach Neuschnee ab, der unsere Suche jederzeit vereiteln konnte.

Das Leben am Everest wird vom Wetter bestimmt. Früh am Morgen war es ruhig, gegen zehn aber kam immer Wind auf und blies heftig bis in den späten Nachmittag oder Abend. Feiner Eisstaub fand seinen Weg überall hin: in Augen und Ohren, Haare, Kleider, Bücher, Radios, Bandlaufwerke und Kameras. Die Nächte waren besonders bei Vollmond spektakulär, wenn der unheimliche Bergriese im Süden in voller Größe zu sehen war.

Als sich alle Expeditionsteilnehmer eingerichtet hatten, gewöhnte man sich schnell an die neuen Lebensumstände. Im März beginnt die Dämmerung um 6 Uhr, aber früh am Morgen war es sehr kalt, und kaum einer schaffte es, vor sieben aufzustehen. Nach dem Frühstück wandte sich jeder seinen täglichen Pflichten zu, meist mit einem isolierten Becher in der Hand, um die tägliche Wasseraufnahme nicht zu unterschreiten. Die ersten paar Tage nahmen wir uns nicht so viel vor, da die meisten von uns ausreichend damit beschäftigt waren, ihre Kopfschmerzen zu pflegen. Schon die geringste Anstrengung machte uns leicht benommen und kurzatmig.

‚EIN TREFFEN – JETZT UND MIT ALLEN!'

Hauptaufgabe des Fernsehteams war es, die Bergsteiger zu filmen, bevor sie ins vorgeschobene Basislager (ABC) aufbrachen. Die Bergsteiger nutzten die Zeit, ihre Ausrüstung zu testen und zu trainieren. Die goldene Regel für eine erfolgreiche Akklimatisierung heißt: hoch hinauf klettern und in geringer Höhe schlafen. Und so waren sie an den meisten Tagen unterwegs, um die Bergrücken in der Umgebung des Basislagers zu besteigen.

Das beliebteste Thema im Basislager war natürlich die Frage, ob Mallory und Irvine es 1924 geschafft hatten. Meist bildeten sich zwei Lager: das der Skeptiker, dessen Wortführer Dave Hahn war, und das der Romantiker, zu denen auch Graham Hoyland gehörte. Alle, die schon einmal am Second Step gewesen waren, wußten, was für ein schwieriges Hindernis es für einen Kletterer war, selbst mit der Aluminiumleiter. Sie bezweifelten, daß es ohne moderne Kletterhilfen überwindbar war. Aber diejenigen, die an den Erfolg Mallorys glaubten, führten immer wieder seine absolute Entschlossenheit an, den Gipfel zu erreichen. Es kann kein Zweifel daran bestehen, daß er an gefährlichem „Gipfelfieber" litt; aber reichte das, um ihn bis ganz nach oben zu bringen? 1960 hatten die Chinesen alle Widerstände überwunden. Warum, so ihr Argument, sollte Mallory 1924 nicht dasselbe gelungen sein?

Am 1. April hielten die Sherpas ihr Puja ab, eine traditionelle Zeremonie, um die Götter des Berges gnädig zu stimmen. Zwei Lamas aus dem Rongbuk-Kloster waren zu Gast, genau wie bei den britischen Expeditionen in den

Zwanziger Jahren. Die Sherpas warfen Wacholder aufs Feuer, und der kleine Steinaltar wurde mit langen Bändern buddhistischer Gebete geschmückt, so daß er wie ein Stern leuchtete.

Getreide, Bier und „Everestwhiskey" wurden zur Segnung ausgebreitet, und sicherheitshalber auch noch Eispickel. Die Mönche sangen ihre Gebete, läuteten Glöckchen, schlugen die Handtrommeln und beteten für einen sicheren Weg auf den Berg. Als die Zeremonie abgeschlossen war, bewarfen wir uns mit Getreide und stießen mit Bier und Whiskey auf unser Glück und unsere Sicherheit an.

Am nächsten Tag brachen Conrad, Tap, Jake und Tom zum Camp II auf, noch bevor das erste Yakteam im Basislager eingetroffen war. Die Yaks werden zusammen mit ihren Fahrern von den meisten Expeditionen angeheuert, um Ausrüstung und Verpflegung den East Rongbukgletscher hinauf ins Camp III zu schaffen. Selbst das Basislager befindet sich in zu großer Höhe, um dort ständig Yaks zu halten. Sie müssen also jedesmal von tiefer gelegenen Dörfern herangeführt werden. Sobald sie eintrafen, wurde verhandelt: „Die Yaktreiber beschweren sich, es sei zu früh im Jahr, die Yaks noch zu schwach und könnten nur geringe Mengen tragen. Es dauerte mehrere Stunden, bis man sich einig war, aber schließlich waren beide Seiten mit Preis und Leistung zufrieden.

Um die Mittagszeit begannen wir mit dem Aufladen. Alle Yaks hatten zwei Fässer oder Taschen über dem Rücken hängen. Jede Ladung mußte kontrolliert und gewogen werden, bevor sie am Tier befestigt werden konnte. Kein Tier durfte mit mehr als 50 Kilo beladen werden. Schließlich setzten sich 42 Yaks und sechs Sherpas in Bewegung, den East Rongbuk hinauf, um Camp II zu errichten. Sie hatten nicht einmal die Hälfte der Expeditionsausrüstung dabei. Drei Tiere trugen Futter, da es in diesen Höhen keine Möglichkeit zum Grasen gibt.

Zusammen mit den Yaks vom Basislager aufzubrechen, hieß, in die Fußstapfen von Mallory und anderer Everestpioniere zu treten. Zunächst folgten wir einem schmalen felsigen Pfad zur Ostseite des Rongbuk-Gletschers. Links von uns befand sich die steile Seite des Tals, wo riesige Felsen drohten, jederzeit als Steinlawine abzubrechen. Es zahlt sich aus, in dieser Umgebung seinen Rastplatz sorgsam auszusuchen.

Nach einer Weile verschwand der Everest aus unserem Blickfeld, und nach ein paar Stunden bogen wir links in das Tal des East Rongbuk ein, den Zugang, den Mallory auf der Erkundung 1921 übersehen hatte. Der East Rongbuk war der Schlüssel zum Everest, aber er beginnt als trügerisch kleine Schlucht, die zunächst ostwärts läuft, also vom Berg wegzuführen scheint. Hier hielt sich der Pfad auf der steilen Seite des Tals, bis er dem milchigen Schmelzwasser des Gletschers folgt. Für die schwer beladenen Yaks waren einige Passagen schwierig zu bewältigen, aber das endlose Pfeifen und Zureden der Treiber, die ihren Worten manchmal auch mit einem gezielten Steinwurf Nachdruck verliehen, hielten die Tiere auf Trab.

Oberhalb von Mallorys Camp I macht das Tal eine Biegung nach Süden, zum Everest. Aber noch immer war der große Berg hinter den mächtigen Flanken des Changtse verborgen. Hier wichen Steine und Schutt dem blauweißen Eis des herrlichen East Rongbuk-Gletschers; riesige Eistürme, sogenannte *Seracs*, sprangen wie übergroße Rückenflossen eines Haies hervor. Mallory hatte diesen Teil des Gletschers ein „märchenhaftes Königreich" genannt. Die bizarren Skulpturen entstehen durch die Bewegung und den enormen Druck im Gletscher, wenn er sich langsam talwärts bewegt. Dazu ertönt eine Symphonie des Ächzens und Krachens aus dem sich ständig bewegenden Eis.

Nach einer Nacht in Camp II ging es weiter über eine Route, die die Everestpioniere als „Trough" bezeichnet hatten – eine Route durch Moränengeröll, die zu beiden Seiten von Seracs begrenzt wird. Das ist der letzte Abschnitt bis zum vorgeschobenen Basislager (ABC), Camp III, unterhalb der imposanten Wand des North Col. Die Yaks kehrten zum Basislager zurück, wo sie noch einmal beladen wurden. Bergsteiger und Sherpas untersuchten schon einmal die Route zum Paß. Diesmal schien die Ideallinie weiter links zu verlaufen als in den Jahren zuvor, wodurch der Aufstieg steiler, aber direkter wurde. Es lag wenig Schnee, der Großteil der Route bestand aus blauem Eis. Der Weg zu Camp IV würde also anstrengend aber sicher sein.

Die Zelte in Camp III mußten sehr gut verankert sein, um den Böen zu widerstehen, die vom North Col herunterwehen und nur äußerst stabile Bauten stehenlassen. Auf 5 800 Metern ist es außerdem empfindlich kalt – kein Ort, an dem man sich lange aufhalten möchte. In solcher Höhe wird der

‚EIN TREFFEN – JETZT UND MIT ALLEN!'

Körper sehr stark in Mitleidenschaft gezogen. Die Bergsteiger müssen nach etwa einer Woche auf eine geringere Höhe absteigen, um sich dort zu erholen.

Unsere Expedition war anderen noch weit voraus. Die Seile am North Col mußten also von uns gespannt werden. Von Camp III zum North Col braucht man zwischen zwei und fünf Stunden, je nach Kondition und Witterung. Die Kletterer befestigten über 900 Meter Seil am Anstieg, der in diesem Jahr an einigen Stellen höllisch steil und eisig war. Am oberen Ende war eine fast senkrechte Eiswand – die letzte und sehr anstrengende Passage, die es zu meistern galt, bevor man sicher Camp IV erreicht.

Da am Everest der Wind von West nach Ost bläst, liegen die Hänge zum North Col im Windschatten, so daß der Schnee auf ihnen liegen bleibt. Im Frühling ist das normalerweise kein allzu großes Problem, weil es insgesamt wenig Schnee gibt, aber diese Lage macht den North Col zu einem sehr gefährlichen Gebiet in den Sommermonaten, wenn durch den Monsun sehr viel Schnee niedergeht. Mallory hatte das 1922 schmerzlich erfahren müssen.

Am 11. April, nach zehn Tagen in großer Höhe sehnten sich alle zurück ins Basislager, um sich dort zu regenerieren. Nur der eigensinnige Andy Politz blieb mit den Sherpas zusammen, fest entschlossen, weitere Seile am North Col anzubringen und Ausrüstung sowie Sauerstoff ins Camp IV zu transportieren.

An diesem Tag war Graham Hoyland im vorgeschobenen Basislager krank geworden: Seine linke Gesichtshälfte war taub, ebenso sein linkes Bein. Ursache hierfür war ein leichter Schlaganfall, eine vorübergehende ischämische Attacke. Die Unterbrechung in der Blutversorgung des Gehirns führte zu einer vorübergehenden Taubheit. Wird der Patient nicht schnell genug auf eine geringe Höhe verlegt, kann sich sein Zustand verschlechtern. Schwindel und Orientierungslosigkeit treten auf, Lähmung oder Erblindung können die Folge sein.

Unter Sauerstoffzufuhr wurde Graham schnell nach unten gebracht, und mit Lee Meyers, unserem Expeditionsarzt, hielten wir die ganze Nacht Wache, falls Komplikationen auftreten sollten. 30 Jahre lang hatte er davon geträumt, die Kamera seines Großonkels zu bergen. Nun mußte er eine schwierige Entscheidung treffen: Sollte er weiter an der Expedition teilnehmen und riskieren, daß sich sein Zustand noch verschlechterte, oder sollte er aufgeben und nach England abreisen?

Da der Arzt ihm dringend von einem weiteren Aufenthalt in großer Höhe abriet, brach Graham am nächsten Tag nach Kathmandu auf. Es war die richtige Entscheidung, aber ein vernichtender Schlag für jemanden, der so lange darauf gewartet hatte, den North Face zu besteigen. Und für alle anderen war es eine heilsame Lehre. Graham war ein erfahrener Bergsteiger, der schon mindestens zwanzigmal auf einer Höhe von 5 800 Metern gewesen war, und diesmal waren die Symptome ohne Vorwarnung aufgetreten. Er wußte, daß er Glück gehabt hatte, denn wären die Symptome in noch größerer Höhe aufgetreten, wären die Folgen viel schlimmer gewesen.

‚EIN TREFFEN – JETZT UND MIT ALLEN!'

Das Wetter blieb weiterhin für die Jahreszeit zu warm, und am North Face lag noch immer wenig Schnee. Mit sehr großer Zuversicht kehrten die Bergsteiger am 14. April ins vorgeschobene Basislager zurück und bestückten Camp IV auf dem North Col. Von hier aus kann man zum ersten Mal von Nahem einen Blick auf die breit gewölbte Nordseite werfen. Der North Col ist der riesige Sattel zwischen dem Mount Everest und dem Changtse. Die Form des Berges lenkt den Wind nach oben über den Paß, wodurch es dort oben noch kälter und windiger ist als im vorgeschobenen Basislager. Da die Bergsteiger als erste oben ankamen, hatten sie freie Wahl bei der Bestimmung des Lagerplatzes. Sie entschieden sich für einen Platz hinter einer Wand aus Schnee und Eis, die ein wenig Schutz vor dem erbarmungslosen Wind bot.

In den nächsten Tagen arbeiteten sich die Bergsteiger den Nordgrat hinauf, um Camp V zu errichten. Der Nordgrat ist eine ungeschützte Schneekante, die bei starken Winden zum unüberwindlichen Hindernis wird. Immer wieder sind Bergsteiger 100 Meter weit den Berg hinauf geschleudert worden, wenn sie von einer der teuflischen Böen erwischt wurden. Deshalb wurden neue Seile angebracht, die auf der ganzen Strecke zumindest eine Grundabsicherung bieten.

Das Wetter war trocken, die Sicht klar, aber der Wind blieb stark. Bergsteiger und Sherpas waren noch immer damit beschäftigt, Teile der Ausrüstung auf den Paß zu transportieren, und alle hofften, die Sherpas würden es bis zum 16. April ins Camp V schaffen. An jenem Morgen brachen acht von ihnen sehr früh von Camp IV aus auf, um die Seile auf den letzten 200 Metern der Route zu befestigen. Aber kaum waren sie aus dem Schutz der Eiswand herausgetreten, als sie von starken Windböen erfaßt wurden. Sie kämpften sich den Schneehang hinauf, hatten aber schon Mühe, sich aufzurichten. Da sie keine Todessehnsucht verspürten, kehrten sie zurück in Camp IV. Mit der Präparierung der Route waren wir jetzt, Mite April, unserem Zeitraum voraus. So hatten sie allen Grund, mit dem zufrieden zu sein, was sie bisher erreicht hatten.

Mittlerweile waren noch ein paar andere Expeditionen im ABC eingetroffen. Das erste war die ukrainische Nationalmannschaft, die zwar erfahrene Bergsteiger dabei hatte, nicht aber genügend Sherpas. Die Ukrainer hatten Camp IV bereits errichtet, und es wurde viel darüber spekuliert, ob sie es schon bis zu Camp V geschafft hatten. Russell Brice, der Kletterveteran aus Neuseeland, hatte sich auch im ABC niedergelassen, in einem palastartigen Lager. Außerdem waren noch Belgier, Schweizer und ein chinesischer Einzelkämpfer unterwegs. Gegen Ende des Monats gab es fast ein Dutzend Teams im ABC.

Am 19. April hatte der Wind ein wenig nachgelassen, und Conrad Anker konnte zusammen mit den Sherpas auf etwa 7 800 Metern Camp V errichten. Am nächsten Tag schleppten die Sherpas sieben Ladungen hinauf – endlich war das Sprungbrett für den Weg zum Gipfel fertig. Die Bergsteiger kehrten zur wohlverdienten Erholung ins Basislager zurück. Das Warten auf günstige Wetterbedingungen für die Suche am North Face begann.

‚EIN TREFFEN – JETZT UND MIT ALLEN!'

Am 24. und 25. April kehrte das Team ins ABC zurück. Ein paar Tage lang waren Bergsteiger und Sherpas mit Transporten ins Camp IV beschäftigt. Schließlich brach das Team am 30. April vom North Col zu Camp V auf. Die Route ist nicht sehr steil, der Untergrund besteht bis etwa 7 600 Meter aus Schnee, danach abwechselnd aus Schnee und Fels. Es ist eine auszehrende, erbarmungslose Plackerei. Jeder Bergsteiger ist auf sich gestellt – eingeschlossen in seiner Welt aus angestrengtem Atmen, schmerzenden Beinen und dem Quietschen der Stiefel auf dem trockenen Pulverschnee.

Das größte Problem aber ist der Wind. Ohne Sauerstoffausrüstung, bei gleichmäßigem Tritt und vernünftiger Gepäcklast brauchten die Bergsteiger etwa sieben Stunden bis ins Camp. Eric Simonson hatte in dieser Höhe stark zu kämpfen. Als er dem Rest des Teams nicht folgen konnte, kehrte er um ins ABC.

In Camp V halten sich die Bergsteiger nicht gerne auf. Es ist einfach zu ungemütlich. Camp V ist eigentlich gar kein richtiges Lager wie das ABC oder der North Col. Dort hat man Platz, mehrere Zelte können auf einer ebenen Fläche stehen. In Camp V hat man Eis und grobes Geröll auf einem 20 - 30 Grad steilen Abhang zum North Col an ein einigen Stellen begradigt. Auf der größten dieser Flächen finden vier oder fünf Zelte Platz, auf den meisten ist aber gerade Platz für ein oder zwei – der ganze Lagerbereich erstreckt sich 500 Meter über den Nordgrat.

Schutz vor dem Wind gibt es so gut wie gar nicht. Die Zelte müssen also mit allem, was zur Verfügung steht, gesichert werden, mit Felsen, Eishaken, Sauerstoffflaschen;

Frachtnetze und zusätzliche Seile müssen über das Zelt gespannt werden. Manchmal macht einen der Wind fast taub, in einem Sturm ist es so gut wie unmöglich zu schlafen. Von den Bergsteigern wußte man, daß sie mit ihren Eispickeln schliefen, um sich, falls das Zelt den Berg hinunter geweht werden sollte, durch den Zeltboden zu hacken in der Hoffnung, den Fall zu stoppen.

In den Aufwinden über dem Lager kreisen schwarzblaue Alpendohlen *(Pyrrhocorax graculus)*. Sie verschwenden keine Energie in der dünnen kalten Luft des Himalaya. Erstaunlich, daß diese kleinen Vögel in solcher Höhe überleben können, aber man hat sie auch schon über den Gipfel fliegen sehen. Der Frühling bringt einen neuen Schwung Kletterer an den Berg. Dann können die Vögel eine Weile von den Abfällen leben – und den Überresten der Bergsteiger, die bei den Expeditionen den Tod finden.

In solcher Höhe reduziert sich das Leben auf ein Minimum: Man zwingt sich, so viel zu essen und zu trinken, wie man kann, und sich warm zu halten. Der Besuch der Toilette wird zu einer großen Herausforderung. Trägt man keine Steigeisen, ist es wichtig, sich anzuseilen, da man sonst Gefahr läuft, in peinlicher Lage den Berg hinunterzurutschen. Einige Bergsteiger begannen, nachts Sauerstoff zu atmen, um besser schlafen zu können und nicht so stark zu frieren. Es ist zwar nicht sehr bequem, die ganze Nacht über eine Maske auf dem Gesicht zu tragen, aber der Sauerstoff verschafft sofortige Linderung bei Kopfschmerzen und müden Gliedern.

Am Abend des 30. April ließ der Wind nach, es fing an zu schneien und der Everest verschwand hinter einer schwarzen beunruhigenden Wolke. Um 3 Uhr morgens standen die Bergsteiger auf, um zu entscheiden, ob sie mit der Suche anfangen sollten. Pünktlich um fünf knisterte das Funkgerät. Dave Hahn war dran, und auf die Frage, wie er geschlafen habe, antwortete er: „Gar nicht, aber wir sind ja auch nicht zum Schlafen, sondern zum Klettern hergekommen,."[4] Trotz einer schlecht verbrachten Nacht waren die Bergsteiger guter Dinge und wollten mit der Suche beginnen.

Thom Pollard filmte den Aufstieg bis ins Camp V. Als die Kletterpartie weiter Richtung Gipfel aufbrechen wollte, hatte sein Sauerstoffgerät einen Defekt. Er versuchte, mit den anderen Schritt zu halten, aber ohne Sauerstoff und mit dem zusätzlichen Gewicht der Kameraausrüstung fiel er schnell zurück. Widerstrebend kehrte er um. Die verbliebenen Fünf – Conrad Anker, Jake Norton, Andy Politz, Tap Richards und Dave Hahn (mit Videokamera) – arbeiteten sich weiter den Nordgrat hinauf. Es war bitterkalt und windig, und für Conrad war es das erste Mal in so großer Höhe.

Auf Schnee, Eis und Fels kamen sie nur langsam voran. Dave Hahn berichtete: „Es lag sehr wenig Schnee, worüber ich mich sehr wunderte. Das Gehen war sehr schwierig, weil man ständig achtgeben mußte, worauf man seine Füße setzt."[5] Die Bergsteiger folgten der Route, die Mallory und Irvine 75 Jahre zuvor gewählt hatten. Rechts von ihnen lag die Nordwand, in der sich irgendwo die Lösung des Rätsels verbarg, was im Juni 1924 geschehen war.

Oberhalb von Camp V geht der Nordgrat in die Nordwand über, und plötzlich befindet man sich im Windschatten. Deshalb ist der Anstieg oberhalb von Camp V trotz der größeren Höhe oft leichter als der in tiefer gelegenen Abschnitten. Entlang der Strecke waren außerdem bereits Seile angebracht. Mittlerweile verwendeten die meisten Bergsteiger schon Sauerstoff – nur Conrad und Jake noch nicht.

Um Punkt 10 Uhr erreichen sie auf 8 300 Metern Camp VI, das die Sherpas erst wenige Tage zuvor aufgestellt hatten. Vorgesehen war, in westlicher Richtung die Nordseite zu queren und die Stelle zu finden, an der sich 1975 das Camp der Chinesen befunden hatte. Von dort aus weiter in westlicher Richtung mußte die Leiche liegen, die Wang entdeckt hatte.

Die Bergsteiger teilten sich auf. Dave, Tap und Andy suchten im oberen Teil der Nordwand, Jake und Conrad etwas tiefer. Der Fels besteht an dieser Stelle aus schieferartigen Platten mit einer Neigung von circa 30 Prozent. Schneereste und Eis machten die Suche zu einer riskanten Aufgabe.

Um 11.00 Uhr erreichte uns ein Funkspruch von Jake Norton. Er hatte eine der blauen Sauerstofflaschen gefunden, wie sie die Chinesen 1975 verwendet hatten. Jetzt wußten alle, daß sie auf dem richtigen Weg waren. Als nächster meldete sich Conrad. Er hatte einen Körper gefunden, aber Kleidung und Ausrüstung nach zu schließen, war er noch nicht lange tot. Wahrscheinlich handelte es sich um einen Russen, der 1997 vom Grat gestürzt war.

‚EIN TREFFEN – JETZT UND MIT ALLEN!'

Conrad suchte weiter westlich und etwas tiefer weiter, durchkämmte mit den Augen das Terrain und verließ sich auf seine Erfahrung, ehemalige Lagerstätten zu erkennen. Wenige Minuten später fand er die nächste Leiche, die schon stark ausgebleicht war, deren Ausrüstung sich bei näherer Betrachtung jedoch als zu modern entpuppte. Er studierte den Berg, versuchte, die Mikrogeographie in diesem Abschnitt zu verstehen. Wo würde ein Körper liegenbleiben, der vom Grat herunterstürzt? Andy Politz meldete, er suche zu weit westlich vom Camp der Chinesen. Conrad vertraute seiner Intuition, nicht dem Suchplan.

Tap Richards entdeckte inzwischen die dritte Leiche, die nach seiner Schätzung seit zwanzig Jahren da lag, wahrscheinlich seit der chinesischen Expedition von 1975. Die vielen Toten überraschten uns nicht. In diesem Abschnitt der Nordseite waren wir darauf gefaßt, bis zu zwölf Leichen zu finden. Der Abschnitt ist nicht so steil wie das weiter oben liegende Yellow Band. Und alle Bergsteiger, die vom Nordostgrat stürzen, bleiben erst in diesem etwas flacheren Gebiet liegen.

Conrad suchte weiter. Um 11.45 Uhr bemerkte er die Überreste eines Zeltes, an denen der Wind zerrte. Auf dem Weg zu dieser Stelle sprang ihm etwas anderes ins Auge: „Ich blickte nach rechts, und plötzlich sah ich einen weißen Flecken, und es war weder Schnee noch Fels… Ich sah Nagelschuhe, alte Kleidung aus Naturfaser, Wolle und Baumwolle. Das war es, wonach wir gesucht hatten."[6] Er war sich sicher, Andrew Irvine gefunden zu haben. Er funkte seine Teamgefährten an und forderte sie auf, zu ihm zu kommen: „Wir müssen uns alle hier unten treffen, zu Snickers und Tee."[7] Die Bergsteiger bewahren die Funkgeräte meist in ihren Daunenjacken auf, damit die Batterien länger halten. So hörten die meisten Conrads Funkspruch gar nicht. Nur Jake reagierte. Deshalb versuchte Conrad es noch einmal, diesmal mit erheblich mehr Nachdruck: „Wir brauchen ein Treffen – jetzt und mit allen!"[8]

Wir wußten, daß andere Bergsteiger unseren Funkverkehr mithören konnten und wollten natürlich verhindern, daß sie wichtige Nachrichten vor uns verbreiteten. Und so hatte man sich darauf geeinigt, im Falle eines Sucherfolgs die anderen Bergsteiger davon zu verständigen, indem man sie zu einem Gruppentreffen zusammenrief. Anschließend sollten die Funkgeräte ausgeschaltet bleiben.

Die Suche hatte nur 90 Minuten gedauert. Jetzt stand Conrad Anker alleine an der Nordwand des Everest mit dem seit vielen Jahren toten Bergsteiger: „Zuerst sah ich genagelte Schuhe. Als nächstes die Naturfasern der Kleidung. Wir wußten nicht, daß es George (Mallory) war, denn man hatte immer geglaubt, Wang habe Sandys (Irvines) Leiche gefunden... Ich ließ mich nieder. Für einen kurzen Moment gab es nur ihn und mich. Es störte ihn nicht, daß ich da war... einfach nur da zu sein als Bergsteigerkollege... Es war eine sehr friedliche Stimmung."[9]

Jake Norton war nicht weit von Ankers Position entfernt und stieg den Berg hinunter, als er den Funkspruch erhalten hatte: „Conrad saß da und sah ganz benommen aus... Ich folgte seinem Blick, und tatsächlich: Aus dem Geröll schaute

‚EIN TREFFEN – JETZT UND MIT ALLEN!'

ein gelblicher porzellanartiger Körper heraus. Er wirkte, als wolle er noch immer den Sturz aufhalten… Als ich die Nagelschuhe sah, wußte ich, daß wir den richtigen gefunden hatten."[10]

Als letzter der Fünf erreichte Dave Hahn den Fundort: „Es konnte kein Zweifel bestehen: Der Körper, den ich dort liegen sah, war anders… es war, als erblicke man die Geschichte… Er hatte Würde, allein schon wegen dem Alter, aber auch, weil er in gewisser Weise ein Teil dieses Berges geworden war… Einen Moment lang waren wir alle wie benommen und standen schweigend um ihn herum."[11]

Die Leiche, die Conrad gefunden hatte, lag mit dem Gesicht nach unten im Geröllfeld. Die Kleidung zerfiel, wenn man sie berührte – wie Wang bereits Hasegawa berichtet hatte. Am Rücken, wo die Kleidung der Sonne ausgesetzt war, war die bloße Haut zu sehen: ausgebleicht, so weiß wie eine Marmorstatue. Am rechten Fuß steckte noch der Nagelschuh. Das rechte Schien- und Wadenbein waren genau oberhalb davon gebrochen und standen auseinander. Das linke Bein lag über dem rechten, in einer Art Ruhestellung, was die Vermutung nahelegt, daß der Bergsteiger noch bei Bewußtsein war, als er nach dem Absturz liegen blieb. Die rechte Schulter war gebrochen, und die Stirn war vom Aufprall schwer verletzt, wahrscheinlich aber nicht tödlich. Beim Sturz hatte er sich auch ein paar Rippen gebrochen. Die Haut auf seiner Wange war von den Prellungen noch immer blau und schwarz. An seiner Hüfte hing ein Kletterseil, dessen Ende aussah, als sei es abgerissen.

Es war sicher, daß der Bergsteiger an den Folgen eines Absturzes gestorben war, aber sein Körper war vollständig und auch nicht übermäßig traumatisiert. Er konnte also nicht sehr tief gefallen sein, und schon gar nicht vom 300 Meter höher gelegenen Grat. Conrad Anker hatte schon mehrere Leichen auf der Nordseite gesehen, und er bemerkte sofort, daß diese in einer völlig anderen Stellung lag: „Im Vergleich zu den anderen beiden Körpern, die nach einem Sturz aus großer Höhe völlig verknäult waren, ließ mich seine Position annehmen, daß er den Sturz selbst überlebte. Er befand sich in einer aufrechten Position, die Beine am Boden, auf die Arme gestützt. Sein linkes Bein hatte er über das rechte, gebrochene gelegt. Es ist eine normale Schutzhaltung bei Schmerzen, ein Glied mit einem anderen zu schützen." [12]

Die Leiche war mit Geröll und Eis zusammengefroren, und auf dieser Höhe war es nicht leicht, sie auszugraben. Die Bergsteiger konnten keinen Sauerstoff atmen, weil Bewegung und Kommunikation durch die Maske und das Tragegestell zu stark eingeschränkt wurden. Vorsichtig fingen sie an, den Körper zu untersuchen, ihn in seiner Totenruhe so wenig wie möglich zu stören. „Wir waren ja sicher, daß es sich um Irvine handelte", erinnert sich Jake Norton. „Das heißt, darauf waren wir gefaßt. Ich hatte sogar bereits angefangen, einen kleinen Grabstein für Irvine ins Eis zu kratzen, auf dem stand ‚Irvine, von 1902 bis 1924'. Dann besahen wir uns den Körper näher. Die Kleidung war weitgehend zerfetzt, aber wir mußten jedes Detail untersuchen. Am Rücken war sie vom Kragen an eingerissen. Ich entdeckte auch ein paar Etiketten und konnte einen Namen lesen... G. L. Mallory. Zunächst dachte ich, Irvine hätte sich Mallorys Hemd geborgt – schließlich hatte die Leiche blondes Haar, Mallory aber schwarzes. Wir entdeckten weitere Namensschilder – es mußte sich also doch um Mallory handeln, dessen Haar im Laufe von 75 Jahren ausgebleicht war." [13]

Auch Dave Hahn erinnerte sich: „Wir dachten alle, wir würden nach Sandy Irvine suchen, und ich hatte auch keinen Zweifel daran. Jake fand das Namensschild am Nacken, auf dem ‚G. Mallory' steht. Unser erster Gedanke war, ‚Interessant, Sandy Irvine trägt die Kleider von George Mallory' Es dauerte ein paar Minuten, bis wir es kapiert hatten!" [14] Conrad Anker war von der Entdeckung ganz gerührt: „Ihn und seine Statur zu sehen, war das größte. Er lebte wirklich für das Bergsteigen. Man mußte sich nur seine starken Arme ansehen, wie geschaffen zum Klettern. George hatte seinen Frieden gefunden, während er das tat, was er immer tun wollten." [15]

Immer mehr Teile des Puzzles fügten sich zusammen. Die Kamera war nirgends, aber die Gletscherbrille steckte in seiner Brusttasche. Auch das Messer, eine kleine Schere, eine Schachtel Swan-Vesta-Streichhölzer und der Höhenmesser konnten gefunden werden. Auch ein paar Notizen über Ausrüstung und Vorräte sowie eine unbezahlte Rechnung von 1924 waren in der trockenen kalten Luft sehr gut erhalten geblieben.

Nur von seinem Sauerstoffgerät fehlte bezeichnenderweise jede Spur. Dies legt nahe, daß Mallory beim *Abstieg* stürzte. Das Seil um seine Hüfte ist ein Zeichen dafür, daß er zum Zeitpunkt des Sturzes mit Irvine angeseilt war. Aber all das sollte zu einem späteren Zeitpunkt interpretiert werden.

Drei Briefe hatte Mallory in der Tasche stecken, von Freunden und der Familie. Auf den Umschlägen waren noch die Briefmarken und die Stempel der Stationen zu erkennen, über die sie von England über Indien nach Tibet gekommen waren.

Als die Untersuchung abgeschlossen war, hielten die Bergsteiger einen Gottesdienst zu Ehren ihres toten Kameraden ab. Mallory stammte aus einer Familie von Geistlichen der Kirche von England und hatte selbst mit dem Gedanken gespielt, sich für das geistliche Leben zu entscheiden. Dort oben, an der Nordwand des Everest, las Andy Politz einen Absatz aus Psalm 103. Als der Gottesdienst vorüber war, begruben die Bergsteiger ihren Helden mit Geröll und kehrten ins Camp V zurück.

Den Großteil der Nacht blieben sie wach und redeten. Natürlich ging es vor allem darum, ob Mallory und Irvine 1924 den Gipfel erreicht hatten oder nicht. Dave Hahn äußerte sich später dazu: „Als Bergsteiger lebt man immer in dem Glauben, alle anderen Bergsteiger, die vor einem da waren, können nicht so viel erreicht haben wie wir (heute). Man weiß, daß sie keine gute Ausrüstung hatten, und mit welchen Schwierigkeiten sie zu kämpfen hatten. Aber du stehst da oben und siehst diesen Mann an, seine Arme. Er ist ein Kletterer. Du siehst die Spannung in seinem Körper. Du kannst etwas von seiner Entschlossenheit spüren. Und plötzlich packt dich der Gedanke: Vielleicht hat er den Gipfel ja doch erreicht. Der Second Step bleibt ein Problem. Ich

‚EIN TREFFEN – JETZT UND MIT ALLEN!'

weiß nicht, *wie* er ihn hätte überwinden sollen, aber ich denke, genau darum geht es: Mallory war ein Typ, dem die Vernunft bei seiner Entschlossenheit nicht in die Quere kam. Ich habe meine Meinung geändert. Ich halte es für möglich, daß er es geschafft hat!"[16]

In der Nacht tobte ein heftiger Sturm im Gebirge, Donner hallte um die hohen Gipfel, und grelle Blitze gingen nieder. Der Wind war stark, und es begann zu schneien. Der Everest schien erzürnt, daß man seine Ruhe störte.

Die Bergsteiger kehrten ins Basislager zurück, um sich von der Höhe zu erholen, aber ihre Aufgabe war noch lange nicht erledigt. Alles, was man gefunden hatte, mußte fotografiert und aufgelistet werden. Aber wichtiger war es noch, den nächsten Vorstoß auf den Gipfel vorzubereiten. Irvine war noch nicht gefunden, und Conrad Anker wollte den Second Step *ohne* Hilfsmittel überwinden. Konnten Mallory und Irvine dieses schwierige Hindernis vielleicht doch bezwungen haben? Ankers Versuch konnte uns einer Antwort näherbringen und uns helfen, die letzten Stunden vor dem Unglück zu rekonstruieren.

Am 14. Mai war das Team wieder in Camp V, aber das außergewöhnlich gute Wetter war vorüber. Wind und Schnee zwangen die Bergsteiger dazu, in ihren Zelten auszuharren. Der Wind erreichte Sturmstärke und blies Böen mit einer Geschwindigkeit von 100 Stundenkilometern über den Grat. Neben Lärm und Kälte litten alle unter Schlafmangel und Appetitlosigkeit. Langsam wurden ihre Vorräte knapp. Die Sherpas Dawa Nuru und Ang Pasang wurden von Camp IV nachgeschickt, um die festsitzenden Kletterer mit Nachschub zu versorgen. Sollte sich tatsächlich, den Vorhersagen gemäß, das Wetter bessern, wollte das Team am 17. Mai zu Camp VI aufbrechen. Und tatsächlich, es schien ein klarer Tag zu werden. Es schneite nicht mehr, nur der Wind wehte noch immer sehr heftig. Um acht brachen die Bergsteiger nach drei Tagen in Camp V auf, um zu Camp VI zu gelangen – dem mit 8 300 Metern höchstgelegenen Lager der Welt. Von dort hat man einen Blick über die gesamte Länge des Gletschers.

Dem neuen Plan zufolge sollte zugleich versucht werden, sowohl den Gipfel zu erreichen als auch die Suche fortzuführen. Andy Politz sollte mit Thom Pollard als Filmer nach der Leiche von Andrew Irvine Ausschau halten; Conrad Anker, Jake Norton, Tap Richards, Dave Hahn und zwei Sherpas sollten inzwischen versuchen, den Gipfel zu erreichen.

Bei dieser letzten Etappe der Expedition sollten die Gipfelbesteiger eine weitere Unklarheit beseitigen. Eric Simonson hatte 1991 zwei alte Sauerstofflaschen am First Step entdeckt – auf einer Höhe von etwa 8 500 Metern. Simonson konnte sich nicht mehr an die Einzelheiten erinnern, aber mit großer Wahrscheinlichkeit stammten sie von einer britischen Expedition aus der Vorkriegszeit. Sollte man die Flaschen finden und sich außerdem zeigen, daß sie von der Expedition 1924 stammten, wäre das ein weiterer wertvoller Hinweis auf die Ereignisse des 8. Juni 1924.

Die Wetteraussichten waren vielversprechend, und die Bergsteiger standen um Mitternacht auf, um sich für ihre schwere Aufgabe zu rüsten. Auf dieser Höhe erwachen die meisten Bergsteiger mit unbeschreiblich starken Kopfschmerzen. Grund dafür sind Dehydrierung und Sauerstoffmangel. Am Morgen müssen als erstes die Öfen in Gang gesetzt werden, um Eis für ein warmes Getränk zu schmelzen. Dann reiben sich die Kletterer Finger und Zehen warm, bevor sie in Handschuhe und Stiefel schlüpften. Wer das unterläßt, muß im Verlauf des Tages mit Erfrierungen rechnen.

An diesem Morgen brauchten sie mehr als zwei Stunden Vorbereitungszeit. Sie zogen sich dick gepolsterte Anzüge aus einem Stück über, in denen sie wie „Michelinmännchen" aussahen. Darüber kam der Windschutz, isolierte Stiefel, Neoprengamaschen und extra leichte Sauerstofflaschen. Vor dem Aufbruch wurde die Ausrüstung noch einmal überprüft: Zwei Gletscherbrillen, Helmlicht mit Ersatzglühbirne und Ersatzbatterie, Funkgerät, Energienahrung, Plastikflaschen mit warmer Flüssigkeit und leichtgewichtige Kletterausrüstung. Das alles unterschied sich sehr von den Vorbereitungen Mallorys und Irvines 75 Jahre zuvor, die bei ihrem Gipfelversuch nicht auf moderne Technologie setzen konnten.

Kurz nach 2 Uhr morgens brachen sie auf. Zunächst überquerten sie eine Zone, in der sich Eis und Steinplatten abwechselten, was es den Kletterern schwer machte, einen gleichmäßigen Rhythmus zu finden. Die Abstände untereinander ließen sie recht groß werden, damit sich nicht zu viele von ihnen gleichzeitig auf dasselbe Seilstück oder denselben nicht überprüften Haken verließen.

Am *Yellow Band* mußten sie, noch in vollkommener Dunkelheit, ein steiles Stück klettern. Das einzige Licht kam von den Lampen am Helm. An den meisten Bergen rasten die Kletterer, um beim Wechsel von Eis auf Fels die Steigeisen abzunehmen, aber am Mount Everest wechselt der Untergrund so schnell, daß die Steigeisen auch auf den felsigen Passagen getragen werden müssen – wodurch sich die Gefahr erhöht, auszurutschen und sich einen Knöchel zu verletzen. Durch das Scharren der Stahlspitzen über den verwitterten Stein geht in steilen Passagen unweigerlich ein Schauer kleiner Steine auf den folgenden Kletterer nieder. Überall war der Fels angegriffen und lose, Griffe und Tritte erwiesen sich häufig als unzuverlässig. Aus der Ferne wirkt der Everest wie ein riesiger Monolith aus Granit – in Wirklichkeit ist er aber eine bröselige Kalksteinruine.

Jetzt näherten sich die Kletterer der „Todeszone", einer Höhe, in der die Atmosphäre so dünn ist und so wenig Sauerstoff hat, daß der menschliche Organismus mit beträchtlicher Geschwindigkeit zerfällt. Mit jeder Stunde, die verging, rückten die Bergsteiger dem Tod einen Schritt näher. Selbst mit zusätzlichem Sauerstoff kann man hier oben nur ein paar Tage überleben. Höhe ist ein unsichtbarer Mörder.

Im Morgengrauen nahmen sie ihre Helmlampen ab und genossen die wunderbare Aussicht. Der elegante, pyramidenartige Gipfel von Pumori, der majestätische Gyachung und der überwältigende, schneebedeckte Cho Oyu lagen jetzt alle *unterhalb* von ihnen. Um 6.00 Uhr funkte Dave Hahn ins ABC und teilte mit, daß man nur langsam voran gekommen sei, sich jetzt aber dem First Step nähere. Der First Step ist ein etwa 30 Meter hoher Felspfeiler, den die Bergsteiger rechts queren können.

Hinter dem First Step näherten sie sich einem furchterregenden, messerscharfen Grat zwischen der Kangshung-Wand und der Nordwand. An einigen Stellen war der Grat nur 30 Zentimeter breit, und zu jeder Seite fiel eine fast senkrechte Eiswand 3000 Meter in die Tiefe bis hinunter auf die Gletscher. Ist der Wind stark oder die Sicht schlecht, gehört diese Passage zu den gefährlichsten Abschnitten der Gipfelroute. Das Kletterteam sicherte sich an den zerfetzten und ausgefransten Seilen, die sich entlang des Grats schlängeln und mit etwas Glück einen Sturz aufhalten können. Mallory und Irvine hatten keine derartigen Absicherung gehabt.

Innerhalb weniger Stunden schien sich das Wetter zu bessern. Die große, linsenförmige Wolke über dem Gipfel war verschwunden, die Sonne schien. Um 8.40 Uhr erreichten sie den Fuß des Second Step. Conrad Anker machte sich bereit für seinen historischen Versuch. Er entschied sich dafür, nach rechts zu queren und zu versuchen, in die Nähe der chinesischen Leiter zu gelangen, auch wenn dieser Teil noch im Schatten lag.

Um 9.30 Uhr meldete sich Tap Richards. Man konnte die Enttäuschung in seiner Stimme hören, als er uns mitteilte, daß er, Jake Norton und der Sherpa Ang Pasang umdrehen würden. Vier Nächte in so großer Höhe hatten ihren Tribut gefordert: Sie konnten nicht mehr. Dreißig Minuten später verkündete auch Dawa Nuru, der Sirdar, daß er umkehren würde. Damit waren nur noch Conrad Anker und Dave Hahn auf dem Grat.

Jake und Tap kehrten ins Camp VI zurück, fanden aber beim Abstieg noch die beiden alten Sauerstofflaschen, an derselben Stelle am First Step, an der Simonson sie acht Jahre zuvor zurückgelassen hatte. Sie stammten von der Expedition 1924 und konnten nur von Mallory und Irvine *auf dem Weg* zum Gipfel hier abgestellt worden sein. Wieder hatte sich ein Teil des Puzzles einpassen lassen.

Unterdessen versuchte Conrad Anker, den Second Step ohne Hilfsmittel zu erklettern. Zunächst probierte er es mit einer offensichtlich leichten Route rechts der Leiter, mußte aber feststellen, daß der Stein an dieser Stelle zu lose und bröckelig war. Da dieser Abschnitt ungeschützt direkt an der Nordwand lag, erschien ihm der Versuch zu gefährlich. Er versuchte sich an einem vertikalen Riß links der chinesischen Leiter. Der Riß war aber zu weit, um eine Hand oder einen Fuß hineinzuklemmen. Aber schließlich gelang es ihm, sich mit Hilfe der Knie hochzuziehen und zur Absicherung einen 75-mm „Friend" in den Riß zu stecken.

Leider war ihm an einer Stelle die Leiter im Weg, und er trat ungewollt auf eine Stufe. Puristen werden sagen, daß damit sein Versuch, den Second Step ohne Hilfsmittel zu erklettern, mißlungen sei. Aber wäre die Leiter nicht da gewesen, hätte er vielleicht einen anderen Halt gefunden. Es war eine großartige Leistung: die erste *bestätigte* Bezwingung des Second Step ohne Hilfsmittel und ohne Sauerstoff. Mit diesem Erfolg erneuerte sich die Debatte, ob Mallory und Irvine dieses Hindernis 1924 bezwingen konnten oder nicht.

Hinter dem Second Step war die Gipfelpyramide zum ersten Mal in voller Pracht zu sehen. Aber noch war es ein langer Weg bis nach oben. Sie überqueren ein langes, langsam zum Third Step ansteigendes Geröllfeld. Der Third Step ist eine schwierige Felsnase auf dem Grat, aber bei weitem nicht so anspruchsvoll wie die anderen beiden Steps. Er kann entweder direkt geklettert oder nach rechts bis zu einem Schneefeld gequert werden. War es hier, daß Odell Mallory und Irvine zuletzt gesehen hatte?

Während sich Hahn und Anker dem Gipfel näherten, querten Thom Pollard und Andy Politz die Nordwand unterhalb von ihnen, auf der Suche nach der Leiche von Irvine – aber leider ohne Erfolg. Diesmal hatten sie einen leichtgewichtigen Metalldetektor dabei, mit dem sie Mallorys Leiche noch einmal absuchten. Als das Gerät über die zerfetzte Kleidung glitt, zerriß der charakteristische hochfrequente Ton die Gebirgsstille.

Natürlich hofften sie, endlich die verschollene Kamera gefunden zu haben. Aber als Thom sich über den Toten beugte und ihm in die rechte Hosentasche griff, förderte er Mallorys Uhr zu Tage. Die Abdeckung aus Glas fehlte, Scherben gab es keine. Also war die Uhr wahrscheinlich schon kaputt gewesen, als er sie eingesteckt hatte. Auch der Minutenzeiger fehlte, aber der Stundenzeiger stand genau auf 2 Uhr. Konnte es sich dabei um die Stunde des Unglücks handeln? Oben auf dem Grat sahen sich Anker und Hahn immer schlechterem Wetter ausgesetzt – wie seinerzeit

Mallory und Irvine. Es fing an, stark zu schneien, und bei der schlechten Sicht kamen sie noch schwerer voran. Sie stiegen weiter hinauf und querten den Third Step. Aber noch immer hatten sie ein Stück Weg in der kristallklaren Luft zurückzulegen. Vor ihnen lag ein steiles lawinengefährdetes Eisfeld, eine Felstraverse und schließlich ein steiler Schneehang hinauf zum Gipfelgrat.

Die letzten 200 Meter führten sie durch tiefen Schnee, mit riesig aufgeblähten, gefährlichen Schneewächten über der Kangshung-Wand zu ihrer Linken. Noch ein paar Schritte, dann waren sie auf dem Dach der Welt – ein erstaunlich kleines Dach, etwa von der Größe eines Billardtisches, das nach Norden und Süden steil abfällt. Es war 14.50 Uhr. Von Camp VI bis hierher hatten die beiden zweieinhalb Stunden gebraucht.

Es war eine erstaunliche Leistung, vor allem für Conrad Anker, der noch nie höher als 7 000 Meter gestiegen war. Unter ihnen erstreckte sich im Norden die große tibetische Hochebene, im Süden die Dschungel Nepals. An einem klaren Tag kann man von hier oben sogar die Krümmung der Erde erkennen. Aber an diesem Nachmittag war ihnen ein solcher Ausblick nicht vergönnt. Unterhalb des Gipfels hatten sich Wolken zusammengezogen.

Da Anker und Hahn allmählich der Sauerstoff auszugehen drohte, kehrten sie um und machten sich an den Abstieg zu Camp VI. Es quälte sie nur eine Frage: Konnten Mallory und Irvine 75 Jahre zuvor den Gipfel erreicht haben?

KAPITEL ZEHN

,Weil Mallory Mallory war'

‚Der Unfall (ereignete sich) beim Abstieg (wie meistens)... Und wenn das so war, wurde der Gipfel zuerst bestiegen, weil Mallory Mallory war.'

Geoffrey Winthrop an Douglas Freshfield, August 1924

„Was soll das Ganze?" fragte Howard Somervell, als die Expedition 1924 das Basislager verließ und die Heimreise antrat. „Na ja, ich glaube, der Berg kann bestiegen werden – vielleicht ist er sogar bestiegen worden. Oberhalb von 28 000 Fuß befindet sich ein 200 Fuß langer Abschnitt von äußerst losen Felsen, in dem sich, davon gehe ich aus, die Katastrophe ereignet hat. Die Hauptgefahr liegt darin, daß der Fels dort zugleich lose als auch steil ist..."[1]

Als Jake Norton 75 Jahre später wohlbehalten von der Expedition zurückkehrte, bei der Mallorys Leiche gefunden worden war, äußerte er sich noch sichtlich erschüttert: „Ich weiß, sie hätten es schaffen können, und ich glaube, sie haben es geschafft, und ich werde es auch weiterhin glauben, bis es einen schlüssigen Beweis für das Gegenteil gibt."[2]

Vor Beginn der Forschungsexpedition schien es eher unwahrscheinlich, daß wir Beweisstücke dafür finden würden, ob Mallory und Irvine den Gipfel des Everest erreicht hatten. Allerdings bestand natürlich immer die Chance, Sommervells kleine Kodak zu finden. Vielleicht würde ja der Film zeigen, daß Mallory und Irvine tatsächlich den Gipfel erreicht hatten. Er war die einzige Möglichkeit, ihren Erfolg endgültig zu beweisen.

Wir fanden die Kamera nicht, aber das neue Beweismaterial ist genauso interessant und erlaubt es, die Situation der beiden Kletterer an dem schicksalhaften Tag an der Nordseite des Everest neu zu beurteilen.

Ein ewiger Streitpunkt bezüglich des letzten Tages von Mallory und Irvine war der *Zeitpunkt,* an dem sie Camp VI verlassen hatten. Sollte er sich genauer bestimmen lassen, könnten daraus ihre Bewegungen für einen Großteil des restlichen Tages abgeleitet werden.

Heute brechen die Bergsteiger sehr früh Richtung Gipfel auf, und der Versuch von Dave Hahn und Conrad Anker am 17. Mai war da keine Ausnahme. Am Nachmittag des Vortags zogen sie sich um ca. 4 Uhr in ihre Zelte zurück und versuchten, sich, so gut es ging, auszuruhen. Mehr als unruhigen Schlaf kann man sich in dieser Höhe nicht erhoffen. Um Mitternacht ließen sie sich von ihren Armbanduhren wecken. Die ersten beiden Stunden aßen sie, soviel sie konnten, schmolzen Eis und versuchten, so viel Wärme wie möglich in ihren Füßen zu speichern, bevor sie ihre isolierten Bergsteigerschuhe anzogen. Sie verließen das Zelt kurz nach 2 Uhr und verbrachten die nächsten zwei Stunden, noch vor Sonnenaufgang, mit der Überwindung des *Yellow Band.*

‚WEIL MALLORY MALLORY WAR'

Die ersten Expeditionen waren alle später aufgebrochen – und darauf sind ihre wiederholten Mißerfolge wohl auch teilweise zurückzuführen. Als Norton und Sommervell am 3. Juni 1924 ihren erfolglosen Versuch starteten, verließen sie Camp VI, wie es bei allen Vorkriegsexpeditionen üblich war, um 6.40 Uhr. Um 1 Uhr nachmittags wurde Norton klar, daß ihm nicht mehr viel Zeit blieb: Noch waren es 270 Meter bis zum Gipfel. Geoffrey Bruce und George Finch verließen bei der Expedition 1922 das Lager um 6.30 Uhr, und Mallorys Versuch einige Tage zuvor begann auch nicht vor 5.40 Uhr. Um 12.30 Uhr mußten sie umkehren, wie Norton und Sommervell noch immer hoffnungslos weit entfernt vom Gipfel.

Mallory war bekannt dafür, früh aufzubrechen, und auch am 8. Juni hatte er mit Sicherheit rechtzeitig loskommen wollen. Das war wahrscheinlich ein Grund dafür, warum er sich nicht Odell zum Kletterpartner wählte: Odell brauchte morgens immer eine lange Anlaufzeit. Mallorys letzte Mitteilung an Noel war unmißverständlich: „Wir werden morgen (am 8.) wegen der klaren Sicht wahrscheinlich sehr früh aufbrechen. Es wird um 8.00 Uhr abends (Er meinte natürlich morgens.) nicht zu früh sein, nach uns Ausschau zu halten, entweder bei der Überquerung des Felsgürtels oder beim Aufstieg den Nordostgrat entlang."[3] Wir wissen also, daß Mallory früh aufbrechen wollte. Als die Expedition von 1933 Camp VI der Expedition von 1924 durchsuchte, fand sie eine Lampe und eine Faltlaterne. Selbst für den chronisch vergeßlichen Mallory ist es unwahrscheinlich„ daß er das Lager im Dunkeln ohne Licht verlassen hat. Dies führt zu der Vermutung, daß die Kletterer nicht vor Tagesanbruch (am

Everest Anfang Juni also etwa um 5.00 Uhr) aus dem Lager aufgebrochen sind.

Ein Anfang vor Tagesanbruch wäre selbst für Mallory viel zu früh gewesen. Die ersten Kletterer brauchten viele Stunden Vorbereitung, vor allem weil es endlos lange dauerte, bis über der Flamme der leistungsschwachen Kocher die ledernen Bergschuhe aufgetaut waren und sie sie endlich anziehen konnten. Mallorys Unna-Kocher war am Abend zuvor ins Tal gestürzt, und ohne die geringe Wärme, die er abstrahlte, verzögerte sich der Aufbruch der beiden noch mehr. Ohne Kocher konnten sie auch weder Schnee noch Eis schmelzen, um ihre Wasserflaschen aufzufüllen. Sie mußten also an ihrem letzten Tag auf dem Everest zusätzlich auch noch stark dehydriert gewesen sein.

Es wurde viel über die Fundstücke in Camp VI spekuliert, in dem die Sauerstoffausrüstung über den gesamten Zeltboden verstreut herumlag. Odell vermutete, in letzter Minute sei noch ein Problem aufgetreten: „Im Innern fand sich eine wilde Mischung aus Kleidungsstücken, Essensresten, den beiden Schlafsäcken, Sauerstoffflaschen und anderen Teilen der Sauerstoffausrüstung, während ein Teil davon zusammen mit den Tragegestellen aus Duralumin (leichte, sehr stabile Aluminiumlegierung) auch vor dem Zelt lag. Das sah sehr nach Reparaturarbeiten, nach Schwierigkeiten mit der Sauerstoffversorgung aus. Die Apparate selbst mußten wahrscheinlich repariert oder modifiziert werden, entweder bevor oder nachdem sie Camp VI verlassen hatten. So kam es zu ihrem verspäteten Aufbruch." [4]

Es gibt aber auch noch eine andere Erklärung. Irvine könnte am Vormittag des Vortages an der Ausrüstung gearbeitet und bei Einbruch der Dunkelheit damit aufgehört haben. Die unfertige Arbeit ließ er draußen liegen. Mallory war berühmt für seine Unordentlichkeit, und das Chaos im Zelt war für seine Verhältnisse nichts Ungewöhnliches. Die Flaschen im Zelt konnten auch benutzt worden sein, um in der Nacht Sauerstoff zu atmen. Odells Entdeckung läßt also keine eindeutige Schlußfolgerung zu.

Wahrscheinlich verließen Mallory und Irvine Camp VI nicht vor 6 Uhr, vielleicht sogar einige Stunden später, falls sie wirklich Probleme mit ihrer Ausrüstung hatten. Damit lagen Mallory und Irvine *mindestens* vier Stunden, vielleicht sogar sieben Stunden hinter Anker und Hahn, die am Gipfeltag um kurz nach 2 Uhr aufbrachen.

Mallory war ein „Gratwanderer", der sich ganz intuitiv Routen entlang des Grats suchte, statt etwas tiefer die Wand zu queren. In seiner Nachricht an Noel vom Vortag war er sich nicht schlüssig, welche Route er wählen sollte. Doch durch Odells Augenzeugenbericht wissen wir, daß Mallory wieder seinem Instinkt folgte und am Morgen auf den Nordostgrat stieg. Anker und Hahn wählten dieselbe Route wie er.

Das nächste wichtige Puzzlestück für die Rekonstruktion des Tagesablaufs ist der Bericht von Odell, der behauptet, die beiden um 12.50 Uhr auf dem Grat gesehen zu haben. Wenn man einmal die Möglichkeit beiseite läßt, daß es sich um ein Trugbild gehandelt hat, stellt sich die Frage, wo genau sich die beiden um diese Zeit befunden haben? Und auch in dieser Frage helfen die neuen Erkenntnisse von 1999 weiter.

Sowohl Hahn als auch Anker waren erfahrene, junge und gut trainierte Bergsteiger. Hahn hatte bereits 1994 auf dem Gipfel des Everest gestanden, kannte also die Route und *wußte* im Unterschied zu Mallory und Irvine, daß man den Gipfel erreichen konnte. Das Wetter war gut, sie verwendeten die neueste Ausrüstung, die beste Kleidung, das leichteste Sauerstoffgerät; einen Großteil der Strecke konnten sie sich an bereits dort befestigten Seilen sichern. Die Voraussetzungen waren optimal.

An diesem Morgen brauchten sie zwei Stunden zur Überwindung des *Yellow Band*. Kurz nach dem Morgengrauen, vier Stunden nach dem Aufbruch, hatten sie noch immer nicht den First Step erreicht. Heutige Bergsteiger brauchen für diese Strecke alle mehr oder weniger dieselbe Zeit – einige waren schneller, zahlreiche langsamer.

Nimmt man die Zeit von Hahn und Anker bis zum First Step als realistischen Durchschnitt und geht davon aus, daß Mallory und Irvine nicht vor 6 Uhr wegkamen, können die beiden *frühestens* um 10 Uhr am First Step gewesen sein.

Zusätzlich gibt es Hinweise darauf, daß Mallory und Irvine erst nach vier Stunden dort ankamen. Denn 1991 fand Eric Simonson mitten auf dem Grat am First Step zwei alte Sauerstofflaschen. Jake Norton und Tap Richards brachten diese Flaschen mit, nachdem sie am 17. Mai am Second Step umgekehrt waren. Es ließ sich zweifelsfrei feststellen, daß sie von der Expedition 1924 stammten. Außer Mallory und Irvine konnte sie dort niemand abgestellt haben.

Die Flaschen enthielten 535 Liter Sauerstoff mit einem Druck von 120 Atmosphären. Beim Anstieg von Camp IV zu

Camp V zwei Tage zuvor hatte Irvine den Apparat auf eine Abgabe von 1,5 Litern pro Minute eingestellt – das bedeutet etwa vier Stunden Sauerstoff pro Zylinder. (Die Ventile ließen sich auf maximal 2,2 Liter pro Minute einstellen. Allerdings ist es unwahrscheinlich, daß die beiden Sauerstoff in dieser Dosierung atmeten.) Aus seiner Nachricht an Odell wissen wir auch, wieviel Sauerstoff Mallory für den Gipfel eingeplant hatte: „Wir werden wahrscheinlich mit zwei Flaschen laufen – aber es ist eine verdammte zusätzliche Last."[5]

Kein Bergsteiger schleppt unnötiges Gewicht mit sich herum. Mallory und Irvine hätten die erste Flasche mit Sicherheit abgestellt, sobald sie leer war, wohl aber kaum vorher. Daß die Flaschen am First Step lagen, ist also ein weiterer Beleg dafür, daß sie dort etwa nach einem vierstündigen Marsch ankamen, irgendwann zwischen 10 Uhr und 13.30 Uhr (Wenn man davon ausgeht, daß sie nicht nach 9 Uhr aufgebrochen sind).

Die Strecke zwischen First und Second Step ist technisch nicht sehr anspruchsvoll; die Steigung am Grat beträgt nur 150 Meter. Allerdings verläuft die Route auf einem messerscharfen Grat zwischen der Kangshung-Wand und der Nordwand. Hahn und Anker, die sich an alten Seilen sichern konnten, brauchten für diesen Abschnitt zwei Stunden.

Mallory und Irvine jedoch hatten damals keine Sicherung. Also haben sie mindestens genauso lange gebraucht, wahrscheinlich sogar länger. Am Fuß des Second Step waren sie vermutlich zwischen 12.30 Uhr und 16.00 Uhr. Es stellt sich also die Frage, wo Odell Mallory und Irvine um 12.50 Uhr gesehen hat.

Odells erster Eindruck war, daß die beiden sich vom Second Step zum Gipfel bewegten, und das paßt auch in die Zeitkalkulation.

„...der gesamte Gipfelgrat und der Gipfel des Everest waren zu sehen. Meine Augen hefteten sich auf einen winzigen schwarzen Punkt auf dem verschneiten Kamm unterhalb einer Felsstufe; der schwarze Punkt bewegte sich. Ein weiterer schwarzer Punkt wurde erkennbar, bewegte sich durch den Schnee auf den anderen zu. Der erste näherte sich daraufhin der Felsstufe und tauchte kurze Zeit später oben auf; ebenso der zweite..."[6] Aber Odell sah sie nur ein paar Minuten lang, und den Second Step konnten sie in dieser Zeit niemals überwinden.

Mallory und Irvine können demzufolge entweder am First Step oder am Third Step gewesen sein, direkt unterhalb der Gipfelpyramide. Der First Step stimmt zwar mit dem Zeitplan überein, falls sie tatsächlich später als 8.30 Uhr losgegangen sein sollten, aber der First Step paßt nicht zu dem von Odell beschriebenen Felsvorsprung, weil er noch zu weit von der Gipfelpyramide entfernt ist: „Die Stelle auf dem Grat ist die berühmte Felsstufe in unmittelbarer Nähe des Fußes der letzten Pyramide."[7]

Möglich ist auch, daß Odell die Bergsteiger am Third Step sah, wovon auch Audrey Salkeld ausgeht.[8] Odells Beschreibung trifft sehr gut auf diesen Abschnitt des Nordostgrats zu, und auch die Tatsache, daß Mallory und Irvine die Stelle so schnell überwunden haben, spricht dafür. Aber Hahn und Anker brauchten über zehn Stunden, um diese Stelle zu erreichen. Sollten sich Mallory und Irvine wirklich am Third

Step befunden haben, als Odell sie um 12.50 Uhr sah, mußten sie ihr Zelt vor 3 Uhr früh verlassen haben – was so gut wie ausgeschlossen ist, da sie kein Licht dabei hatten. Unter den heutigen Bergsteigern gibt es zwar einige, die den Third Step in nur sieben Stunden erreicht haben – allerdings mit Hilfe der chinesischen Leiter. Ebenso unvorstellbar ist, daß Mallory und Irvine eine völlig andere Route wählten oder ohne Seilsicherung den schmalen Grat *und* ohne Hilfsmittel den schwierigen Second Step so schnell überwinden konnten.

Als Odell sie auf dem Grat erspähte, vermutete er sie 244 Meter unterhalb des Gipfels, also auf etwa 8 600 Metern, 43 Meter *unterhalb* des Second Step und circa 100 Meter *oberhalb* des First Step.

Odells Bericht wird immer ein Schwachpunkt in der Beweisführung bleiben, weil sich seine Beschreibung keinem der Steps eindeutig zuordnen läßt. Odells eigene Position auf einer kleinen Felsspitze zwischen Camp V und Camp VI auf einer Höhe von 7925 Metern bietet nur einen sehr verzerrten Blick auf den Grat (vgl. Foto). Der schmale Blickwinkel und die perspektivische Verkürzung haben Odell das Einschätzen von Entfernungen erheblich erschwert. Als Andy Politz auf Odells Position stieg, konnte er die drei Steps deutlich auseinander halten. Es ist also möglich, daß sich Mallory und Irvine zwischen dem First und dem Second Step bewegten oder aber zwischen dem Second und dem Third Step. Odell muß es wegen der perspektivischen Verkürzung in der klaren Höhenluft so vorgekommen sein, als seien die beiden dem Gipfel schon sehr nahe.

Die nächste Frage ist, ob Mallory und Irvine den Second Step überhaupt überwinden konnten. Sie waren ja immerhin schon mindestens sechs Stunden unterwegs, als sie dort ankamen, und hatten bereits die Hälfte des Sauerstoffs der zweiten und damit letzten Flasche verbraucht. Odell berichtete von einer rasch aufziehenden Bewölkung um 12.50 Uhr. Um 14.00 Uhr schneite es, und der Wind hatte zugenommen. Mallory und Irvine müssen fürchterlich gefroren haben, doch das dürfte sie kaum davon abgehalten haben, den Second Step anzugehen.

Wager und Wyn Harris hielten den Second Step 1933 für unpassierbar, und diese Meinung hat gemeinhin bis heute Gültigkeit. Mit Hilfe der chinesischen Leiter läßt sich der Second Step seit 1975 relativ schnell überwinden, und außer Anker hat sich seither niemand mehr die Mühe gemacht, den Fels auf einem anderen Weg zu bezwingen.

Allerdings hatten die Chinesen den Second Step 1960 schon einmal überwunden, und zu dem Zeitpunkt hatte es noch keine Leiter gegeben. Sie hatten sich der unkonventionellen aber effektiven Methode der „Räuberleiter" bedient. Es dauerte fünf Stunden, bis alle vier Bergsteiger oben waren. Aber sie alle hatten nicht sehr viel Erfahrung, und nicht einer von ihnen war ein solch außergewöhnlicher Felskletterer wie George Mallory. Die Erfahrung der Chinesen zeigt also, daß der Second Step durchaus kletterbar ist, wenn auch mit enormen Schwierigkeiten.

Wie schon die Chinesen vor ihm stellte auch Conrad Anker fast, daß der Second Step zum Großteil aus sehr schlechtem brüchigem Felsmaterial besteht. Anker, der zu den besten

Felskletterern der Welt gehört, benötigte fast eine Stunde, um hinaufzugelangen. Abschließend bemerkte er, Mallory und Irvine würden sich ohne die heutige Ausrüstung äußerst schwer getan haben – unmöglich sei es jedoch nicht. In etwas mehr als einer Stunde hätten sie es schaffen können.

Wenn Mallory und Irvine den Fuß des Second Step zwischen 12.30 Uhr und 16.00 Uhr erreichten und Ankers Schätzung stimmt, könnten sie irgendwann zwischen 14.00 Uhr und 17.30 Uhr den Second Step überwunden haben. Das hieße allerdings, daß sie den Second Step während des Sturms bestiegen, der nach Odells Angaben von 14.00 Uhr bis 16.00 Uhr dauerte.

Hat man allerdings erst einmal den Second Step erklommen, gibt es kaum noch etwas, das einen trainierten, entschlossenen Bergsteiger vom Erreichen des Gipfels abhalten kann – vorausgesetzt er oder sie hat die körperlichen Reserven, noch ein paar Stunden durch schweren Schnee zu stapfen. 1960 war Liu Lien-man, der Leiter der chinesischen Kletterpartie, so erschöpft, daß er nach Überwindung des Felsens nicht mehr weitermarschieren konnte. Er blieb zurück und wartete auf die Rückkehr seiner Gefährten. Die drei anderen gingen weiter und erreichten den Gipfel kurz vor Morgengrauen, 19 Stunden nachdem sie aufgebrochen waren.

Als Anker um 11.15 Uhr oben auf dem Second Step stand, schien ihm die Gipfelpyramide mit einem Mal unglaublich nah, aber er wußte, wie trügerisch dieser Eindruck war. In der dünnen Luft verkürzt sich die Perspektive, und man unterschätzt leicht die Entfernung. Er brauchte noch weitere dreieinhalb Stunden, bis er um 14.50 Uhr schließlich auf dem

Gipfel stand – nach insgesamt zwölfeinhalb Stunden, und zudem mit Sauerstoff.

Mallory und Irvine würden für diese Distanz länger gebraucht haben als Anker und Hahn, denn spätestens auf dem letzten Abschnitt wären sie ohne Sauerstoff unterwegs gewesen. Das hätte einen fürchterlichen Kampf für die beiden bedeutet, aber da der Gipfel so nah aussah, hätte Mallory es sicher riskiert.

Körperlich waren sie auf keinen Fall in bester Verfassung. Norton hielt Mallory nicht mehr für fit genug, und Irvine litt aufgrund der Sonneneinstrahlung unter schweren Verbrennungen. Am entscheidenden Morgen hatten sie nicht einmal Wasser schmelzen können, mußten also zusätzlich stark dehydriert sein. Und hinzu kam noch, daß ihnen langsam der Sauerstoff ausging. Andererseits ist der Everest unter ähnlich ungünstigen Umständen auch schon nachweislich mit Erfolg bestiegen worden. Die Chinesen hatten 1960 während der 31,5 Stunden, die sie bis zum Gipfel *und* zurück brauchten, weder etwas zu essen noch zu trinken dabei. Und viel Sauerstoff haben sie auch nicht verbraucht.

Wenn auch aus anderen Gründen, so hatte doch Mallory, ähnlich den Chinesen, den unbändigen Willen, den Gipfel zu erreichen. John Noel behauptete immer wieder, Mallory sei so sehr vom Mount Everest besessen gewesen, daß man ihn fast für geisteskrank halten mußte. Tag und Nacht dachte er an nichts anderes. Die Herausforderung zehrte Mallory auf, aber es ist genau dieser Geisteszustand, der einen Bergsteiger weit über seine Grenzen gehen und über sich hinauswachsen läßt. Der Faktor Hartnäckigkeit darf bei einem Bergsteiger nie zu

‚WEIL MALLORY MALLORY WAR'

niedrig veranschlagt werden. Und im Fall Mallory könnte ihn seine Hartnäckigkeit sogar bis zum Gipfel getragen haben. Mallory war sich der Tatsache absolut bewußt, daß es für ihn die allerletzte Chance war, den Berg zu bezwingen, der schon so lange von ihm Besitz ergriffen hatte. Er war unzufrieden mit sich, weil er in seinem Leben so wenig erreicht hatte; seinen Einsatz im Krieg rechnete er sich nicht hoch an, der Gedanke an die Charterhouse School frustrierte ihn und seine Karriere hielt er für mittelmäßig. Das unterschied ihn von seinen Gefährten Somervell oder Norton, die in ihren Bereichen Koryphäen waren. Mit dem einzig möglichen Erfolg in seinem Leben vor Augen und nur noch ein paar Stunden davon entfernt wäre es Mallory sicherlich sehr schwer gefallen umzukehren. Er litt an einem besonders schlimmen Fall von „Gipfelfieber". Mallory galt außerdem als furchtloser, einzelgängerischer Kletterer; manche hielten ihn gar für rücksichtslos.

Man kann sich nur schwer vorstellen, daß Mallory und Irvine länger für die Besteigung brauchten als 1960 die Chinesen. Sollten sie also den Gipfel wirklich erklommen haben, dann in einer Zeit, die irgendwo zwischen den Chinesen und Hahn/Anker lag. Zwar waren auch Hahn und Anker nicht besonders schnell, aber sie hatten eine hochmoderne, leichte Ausrüstung und genügend Sauerstoff. Mallory und Irvine könnten also zwischen 13 und 18 Stunden benötigt haben. Brachen sie zwischen 6 und 9 Uhr von ihrem Gipfelstützpunkt auf, könnten sie den Gipfel *frühestens* um 19.00 Uhr, *spätestens* aber um 3 Uhr morgens (bei einem

Aufbruch um 9 Uhr und einer Aufstiegszeit von 18 Stunden) erreicht haben.

Sollte Mallory eine Kamera dabei gehabt haben – wovon ja alle ausgehen –, wäre es mit Sicherheit zu dunkel gewesen, um zu fotografieren. Welche Ironie des Schicksals: Der einzige unzweifelhafte Beweis seines Erfolgs kann gar nicht existieren!

Falls sich Mallory und Irvine noch während oder nach Einbruch der Dunkelheit am oder in der Nähe des Gipfels befunden haben, mußte Mallory gewußt haben, daß ihre Aussichten, sicher in Camp VI zurückzukommen, gering waren. Eine unvorhergesehene Übernachtung in solch großer Höhe birgt selbst beim heutigen Ausrüstungsstand ein großes Risiko.

1960 überlebte Liu Lien-man eine Nacht auf 8 690 Metern, aber er trug bereits moderne Bergsteigerbekleidung. Und heute ist man noch ein gutes Stück weiter als in den Sechzigern. Hahn und Anker trugen dampfdurchlässige Unterwäsche, Fleece und einteilige Schneeanzüge aus bis zu zehn Zentimeter dickem, mehrlagigem Isoliermaterial. Und selbst so gerüstet kann man bei einer nicht eingeplanten Übernachtung in dieser Höhe erfrieren.

Als Mallory gefunden wurde, trug er sieben oder acht Lagen Kleidung, die zusammen nicht dicker als sechs Zentimeter waren. Die äußerste Lage bildete eine windabweisende „Shackleton"-Jacke aus dicht gewebter Baumwolle; darunter trug er eine Strickjacke; seine Unterwäsche bestand aus mehreren Lagen dünner Baumwolle und Seide. In der Nacht, in der er starb, muß der eisige Wind durch seine völlig unzureichende Kleidung geradewegs hindurch gepfiffen haben. Weder Mallory noch Irvine hatten eine Überlebenschance, selbst wenn sie nicht abgestürzt wären.

Mallorys Leiche wurde auf einer Höhe von 8 170 Metern entdeckt, also unterhalb des First Step. Odell hatte die beiden Bergsteiger aber etwa 435 Meter höher gesehen, was die Vermutung nahelegt, daß Mallory sich beim Abstieg befunden haben mußte, als er stürzte. Man weiß, daß er seine erste Sauerstoffflasche beim Aufstieg abstellte. Als man ihn fand, hatte er auch seine zweite Flasche nicht dabei – ein weiterer Hinweis darauf, daß er sich beim Abstieg befand. Wahrscheinlich war seine zweite Flasche gegen 14 Uhr zur Neige gegangen. Sein Absturz mußte sich also irgendwann danach ereignet haben.

In so großer Höhe friert der Körper innerhalb weniger Stunden nach Eintritt des Todes völlig ein. Deshalb sind die Verletzungen, die Mallory beim Sturz davongetragen hat, heute noch so gut erhalten – selbst nach 75 Jahren. Neben den mit bloßem Auge erkennbaren Verletzungen wie Knochenbrüchen und Prellungen konnten auch innere Verletzungen festgestellt werden. Diese Indizien helfen uns, die letzten Stunden im Leben des George Mallory zu rekonstruieren und darüberhinaus auch einen Blick auf das Schicksal von Andrew Irvine zu werfen.

Mallory lag mit dem Gesicht nach unten, mit dem Kopf zum Berg und hatte die Arme ausgestreckt, als wolle er verhindern, daß er talwärts rutschte. Er befand sich in einer gänzlich anderen Position als alle anderen Toten, die in der Gegend gefunden wurden. Wenn ein Bergsteiger in schwerem Gelände abstürzt, ist er normalerweise schnell tot, und die letzte Position, in der die Totenstarre eintritt, ist sehr willkürlich. Mallory zeigte äußerlich keine großen Verletzungen. Seiner Haltung nach zu urteilen, versuchte er verzweifelt, mit bloßen Händen gegen ein weiteres Abrutschen anzukämpfen. Vielleicht zerrissen dabei seine Handschuhe. Seine Haltung läßt auch vermuten, daß er noch am Leben war, als sein Sturz im Schneefeld zum Stillstand kam.

An dieser Stelle fällt die Nordwand nur in einem Winkel von etwa 20 bis 30 Grad ab, weiter unten ist sie wesentlich steiler. Das ist der Grund dafür, warum die Leiche von Mallory, aber auch die vieler anderer Bergsteiger in diesem Abschnitt gefunden wurden. Keine 20 Meter dahinter befindet sich eine steile Klippe, hinter der es senkrecht 3 000 Meter tief ins Tal auf den Rongbuk Glacier hinuntergeht.

Im Lauf der Jahre sind kleine Steine und Geröll vom Everest heruntergefallen und haben den Leichnam teilweise bedeckt. Die gesamte Masse – Körper, Steine, Eis – war zusammengefroren und Mallory tatsächlich zu einem Teil des Gebirges geworden. Jedes Jahr gehen an der Nordwand Lawinen zu Tal, die über den Leichnam hinweggegangen sein müssen, ohne großen Schaden anzurichten. Während des Sommermonsuns mußte er mindestens vier oder fünf Monate lang unter tiefem Schnee begraben gewesen sein. Wahrscheinlich war er manchmal das ganze Jahr über von Schnee bedeckt. Dank dieser Schneedecke, die ihn vor der Sonne schützte, dank der großen Kälte und der extremen Trockenheit blieb der Körper so gut erhalten.

Abgesehen vom Rücken, bei dem die Schultern und der Bereich um die Wirbelsäule entblößt waren, war der restliche Oberkörper noch bekleidet. Der Rücken war der Sonne am stärksten ausgesetzt, und in den kurzen Phasen, in denen der Schnee die Leiche nicht bedeckte, kann die starke Ultraviolett- und Gammastrahlung ausgereicht haben, um die Naturfasern seiner Kleider zerfallen zu lassen.

Oberhalb der Hüfte war der Leichnam erstaunlich gut erhalten, ausgebleicht und marmorartig. Allen Bergsteigern fiel sofort die imposante Erscheinung des Mannes auf. Die Zeit hatte seinen Muskeln nichts anhaben können. An seinen Armen und Schultern konnte man noch deutlich erkennen, was für ein kraftvoller Kletterer er gewesen war. Seine Handrücken waren dunkelbraun – wahrscheinlich von einem Sonnenbrand kurz *vor* seinem Tod.

Unterhalb der Hüfte war er stärker angegriffen. Vögel, wahrscheinlich Dohlen, hatten vor allem im Gesäßbereich gefressen. Am rechten Fuß hatte er noch seinen grünen genagelten Lederstiefel. Am rechten Bein waren Schien- und Wadenbein direkt oberhalb des Stiefels gebrochen – ein häufiger Bruch bei Bergsteigern. Sein linkes Bein war nicht verletzt und befand sich so über dem verletzten, daß es aussieht, als habe er es selbst in diese Position gebracht, um es bequemer zu haben – ein weiterer Beleg dafür, daß er noch bei Bewußtsein war, als sein Sturz ein Ende fand.

Mallory hatte außerdem eine Verletzung an der Stirn, direkt über dem linken Auge, die bis ins Gehirn reichte. Dabei handelte es sich um eine schwere Wunde, die mit Sicherheit mit einer schweren Erschütterung einhergegangen ist, doch da sich die wichtigeren Hirnfunktionen im Hinterkopf befinden, wäre diese Verletzung nicht sofort tödlich gewesen. Dennoch ist es möglich, daß Mallory nach dem Sturz nur noch halb bei Bewußtsein war und innerhalb kürzester Zeit an Schock und Unterkühlung starb. Seine Augen waren geschlossen, als wäre er friedlich entschlafen.

Das Seil an seiner Hüfte ist ein deutlicher Hinweis darauf, daß er zum Zeitpunkt des Sturzes mit Irvine angeseilt war. Das Baumwollseil – wahrscheinlich von Beales – hatte einen Durchmesser von etwa 8–10 Millimetern. Das Ende war glatt und in keinster Weise irgendwie ausgefranst. Diese Art Seil wies nur eine sehr geringe Belastbarkeit auf und hätte einen Sturz wahrscheinlich nicht verhindern können, vor allem dann nicht, wenn es um eine scharfe Felskante herumgelaufen und stark gespannt war, als Mallory abstürzte.

Das Seil war einmal um die Hüfte geschlungen und mit einem Palstek geknüpft. Es hatte einige Rippenbrüche und Hautverbrennungen verursacht. An der Haut am Hals sah man noch, wo sich das Seil eingeschnürt hatte. Das legt die Vermutung nahe, daß Irvine mit aller Kraft versucht hatte, Mallory zu halten, und daß es ihm auch eine Weile gelungen war, bevor das Seil riß. Auf der *linken* Brustseite befanden sich Prellungen, wie man sie bei einem Fall auf die linke Seite erleidet, also beim *Abstieg*.

Die Gegenstände, die bei der Leiche gefunden wurden, liefern wenig Hinweise. Nur eine genaue forensische Untersuchung könnte eventuell verborgene Informationen zu Tage fördern. Mallorys Höhenmesser war extra für die Everestexpedition gebaut worden – das Zifferblatt reichte bis

9144 Meter. Doch der Höhenmesser war kaputt und gab keine Auskunft über die größte Höhe, die mit ihm erreicht worden war. Auch die Uhr war kaputt. Der Stundenzeiger stand auf kurz nach 2 Uhr, aber die Glasabdeckung fehlte wahrscheinlich schon länger. Selbst wenn die Uhr den Zeitpunkt des Absturzes festgehalten haben sollte, kann man immer noch nicht sagen, ob es sich um 2 Uhr nachmittags oder morgens gehandelt hat. Beides ist möglich. Außerdem könnte die Uhr auch einfach stehengeblieben sein.

Anhand der Merkmale, die Mallorys Leiche aufweist, kann man versuchen, die letzten Stunden seines Lebens zu rekonstruieren. Er stürzte beim Abstieg – soviel ist gewiß. Seine Gletscherbrille steckte noch in der Tasche, weshalb man annehmen muß, daß Irvine und er am Abend oder in der Nacht auf dem Rückweg waren. (Es ist zwar auch möglich, daß es sich um eine Ersatzbrille handelt, aber wer Mallory kennt, weiß, wie unwahrscheinlich das ist. Er hatte ja sogar seinen Kompaß im Zelt vergessen!) Wir wissen auch, daß die beiden Bergsteiger angeseilt waren und deshalb zum Zeitpunkt des Absturzes noch beide am Leben. Der Umstand, daß sie angeseilt waren, läßt wiederum darauf schließen, daß sie eine schwierige Stelle passierten oder, wie beispielsweise nachts, die Sicht schlecht war, vielleicht auch beides.

Angesichts der Erschöpfung zu diesem Zeitpunkt und der Tatsache, daß Mallory der bei weitem erfahrenere Bergsteiger von beiden war, ist es wahrscheinlich, daß er führte. Abgesehen von den Verbrennungen durch das Seil waren seine Verletzungen nicht besonders schwer. Man kann also annehmen, daß er nicht besonders tief gestürzt ist, und mit

Sicherheit läßt sich ausschließen, daß er vom Grat gestürzt ist, denn der befindet sich 300 Meter oberhalb der Stelle, an der er gefunden wurde. Wahrscheinlich waren sie vom Grat bereits heruntergestiegen und über das *Yellow Band* gekommen, das sehr heimtückisch sein kann. Genau die Stelle vermutete Howard Somervell als Unfallort: „Dort liegt die Hauptgefahr, weil der Fels zugleich steil und lose ist."[9]

In den Zwanziger Jahren hielten sich alle Bergsteiger an eine besondere alpine Sicherungstechnik. Der führende trug ein paar Schlingen Seil in der *Berghand,* und bei der Passage von Felsvorsprüngen warf er sie darüber. Im Falle eines Sturzes sollte die Umlenkung über den Fels es dem Partner leichter machen, seinen Fall zu bremsen. Als Mallory stürzte und das Seil sich straffte, hatte Irvine noch genügend Zeit, eine Schlinge um einen nahegelegen Fels oder eine Strebe zu legen, bevor er sich selbst ins Seil hängte. Doch Mallory war schon zu tief gefallen und bekam immer mehr Schwung. Als das Seil schließlich unter Spannung kam, riß es ab. Die Quetschungen auf der linken Seite in Verbindung mit der allgemein geringen Verletzung des Körpers entsprechen etwa einem Fall aus zehn Metern Höhe, vielleicht über eine Klippe, auf die noch eine Rutschpartie über 100 oder 150 Meter den Hang hinunter folgte. Oberhalb des Schneehangs, auf dem Mallory heute liegt, gibt es viele dieser kleinen Klippen. Die Verletzungen an Stirn und rechtem Bein könnte er sich beim Sturz zugezogen haben; vielleicht war er aber auch beim Abrutschen über den Hang gegen Felsbrocken geschlagen. Das Blut auf Jacke und Kletterseil legt die Vermutung nahe, daß er auch Schnitte und Abschürfungen erlitt.

‚WEIL MALLORY MALLORY WAR'

Man hatte bisher immer angenommen, der unerfahrenere Irvine wäre abgestürzt, aber die neuen Funde lassen das Gegenteil vermuten. Irvine fand sich nach dem Reißen des Seils vermutlich alleine auf dem Everest wieder und stand unter Schock. Die Sicht war mit Sicherheit miserabel, vielleicht war es sogar mitten in der Nacht. Er wird versucht haben, Mallory zu finden, aber ihm geradewegs zu folgen, war zu gefährlich. Deshalb wird er sich langsam und im Zickzack den Berg hinunter bewegt haben. Irvine wird nach seinem Gefährten gerufen haben, ohne wissen zu können, daß er noch lebte. Aber Mallory war nach dem Sturz ein Stück talwärts gerutscht, und die Wahrscheinlichkeit, ihn zu finden, war äußerst gering. Anhaltspunkte für fremde Hilfe konnten an Mallorys Leiche nicht entdeckt werden. Wir können also davon ausgehen, daß Irvine ihn nicht gefunden hat. Vielleicht ist Irvine im Anschluß daran selbst abgestürzt. Aber das ist nicht sehr wahrscheinlich. Als Wang Hong-bao Ryoten Yashimoro Hasegawa von den sterblichen Überresten eines Engländers berichtete, sagte er: „Er habe unterhalb eines Felsens auf der Seite gelegen, als würde er schlafen."[10] Wahrscheinlicher ist, daß schlechtes Wetter oder der Anbruch der Nacht Irvine zwangen, zu rasten. Sollte er dabei eingeschlafen sein, konnte er die Nacht, so wie er gekleidet war, gar nicht überleben. Irgendwo auf dem Everest liegt die Leiche von Sandy Irvine, wahrscheinlich weiter östlich, näher am chinesischen Camp als Mallory.

Der Zeitpunkt des Unfalls ist ebenfalls entscheidend dafür, ob die beiden den Gipfel erreicht haben oder nicht. Um

12.50 Uhr befanden sie sich in großer Höhe auf dem Grat -soviel steht fest. Ging Mallorys Uhr beim Absturz kaputt, müssen die beiden schon, kurz nachdem Odell sie gesehen hatte, umgekehrt sein, vielleicht als sich der Sturm um 2 Uhr zusammenzog. Das wäre ein guter Grund gewesen umzukehren, auch wenn sie dann den Abstieg im Sturm riskiert hätten. Das könnte weiterhin erklären, warum Odell und die anderen, die den Everest die gesamte Zeit über absuchten, sie nicht gesehen hatten. Möglicherweise nahm Mallory seine Gletscherbrille im Sturm ab, um besser sehen zu können. Die Beweislage für diese Version ist allerdings dürftig, da Mallorys Uhr mit Sicherheit bereits *vor* dem Unfall kaputt war.

Nach 16.00 Uhr lag der gesamte Everest in der Sonne, und sowohl Odell als auch die anderen weiter unten behielten die ganze Zeit über den Grat und die Nordwand im Auge. Mit sehr großer Wahrscheinlichkeit hätten sie die beiden Bergsteiger entdeckt, wenn sie in dieser Zeit abgestürzt oder heruntergestiegen wären. Außerdem hätte Mallory mit Sicherheit seine Gletscherbrille getragen.

Odell kam um 18.45 Uhr in Camp IV an. Während des gesamten Abstiegs von Camp VI suchte er nach den Verschollenen. Die Nacht war ruhig, und der Mond schien. Odell und Hazard konnten also weiterhin den oberen Abschnitt des Nordgrats beobachten. Selbst wenn Mallory oder Irvine zu diesem Zeitpunkt noch am Leben waren, hatten sie keine Möglichkeit, ihren Gefährten Zeichen zu geben.

Hatten Mallory und Irvine den Gipfel erreicht, konnten sie dort frühestens um 19.00 Uhr angekommen sein, etwa bei Sonnenuntergang. Den Rückweg mußten sie ohne Lampe in der Dunkelheit bei spärlichem Mondlicht antreten. Bis zur Unfallstelle hätten sie mindestens vier Stunden gebraucht, wahrscheinlich sogar länger. Waren sie aber erst nach Mitternacht auf dem Gipfel angekommen, hatte sich der Unfall erst nach dem Morgengrauen ereignet. Dann müßte Mallory allerdings seine Brille getragen haben. Erreichten sie am 8. Juni 1924 tatsächlich den Gipfel, können wir den Zeitpunkt auf irgendwann zwischen 19.00 Uhr und Mitternacht eingrenzen.

Das Geheimnis um Mallory und Irvine geht weiter. Noch immer gibt es viel zu spekulieren und nur wenig zu beweisen, und vielleicht wird das immer so bleiben. Sollte irgendwann in der Zukunft die Leiche von Irvine gefunden werden, wird man noch ein paar Puzzlestücke finden, die das Bild ergänzen. Und vielleicht werden wir dann erfahren, was an diesem Tag wirklich geschah. Solange jedoch kann ohne eindeutigen Beweis die Frage nach der erfolgreichen Besteigung des Everest durch die beiden nicht endgültig entschieden werden.

Und was ist mit der Kamera? Mallory wird sie bei einer so wichtigen Besteigung wahrscheinlich lieber Irvine anvertraut haben. Wenn man sie findet, wird man sie vermutlich bei Irvine finden – treu und zuverlässig selbst noch im Tod. Sollten sie den Gipfel wirklich in der Nacht erreicht haben, wird es allerdings gar keinen fotografischen Beweis ihres Erfolgs geben.

Aber ganz gleich, ob sie den Gipfel erreichten oder nicht, George Mallory und Sandy Irvine sind zu Vorbildern geworden. Ihre Entschlossenheit und ihr heldenhafter Mut haben Generationen von Bergsteigern die Kraft gegeben,

Herausforderungen anzunehmen, sich die höchsten Ziele zu stecken, aufeinander zu vertrauen und durchzuhalten, bis der Gipfel erreicht ist. Ihre Geschichte, ihr Ziel und ihre Energie sind ein Vorbild für uns alle. Im Tod wie im Leben bleiben sie gemeinsam am selben Berg vereint. Sie sind in jeder Hinsicht *die* Männer des Mount Everest.

Geoffrey Winthrop Young, Mallorys Lehrer und Freund, zweifelte nie daran, was den beiden geschehen war: „Nachdem ich Mallory seit über zwanzig Jahren als Bergsteiger kenne, kann ich folgendes sagen: Für jeden Bergsteiger wäre es schwierig gewesen umzukehren, nachdem er die einzige Schwierigkeit überwunden hatte – aber für Mallory war es schlicht unmöglich. Odells Meinung bestärkt mich in meinem Eindruck, daß sich der Unfall beim Abstieg (wie meistens) ereignete. Und wenn das so war, wurde der Gipfel zuerst bestiegen, weil Mallory Mallory war." [11]

Ende

ANHANG 1

Glossar

Akklimatisation Anpassung des Organismus an Veränderungen der Lebensverhältnisse, z. B. in großer Höhe

Alm Sommerweide im Hochgebirge unterhalb der Schneegrenze

Alpine Club erster Kletterverein der Welt, wurde 1857 in London gegründet

Alpine Journal Zeitschrift des *Alpine Club;* erscheint seit 1863

Alpiner Zustieg Besteigen eines hohen anspruchsvollen Bergs, ähnlich dem Erklettern eines Alpengipfels

Anker mehr oder weniger dauerhaft befestigte Fels- oder Eishaken

Balkon mehr als 90 Grad steile Fels- oder Eiswand

Befestigte Seile Seile, die an Felsen oder Eis während einer Besteigung befestigt werden und an welchen die Kletterer sich bei schwierigen oder gefährlichen Abschnitten einhaken können

Bergschrund Gletscherspalte zwischen Gletscheranfang und Berg

Biwak provisorisches, offenes Lager auf einem Berg mit Behelfszelten

Camp siehe Lager

Cirque französischer Begriff für einen Talschluß

Couloir steile, schluchtartige, meist schmale Rinne, die häufig schnee- oder eisgefüllt ist

Dzong befestigtes tibetisches Kloster

Eisbruch ein Gebiet von Seracs, Spalten und Eisstufen, das entsteht, wenn ein Gletscher über eine höhere Geländestufe abbricht

Firn Schnee weit oben im Gebirge, der an der Oberfläche *meist* sehr rauh und hart gefroren ist

Firnbecken Ansammlung von Firn über dem Bergschrund
Free climbing „Freiklettern"; Klettern ohne künstliche Hilfen wie befestigte Seile
Friend modernes Klemmgerät zur Anbringung von Halterungen in Rissen
Gletscher sich langsam bewegender Eisstrom im Hochgebirge
Gletscherbrille sehr dunkle Sonnenbrille für sehr helles Licht, wie auf einem Gletscher oder in großer Höhe
Gletscherschrund Gletscherspalte, manchmal sehr breit und tief, schneebedeckt und oft sehr gefährlich
Grat oberste Kante eines Bergrückens
Himalaya Zustieg Besteigung, bei der eine Reihe von Lagern an einem hohen Berg errichtet wird; jedes Lager wird aus dem darunterliegenden versorgt. Die Gipfelbesteigung erfolgt vom letzten Lager aus.
Hochtourenschuhe steigeisenfeste Schuhe mit warmer Innenauskleidung und harter Außenhaut aus Kunststoff oder Leder
Höhenkrankheit Krankheitserscheinungen wie Kopfschmerzen, Schwindel, Lethargie und Appetitlosigkeit, manchmal auch Ödeme infolge Sauerstoffmangels in großer Höhe
Joch Senke oder Sattel auf einem Bergrücken, zwischen zwei Gipfeln; Paßübergang, meist bequem erreichbar
Kamin breite, kaminähnliche Spalte in Fels oder Eis; wird oft als Route bei Gratabbruch oder Steilwand genutzt
Kamm Bergrücken, Verbindungslinie zwischen mehreren Gipfeln
Kar Firnmulde mit schutterfülltem Boden, eingeschlossen von Felswänden und Steilflanken
Klettergurt Hüftgurt oder Brustgurt; Halterung aus Nylon oder Leinen am Körper des Kletterers, an welchem ein Seil befestigt werden kann
Kurzgamasche Überzug für den Schuh aus Leinen oder Nylon, zum Schutz vor Schnee
La tibetische Bezeichnung für einen Paß oder ein Joch
Lager Zelt oder eine Gruppe von Zelten beim Hochgebirgsklettern; dient als Ausgangs- und Vorbereitungsort für die Gipfelbesteigung

GLOSSAR

Moräne vom Gletscher mitgeführter und abgelagerter Schutt („Geschiebe"); man unterscheidet Rand-, Mittel-, Innen-, Stirn-, und Endmoräne

Ödem Schwellung im Gewebe durch Wasseransammlung; in Lunge oder Gehirn lebensbedrohlich

Paß leichtester Weg über einen Bergrücken, meist über einen Sattel oder ein Joch

Pfeiler steiler, turmartiger Wandvorbau

Platte steile, tritt- und griffarme Felszone

Rinne vertikale Felsvertiefung, bei Regen wasserführend, oft mit losen Steinen bedeckt

Rippe schmaler Grat im Gebirge

Riß Einschnitt im Fels; zu klein für einen Kamin; Breite variiert vom Fingerriß bis zum Körperrriß

Sattel Breite Einsenkung zwischen zwei Erhöhungen

Sauerstoffausrüstung Sauerstofflasche, Ventil und Maske, sowie ein Tragegestell, um Kletterer in großer Höhe mit Sauerstoff zu versorgen.

Schneeblindheit akute schmerzhafte Sehstörung infolge zu starker Lichteinstrahlung ins Auge bei längerem Aufenthalt auf beleuchteten Schneeflächen oder Gletschern

Schneegrenze Unteres Ende des ewigen Schnees

Serac Eisturm im Gletscherbruch, oft einsturzgefährdet

Sherpa eigenständige Volksgruppe aus den Hochtälern im Osten Nepals, häufig Lastenträger oder Bergführer bei Hochgebirgsexkursionen

Sicherung Absicherung eines Kletterers durch Anseilen an einen Anker

Sirdar Anführer der Sherpas

Steigeisen Klettereisen; mit scharfen Zacken versehene Eisen, die beim Begehen von Gletschern und vereisten Bergwänden unter die Schuhe geschnallt werden

Theodolite Präzisionsinstrument, das von Kartographen zur Berechnung von Winkeln benützt wird, die zum Erstellen von Karten gebraucht werden

Träger meist Einheimischer, der zum Tragen von Lasten eingestellt wird; am Everest sind die Träger meistens Sherpas, Bothias oder Tamangs

Traverse Querungsstelle eines Hangs

Triebschnee Pulverschnee, der vom Wind auf die Leeseite geblasen wird; kann zu Lawinen führen

Tsampa fein gemahlenes Gerstengetreide, weit verbreitet in Nepal und Tibet

Wand mehr als 50 Grad steile Berg- oder Eisflanke

Wechte überhängende Schnee- oder Firnmasse

ANHANG 11

Personen

Antonio de Andrade Leiter der jesuitischen Mission am Hof des Moguls von Indien; reiste 1603 nach Tibet

Conrad Anker Kletterer der Expedition von 1999; entdeckte Mallorys Leiche und überwand als Freikletterer den Second Step

(Colonel) Eric Bailey britischer Grenzoffizier; bestätigte die Richtigkeit von Kintups Tibetbericht

(Major) Frederick Bailey britischer Repräsentant in Sikkim; verhinderte Expeditionen zum Mount Everest zwischen 1925 und 1932

Bentley Beetham Lehrer in Lakeland und Teilnehmer der Everestexpedition von 1924

Charles Bell britischer Repräsentant in Sikkim bis 1921; unterstützte frühe Everestexpeditionen

Arthur Benson Mallorys Tutor im *Magdalene College* in Cambridge

E. St J. Birnie Teilnehmer der Everestexpedition von 1933

Dr. Karl Blodig renommierter österreichischer Bergsteiger; kletterte gemeinsam mit Mallory in Wales

Pierre Bouguer französischer Wissenschaftler; entwickelte eine der ersten Theorien über die Entstehung von Gebirgen

T.E. Brocklebank Teilnehmer der Everestexpedition von 1933

Rupert Brooke begabter junger Dichter und Studienfreund von Mallory; starb an Blutvergiftung in Frankreich im April 1915

(General) Charles Bruce liebevoll auch Charlie oder "der Schläger" genannt; Führer der Everestexpeditionen von 1922 und 1924

(Captain) Geoffrey Bruce Teilnehmer der Expeditionen von 1922 und 1924, Neffe von General Bruce

L.V. Bryant Bergsteiger aus Neuseeland; Teilnehmer der Expedition von 1935

Guy Bullock Schulfreund von Mallory und Mitglied des *Winchester Ice Club;* Teilnehmer der Everestexpedition von 1921

Tejbir Bura Soldat im 6. Gurkha; Teilnehmer der Expedition von 1922

(Colonel) S.G. Burrard Landvermesser der großen Trigonometrischen Vermessung Indiens

Simon Bussy Freund von Mallory aus Südfrankreich; Kunstmaler und Freund von Pierre Auguste Renoir

Chu Yin-hua Teilnehmer der erfolgreichen chinesischen Gipfelbesteigung 1960

Liesl Clark amerikanische Fernsehproduzentin; Teilnehmerin der Expedition von 1999

John Collie Präsident des *Alpine Club*

William Conway berühmter englischer Forschungsreisender im Himalaya

Colin Crawford Teilnehmer der Everestexpeditionen von 1924 und 1933

(Lord) George Curzon Vizekönig von Indien in den Jahren 1898–1905

Charles Darwin Studienfreund von Mallory; Enkel des berühmten Evolutionstheoretikers

Pawel Datschnolian Führer eines angeblich erfolglosen sowjetischen Besteigungsversuchs über die Nordseite des Mount Everest im Jahr 1952

Maurice Von Déchy österreichischer Kletterpionier im Himalaya

Clinton Dent englischer Bergsteiger; hielt bereits 1885 den Mount Everest für besteigbar

Ippolito Desideri junger Jesuitenpriester; reiste 1712 nach Tibet

Professor G. Dreyer Wissenschaftler an der *Oxford University;* entwickelte die ersten Sauerstoffgeräte

Oscar Eckenstein Kletterpionier im Himalaya

PERSONEN

(Sir) George Everest Leiter der Landvermessung Indiens

(Sir) Percy Farrar erfahrener Hochgebirgsbergsteiger und Präsident des *Alpine Club*

George Finch begabter Bergsteiger und Fotograf; Teilnehmer der Everestexpedition von 1922

Peter Firstbrook Produzent der BBC-Dokumentation *Lost on Everest*

Frank Fletcher Schulleiter der *Charterhouse School*, an der Mallory unterrichtete

Will Arnold Forster enger Freund der Mallorys; behauptet, mit dem toten Mallory in Verbindung zu stehen

William Freshfield Präsident der *Royal Geographical Society* und des *Alpine Club*

Harry Garret Freund von Mallory; fiel im ersten Weltkrieg durch Kopfschuß in der Türkei

Harry Gibson Schulfreund von Mallory; Mitglied des *Winchester Ice Club*

(Sir) George Goldie Präsident der *Royal Geographical Society* Anfang des 20. Jahrhunderts

(Sir) William Goodenough Präsident des neuen, 1931 gegründeten *Mount Everest Committee*

Alan Goodfellow Freund von Mallory; Pilotenausbildung im ersten Weltkrieg

Richard Graham strenger Quäker und Kriegsdienstverweigerer im ersten Weltkrieg; beendete vorzeitig seine Teilnahme an der Expedition von 1924

W.W. Graham englischer Bergsteigerpionier; erforschte 1882 das Kangchenjunga

Robert Graves Freund von Mallory; Kampfeinsatz bei den *Welch Fusiliers* im ersten Weltkrieg

Dave Hahn Bergsteiger und Videokameramann der Expedition von 1999

Percy Wyn Harris Bergsteiger und Teilnehmer der Everestexpeditionen von 1933 und 1936; fand zusammen mit Wager 1933 Irvines Eispickel

Ryoten Yashimoro Hasegawa Leiter der Kletterpartie der japanischen Expedition von 1979; erfuhr von einem "toten Engländer", den Wang Hong-bao auf 8150 Metern Höhe gefunden hatte

John de Vere Hazard Teilnehmer der Everestexpedition von 1924

Hyder Young Hearsey anglo-indischer Kartograph; reiste mit Moorcroft durch Tibet

Jochen Hemmleb Mitglied des Wissenschaftsstabes der Expedition von 1999

Michael Hennessy Mitarbeiter der Landvermessung Indiens; beteiligt an der "Entdeckung" des Mount Everest

Dr. A.M. Heron Geologe der Erkundungsexpedition 1921

(Sir) Edmund Hillary gemeinsam mit Sherpa Tenzing Norgay 1953 erste (bestätigte) Besteigung des Mount Everest

Dr. R.W.G. Hingston Chirurg der *Roayl Air Force* und Arzt der Everestexpedition von 1924

Arthur Hinks ehrenamtlicher Sekretär der Everestexpeditionen in den 20er und 30er Jahren

(Lieutenant Colonel) Charles Howard-Bury Führer der Erkundungsexpedition von 1921

Graham Hoyland Großneffe von Howard Somervell; Bergsteiger der Everestexpedition von 1999

Baron Humboldt berühmter deutscher Forschungsreisender; unterstützte die Brüder Schlagintweit

John Hunt Führer der erfolgreichen britischen Everestexpedition von 1953

Andrew Comyn 'Sandy' Irvine Teilnehmer der Everestexpedition von 1924; Mallorys Partner beim letzten Versuch, den Gipfel zu erreichen

Graham Irving erfahrener Bergsteiger und Lehrer von Mallory in Winchester; weckte Mallorys Begeisterung für das Klettern.

Ned Johnstone Kameramann der Everestexpedition von 1999

Humphry Owen Jones Freund von Mallory; starb bei einem Kletterunfall in den Alpen

Dr. Alexander Kellas Physiologe; Teilnehmer der Expedition von1921; starb in Tibet, bevor er den Mount Everest erreichte

Edwin Kempson Bergsteiger der Expedition von 1935

Geoffrey Keynes Studienfreund von Mallory; Bruder von Maynard

(Lord) Maynard Keynes Volkswirtschaftler und Studienfreund von Mallory

Kintup pundit, Deckname K-P; reiste von Indien nach Tibet, um den Verlauf des Tsangpo zu erkunden

Konbu tibetischer Bergsteiger; Teilnehmer der erfolgreichen Gipfelbesteigung der chinesischen Expedition von 1960

Frido Kordon österreichischer Bergsteiger; nahm 1926 an einer Séance teil, bei der angeblich festgestellt wurde, daß Mallory und Irvine den Gipfel um 17 Uhr erreichten

Raymond Lambert schweizer Bergsteiger; stellte 1952 auf dem Mount Everest mit 8600 Metern einen neuen Höhenrekord auf

William Lampton britischer Armeeoffizier; erster Leiter der 1802 begonnenen Trigonometrischen Vermessung Indiens

Dr. F.E. Larkins Arzt; nahm an der Everestexpedition von 1924 teil

Liu Lien-man Leiter der Kletterpartie der chinesischen Expedition von 1960

Peter Lloyd Bergsteiger der Everestexpedition von 1938

Jack Longland Teilnehmer der Everestexpedition von 1933

Dr. Tom Longstaff Arzt der Everestexpedition von 1922

W. McLean Teilnehmer der Everestexpedition von 1933

Ruth Mallory Mallorys Ehefrau, geb. Turner

Manbahadur Schuster der Everestexpedition von 1924; starb im Basislager an den Folgen von Erfrierungen

Lee Meyers Arzt und Spezialist für Unfallmedizin, Teilnehmer der Expedition von 1999

Lord Minto Nachfolger von Curzon als Vizekönig von Indien im Jahr 1905; Mitglied des *Alpine Club*

Thomas G. Montgomerie Landvermesser der großen Trigonometrischen Vermessung Indiens; beauftragt mit der Ausbildung von Agenten für die Erkundung Tibets

William Moorcroft exzentrischer englischer Tierarzt und Forschungsreisender; unternahm 1812 seine erste Expedition nach Tibet

Edmund Morgan Freund von Mallory in Winchester; wurde später Bischof

John Morley Indienbeauftragter; verhinderte aus diplomatischen Gründen Pläne für eine britische Everestexpedition

(Captain) John Morris Gurkhaoffizier; Teilnehmer der Everestexpedition von 1924

(Major) Henry T. Morshead Landvermesser; Teilnehmer der Everestexpeditionen von 1921 und 1922

Arnold Mumm erklärte sich bereit, eine Everestexpedition zum 50. Jahrestag des *Alpine Club* zu finanzieren

Albert Mummery britischer Kletterpionier Ende des 19. Jahrhunderts

(Captain) John Noel Filmemacher; Teilnehmer der Everestexpeditionen von 1922 und 1924

(Major) Edward Norton Teilnehmer der Expedition von 1922, Leiter der Kletterpartie der Expedition von 1924

Jake Norton Bergsteiger der Expedition von 1999

Dr. Noel Odell Geologe; Teilnehmer der Everestexpedition von 1924

Odoric Franziskanermönch im 14. Jahrhundert; vermutlich der erste Europäer in Tibet

Phantog erste Frau, die den Gipfel über die Nordseite erreichte (1975)

Andy Politz Bergsteiger der Expedition von 1999

Thom Pollard Kameramann der Expedition von 1999

PERSONEN

Hugh Rose Pope Freund von Mallory; starb bei einem Kletterunfall in Frankreich

David Pye Studienfreund von Mallory in Cambridge und sein erster Biograph

Harold Raeburn Leiter der Kletterpartie bei der Erkundungsexpedition von 1921

Hari Ram Pandit; Deckname M-H; erforschte die hohen Gebirgsmassive um den Mount Everest

Jyoti Rana Tontechniker der Expedition von 1999

Cecil Rawlings junger Armeeoffizier, der 1903 den Everest vermutlich aus 110 Kilometern Entfernung sah

Tap Richards Bergsteiger der Expedition von 1999

David Robertson Mallorys Schwiegersohn und Autor seiner zweiten Biographie

Donald Robertson Kletterfreund von Mallory; starb bei einem Kletterunfall in Wales

Hugh Ruttledge Leiter der Kletterpartie der Everestexpeditionen von 1933 und 1936

Cottie Sanders Kletterfreundin von Mallory; nach ihrer Hochzeit Lady O'Malley

Jack Sanders Freund von Mallory; starb im ersten Weltkrieg beim ersten deutschen Gasangriff im April 1915

Adolf, Hermann und Robert Schlagintweit drei Brüder aus Bayern; reisten in den 1850er Jahren durch Tibet

Shamsher Gurkhaunteroffizier und Sherpa; erlag einem Blutgerinnsel im Basislager der Expedition von 1924

E.O Shebbeare Teilnehmer der Everstexpeditionen von 1924 und 1933

Shih Chan-chun Führer der erfolgreichen chinesischen Expeditionen von 1960 und 1975

A.E. Shipley Zoologe und Studienfreund von Mallory

Eric Shipton Bergsteiger der Expeditionen von 1933, 1936 und 1938; Leiter der Kletterpartie der Expedition von 1935

Radhanath Sikdhar Mitarbeiter der großen Trigonometrischen Vermessung Indiens; gilt als "Entdecker" des Mount Everest

Eric Simonson Führer der Expedition von 1999

Dolpa Singh Pandit; Cousin von Nain Singh

Kinshen Singh Pandit; Neffe von Nain Singh; Deckname A-K

Mani Singh Pandit; Cousin von Nain Singh; Deckname G-M

Naatha Singh nepalesischer Landvermesser; Mitarbeiter der Landvermessung Indiens; kartographierte 1907 die Gipfel im Mount Everest-Massiv

Nain Singh Pandit; Deckname Nr. 1; reiste 1866 nach Lhasa

Frank Smythe Teilnehmer der Everestexpeditionen von 1933, 1936 und 1938

Dr. T. Howard Somervell Arzt und Bergsteiger der Expeditionen von 1922 und 1924

(Lieutenant Colonel) Edward Strutt Leiter der Kletterpartie der Everestexpedition von 1924

Junko Tabei erste Frau auf dem Mount Everest; Teilnehmerin der japanischen Expedition von 1975

Tenzing Norgay Sherpa der Everestexpeditionen von 1935, 1938 und 1952, erste (bestätigte) Besteigung im Jahr 1953 mit Edmund Hillary

H.W. 'Bill' Tilman Bergsteiger der Expedition von 1935; Leiter der Kletterpartie der Everestexpedition von 1938

George Trevelyan Freund von Mallory; als Sanitäter im ersten Weltkrieg in Italien

Hugh Thackeray Turner Architekt; Vater von Mallorys Ehefrau Ruth

Harry Tyndale Schulfreund von Mallory, Mitglied des *Winchester Ice Club*

Lawrence Wager Bergsteiger der Expedition von 1933; fand zusammen mit Percy Wyn Harris den Eispickel von Irvine

Dr. Arthur Wakefield Bergsteiger und Arzt aus Lakeland; Teilnehmer der Everestexpedition von 1924

PERSONEN

Wang Fu-chou Teilnehmer der erfolgreichen chinesischen Gipfelbesteigung im Jahr 1960

Wang Hong-bao chinesischer Bergsteiger; fand 1975 den "toten Engländer" in 8.150 Metern Höhe

Andrew Waugh Leiter der Landvermessung Indiens

(Major) Edward Wheeler Mitarbeiter der Landvermessung Indiens, Teilnehmer der Forschungsexpedition von 1921

J. Claude White junger Armeeoffizier; machte 1904 die erste Aufnahme des Mount Everest

Edmund Wigram Bergsteiger der Expedition von 1935

Dr. Claude Wilson perönlicher Arzt von General Bruce

Hugh Wilson Freund von Mallory; fiel im ersten Weltkrieg bei Hébuterne

Maurice Wilson exzentrischer Engländer; machte 1934 einen Alleinflug nach Indien und versuchte, den Mount Everest alleine zu besteigen

(Sir) J.J. Withers vertrat den *Alpine Club* im neuen *Everestkomitee* (gegründer im Jahr 1931)

Dr. Alexander Wollaston Arzt der Forschungsexpedition von 1921

Geoffrey Winthrop Young Freund und Lehrer von Mallory; erfahrener Hochgebirgsbergsteiger

Hilton Young Freund von Mallory; im ersten Weltkrieg mit der Marine in Serbien

(Sir) Francis Younghusband berühmter Soldat und Forschungsreisender; Präsident der *Royal Geographical Society*

331

Anmerkungen

KAPITEL EINS

1 Young 1927, S. 169.
2 Ebd., S. 170.
3 Ebd., S. 178.
4 Ebd., S. 179.
5 Brief von Mallory an seine Mutter, August 1909. Zitiert nach Robertson 1969, S. 56-57.
6 Brief von C.G. Bruce an A.R. Hinks, 4. Juli 1922. RGS Archives, EE 18/1.
7 Blodig 1912.
8 Karl Blodig. Zitiert nach Pye 1927, S. 42.
9 Cottie Sanders. Zitiert nach Pye 1927, S. 42-43.
10 Avie Mallory. Zitiert nach Robertson 1969, S. 17.
11 Pye 1927, S. 6.
12 Brief von Mallory an seine Mutter, 22. September 1900. Zitiert nach Robertson 1969, S. 19.
13 Brief von Mallory an seine Mutter, August 1904. Zitiert nach Green 1991, S. 19.
14 "In memoriam – George Herbert Leigh Mallory". Alpine Journal, Band XXXVI, Nr. 229, Nov. 1924, S. 383.
15 Irving, R.L.G., "Five Years with Recruits". Alpine Journal, Band XXIV, Nr. 183, Februar 1909, S. 367-368.
16 Ebd., S. 453.

17 Erinnerungen von Harold Porter. Zitiert nach Green 1991, S. 21.
18 Lubbock 1926, S. 126–127.
19 Cottie Sanders (Lady O'Malley). Zitiert nach Robertson 1969, S. 37.
20 Mallory 1912.
21 Brief von Mallory an Edmund Morgan, 1907. Zitiert nach Green 1991, S. 34.
22 Brief von Mallory an Arthur Benson. Zitiert nach Green 1991, S. 35.

KAPITEL ZWEI

1 Cottie Sanders. Zitiert nach Robertson 1969, S. 58.
2 Ebd., S. 59.
3 Brief von Mallory an Geoffrey Young, 30. Dezember 1909. Alpine Club Archives.
4 Brief von Mallory an seine Mutter, 25. September 1910. Zitiert nach Robertson 1969, S. 65.
5 Die Erinnerungen eines Schuljungen. Zitiert nach Green 1991, S. 46.
6 Cottie Sanders. Zitiert nach Robertson 1969, S. 68–69.
7 Tyndale 1948, S. 68.
8 Mallory. Zitiert nach Robertson 1969, S. 86.
9 Brief an Mallory von seinem Verleger. Zitiert nach Robertson 1969, S. 87.
10 Brief von Rosamund Wills an Lady O'Malley, Mai 1914. Zitiert nach Pye 1927, S. 71.
11 Brief von Mallory an A.C. Benson, 25. April 1915. Zitiert nach Pye 1927, S. 23.
12 Brief von Mallory an Ruth, 15. August 1916. Magdalene College Archive.
13 Brief von Ruth Mallory an George , 28. September 1916. Magdalene College Archive.
14 Robertson 1969, S. 121.

15 Brief von Mallory an seinen Vater, 14. Oktober 1918. Magdalene College Archive.
16 Brief von Mallory an Ruth, 12. November 1918. Magdalene College Archive.
17 Robertson 1969, S. 129.
18 Geoffrey Young. Zitiert nach Robertson 1969, S. 143.
19 Noel, J.B.L. Geographical Journal, Band 53, 1919.
20 Brief von Percy Farrar an Mallory, 22. Januar 1921. Zitiert nach Robertson 1969,S. 148.

KAPITEL DREI

1 Zitiert nach Wilford 1981, S. 165.
2 Ebd.

KAPITEL VIER

1 Wessels 1924.
2 Ebd.
3 Desideri 1937.
4 Moorcroft 1979.
5 Allen 1982.
6 Ebd.
7 Wilford 1981, S. 169.
8 Hopkirk 1982.
9 Younghusband 1936, S. 4.
10 Dent 1885.
11 Brief von Curzon an Freshfield, 1905. Alpine Club Archives, Minute Book 9.

12 Ebd.
13 Brief von Goldie an *The Times*, 18. März 1907.
14 Noel 1927, S. 30-31.
15 Ebd., S. 56.
16 Ebd., S. 62.

KAPITEL FÜNF

1 Rede von John Noel vor der *Royal Geographical Society*.
2 *The Times*, 1. Juni 1920.
3 *Observer*, 6. Juni 1920.
4 *Evening News*, 1. August 1920.
5 Zitiert nach Unswort 1991, S. 31.
6 Mount Everest Committee Minute Book, Item 24.
7 Brief von Farrar an Hinks. RGS Archives, EE 12/1.
8 Brief von Mallory an David Pye. Zitiert nach Pye 1927, S. 105.
9 Brief von Mallory an seine Schwester Avie. Zitiert nach Pye 1927, S. 106.
10 Younghusband 1926, S. 28.
11 Brief von Mallory an Geoffrey Young, 21. Februar 1921. Zitiert nach Pye 1927, S. 106.
12 Brief von Mallory an Ruth, 24. Mai 1921. Magdalene College Archive.
13 Brief von Howard-Bury an Hinks, RGS Archives, EE 13/1.
14 Ebd.
15 Brief von Mallory an Hinks. Ebd., EE _.
16 Ebd.
17 Brief von Hinks an Mallory. Ebd., EE _.
18 Ebd.
19 "In Memoriam". Alpine Journal, Band LXI, 1956.

ANMERKUNGEN

20 Vertrag zwischen der *Royal Geographical Society* und den Expeditionsteilnehmern. RGS Archives, EE _.
21 Brief von Mallory an Ruth, 17. Mai 1921. Magdalene College Archive.
22 Brief von Mallory an Ruth, 24. Mai 1921. Ebd.
23 Brief von Mallory an Geoffrey Young. RGS Archives, EE _.
24 Brief von Mallory an Ruth, 21. Mai 1921. Magdalene College Archive.
25 Brief von Mallory an David Pye, 9. Juni 1921. Zitiert nach Pye1927, S. 109-110.
26 Howard-Bury 1921, S. 74.
27 Ebd., S. 186.
28 Ebd., S. 192.
29 Brief von Mallory an Ruth, 6. Juli 1921. Magdalene College Archive.
30 Bullock, G.H., "The Everest Expedition, 1921". Alpine Journal, Band LXVII, 1962.
31 Brief von Mallory an Ruth, 22. Juli 1921. Magdalene College Archive.
32 Howard-Bury 1921, S. 236.
33 Brief von Mallory an Ruth, 22. August 1921. Magdalene College Archive.
34 Brief von Mallory an Young, 9. September 1921. Zitiert nach Robertson 1969, S. 172.
35 Brief von Mallory an Ruth, 1. September 1921. Magdalene College Archive.
36 Brief von Mallory an David Pye, 11. November 1921. Zitiert nach Pye 1927, S. 122.
37 Howard-Bury 1921, S. 260.
38 Bullock, s.o., S. 305.
39 Howard-Bury 1921, S. 269.

KAPITEL SECHS

1. Brief von Hinks an Howard-Bury. RGS Archives, EE 13/1.
2. Brief von Hinks an Collie. Ebd., EE 11/5.
3. Brief von Mallory an David Pye, 11. November 1921. Zitiert nach Robertson 1969, S. 177.
4. Brief von Mallory an seine Schwester Avie, 10. November 1921. Zitiert nach Robertson 1969, S. 177.
5. Brief von Bruce an Hinks. RGS Archives, EE 18/1.
6. Ebd.
7. Ebd.
8. Longstaff 1950, S. 155.
9. Brief von Hinks an Heron. RGS Archives, EE 11/4.
10. Brief von Heron an Hinks. Ebd.
11. Unna, P.J.H.: "The Oxygen Equipment of the 1922 Everest Expedition". Alpine Journal, Band XXXIV, 1923.
12. Brief von Hinks an Bruce. RGS Archives, EE 18/1.
13. Hinks, A.R. (anonym veröffentlicht). Geographical Journal, Band IX, Nr. V, Mai 1922, S. 379–380.
14. Brief von Farrar an Hinks. RGS Archives, EE 12/1.
15. Brief von Hinks an Farrar. Ebd.
16. Finch 1924, S. 293.
17. Zitiert nach Robertson 1969, S. 183.
18. Morris 1960, S. 143.
19. Ebd., S. 144.
20. Somervell, T. Howard: "George Leigh Mallory". Journal of the Fell and Rock Climbing Club, Nr. 6, 1924, S. 385–386.
21. Murray 1953, Anhang 1.
22. Brief von Mallory an Ruth, 10. Mai 1922. Magdalene College Archive.
23. Somervell 1936, S. 52.

24 Brief von Mallory an Ruth, 15. Mai 1922. Magdalene College Archive.
25 Bericht von Mallory an The Times. Zitiert nach Robertson 1969, S. 191.
26 Ebd., S. 192.
27 Ebd.
28 Bruce 1922, S. 208–209.
29 Bericht von Mallory an *The Times*. Zitiert nach Robertson 1969, S. 195.
30 Ebd.
31 Brief von Mallory an Ruth, 26. Mai 1922. Magdalene College Archive.
32 Finch 1924, S. 306.
33 Ebd., S. 318.
34 Ebd., S. 323.
35 Brief von Mallory an Ruth, 1. June 1922. Magdalene College Archive.
36 Ebd.
37 Brief von Hinks an Bruce. RGS Archives, EE 18/1.
38 Brief von Bruce an Hinks. Ebd.
39 Brief von Hinks an Bruce. Ebd.
40 Brief von Mallory an David Pye, 1. Juni 1921. Zitiert nach Robertson 1969, S. 199.
41 Tagebuch von T.G. Longstaff. Alpine Club Archives.
42 Bruce 1922, S. 282–283.
43 Brief von Mallory an Ruth, 9. Juni 1922. Magdalene College Archive.
44 Somervell 1936, S. 64.
45 Brief von Charlie Bruce an Hinks, 4. Juli 1922. RGS Archives, EE 18/1.
46 Brief von Hinks an Collie, 19. Juli 1922. Ebd., EE 11/5.
47 Brief von Hinks an Collie, 21. Juli 1922. Ebd.

48 Brief von Mallory an Younghusband. Zitiert nach Green 1991, S. 110–111.
49 Brief von Younghusband an Mallory, 23. August 1921. Zitiert nach Robertson 1969, S. 205.
50 Brief von Collie an Hinks, 25. Juli 1922. RGS Archives, EE 11/5.
51 Brief von Longstaff an Wollaston, 19. August 1922. Zitiert nach Holzel 1996, S. 124.
52 Ebd., S. 125.
53 Brief von Strutt an Mallory, 2. August 1922 Zitiert nach Robertson 1969, S. 203.
54 Brief von Geoffrey Young an Mallory, 18. August 1922. Ebd., S. 204.
55 Green 1991, S. 113.

KAPITEL SIEBEN

1 Brief von Wilson an Larkins, 9. November 1923. RGS Archives, EE 29/5.
2 Brief von Larkins an Wilson, 10. November 1923. Ebd.
3 Brief von Mallory an Ruth, 18. Oktober 1923. Magdalene College Archive.
4 Brief von Mallory an seinen Vater, 25. Oktober 1923. Zitiert nach Robertson 1969, S. 211.
5 Keynes 1981, S. 98.
6 Brief von Ruth Mallory an George, 3. März 1924. Magdalene College Archive.
7 Brief von Mallory an Ruth, 8. März 1924. Ebd.
8 Carr 1924, S. 30.
9 Ebd., S. 71.
10 Brief von Mallory an Ruth, 3. März 1924. Magdalene College Archive.
11 Somervell 1936, S. 107.

ANMERKUNGEN

12 Odell, N.E.: "In Memoriam – Andrew Comyn Irvine", Alpine Journal, Band XXXVI, Nr. 229, Nov. 1924, S. 383.
13 Carr 1924, S. 80.
14 Ebd., S. 80.
15 Norton 1925, S. 103.
16 Nachschubliste. RGS Archives, EE 30/4.
17 Brief von Mallory an Ruth, 17. April 1924.
18 Carr 1979, S. 87.
19 Norton 1926, S. 64-65.
20 Carr 1979, S. 96.
21 Bruce. In: Norton 1925, S. 66-67.
22 Norton 1925, S. 81.
23 Brief von Mallory an Ruth, 27. Mai 1924. Magdalene College Archive.
24 Ebd.
25 Norton 1925, S. 103.
26 Norton 1925, S. 110.
27 Norton 1925, S. 112.
28 Somervell 1936, S. 132.
29 Ebd.
30 Noel 1927, S. 258.
31 Brief von Mallory an Ruth, 24. April 1924. Magdalene College Archive.
32 Carr 1979, S. 109.
33 Ebd., S. 112.
34 Norton 1925, S. 125.
35 Notiz von Mallory an Odell, 7. Juni 1924. Alpine Journal, Band XXXVII, Nr. 230, Mai 1925.
36 Notiz von Mallory an Noel, 7. Juni 1924. Zitiert nach Noel 1927, S. 214.
37 Odell, N.E. in: The Mount Everest Dispatches. Neudruck in: Alpine Journal, Band XXXVI, Nr. 229, Nov. 1924, S. 223.

38 Ebd., S. 130.
39 Blessed 1991, S. 35.
40 Norton 1926, S. 145.
41 Younghusband 1926, S. 300.

KAPITEL ACHT

1 Brief von Mallory an Ruth, 24. April 1924. Magdalene College Archive.
2 Telegramm von Norton an die Royal Geographical Society, 11. Juni 1924. RGS Archives, EE 37/2.
3 Robertson 1969, S. 250.
4 Telegramm von der Royal Geographical Society an die Expedition, 20. Juni 1924. RGS Archives, EE 22/1.
5 Brief von Freshfield an Hinks. RGS Archives, EE 26/5.
6 Tagebuch von A.C. Benson, S. 175. Magdalene College Archive.
7 Brief von W.F. O'Connor an *The Times*, 24. Juni 1924.
8 Younghusband 1926, S. 305.
9 Norton, E.F.: "Mount Everest Dispatches". Alpine Journal, Band XXXVI, Nr. 250, November 1924.
10 Brief von Geoffrey Keynes an Ruth Mallory, 21. Juni 1924. Zitiert nach Robertson 1969, S. 253.
11 Brief von Geoffrey Young an Ruth Mallory, 30. Juni 1924. Ebd., S. 254.
12 Brief von Ruth Mallory an Geoffrey Young, ohne Datum. RGS Archives, EE _.
13 Somervell 1936, S. 135.
14 Ebd., S. 135.
15 Brief von Norton an Spencer, 28. Juni 1924. British Library (63119).
16 Brief von Norton an Hinks, 13. Juni 1924. RGS Archives, EE 31/5.

17 Odell. Zitiert nach Norton 1925, S. 143.
18 Brief von Bruce an Hinks, 11. Juli 1924. RGS Archives, EE 22/1.
19 Bericht von Longstaff, 27. Juli 1924. Ebd., EE 28/7.
20 Brief von Young an Freshfield, August 1924. Ebd., EE 26/5.
21 Brief von Freshfield an Hinks, 29. August 1924. Ebd.
22 Norton 1925.
23 Brief von Young an Freshfield, 10. August 1924. RGS Archives, EE 26/5.
24 Brief von Hinks an *The Times*. Ebd., EE 34/8.
25 Blessed 1991, S. 38.
26 Salkeld 1991, S. 137.
27 Brief von Bailey an Hinks. RGS Archives, EE 24/2.
28 Brief des Dalai Lama an die indische Regierung. Ebd., EE 26/1.
29 Tagebuch von Maurice Wilson. Alpine Club Archives.
30 Ebd.
31 Ebd.
32 Ebd.
33 Ebd.
34 Ebd.
35 Wang Fu-chou und Chu Yin-hua: "How We Climbed Chomolungma". Mountain Craft, Sommer 1961.
36 Shih Chan-chun: "The Conquest of Mount Everest by the Chinese Mountaineering Team". Alpine Journal, Band LXVI, 1961.
37 Ebd.
38 "Nine who Climbed Qomolangma Feng". Mountain, Nr. 46, Nov/Dez 1975.
39 Fernsehinterview des Autors mit Ryoten Yashimoro Hasegawa, 10. März 1999.
40 Ebd.
41 Ebd.

KAPITEL NEUN

1. Noel 1927, S. 63.
2. Howard-Bury 1921, S. 70.
3. Mallory. Ebd., S. 192.
4. Dave Hahn. Fernsehinterview, 1. Mai 1999
5. Ebd. 5. Mai 1999.
6. Conrad Anker. Ebd.
7. Ebd.
8. Ebd.
9. Ebd.
10. Jake Norton. Ebd.
11. Dave Hahn. Ebd.
12. Conrad Anker. Ebd.
13. Jake Norton. Ebd.
14. Dave Hahn. Ebd.
15. Conrad Anker. Ebd.
16. Dave Hahn. Ebd.

KAPITEL ZEHN

1. Somervell 1936, S. 137.
2. Jake Norton, Fernsehinterview, 5. Mai 1999.
3. Notiz von Mallory an Noel, 7. Juni 1924. Fotografie in Noel 1927, gegenüber von S. 214.
4. Odell. In: Norton 1927, S. 131.
5. Notiz von Mallory an Odell, 7. Juni 1924. Fotografie in Alpine Journal, Band XXXVII, Nr. 230 (Frontispiz), Mai 1925.
6. Odell, N.E.: "The Mount Everest Despatches", Alpine Journal, Band XXXVI, Nr. 229, Nov. 1924, S. 223.

ANMERKUNGEN

7 Ebd.
8 Salkeld 1991, S. 134.
9 Somervell 1936, S. 137.
10 Ryoten Yashimoro Hasegawa, Fernsehinterview, 10. März 1999
11 Brief von Young an Freshfield. RGS Archives, August 1924, EE 26/5.

Ausgewählte Bibliographie

Allen, Charles: A Mountain in Tibet. André Deutsch. London 1982.

Another Ascent of the World's Highest Peak - Qomolangma. Foreign Languages Press. Beijing 1975.

Blessed, Brian: The Turquoise Mountain. Bloomsbury. London 1991.

Blodig, Karl: 'Ostertage in North Wales'. Climber's Club Journal. O. O. 1912.

Bruce, C.G. u. a.: The Assault on Mount Everest. Edward Arnold. London 1922.

Carr, Herbert (Hg.): The Irvine Diaries - Andrew Irvine and the Enigma of Everest 1924. Gastons-West Col. Reading 1979.

Dent, C.T.: Above the Snowline. Longmans, Green & Co. London 1885. DEUTSCH: Hochtouren. Dt. v. Walter Schulze. Leipzig 1893.

Desideri, Ippolito: An Account of Tibet: The Travels of Ippolito Desideri of Pistoia, S.J., 1712-1727. F. de Filippi (Hg.). Routledge. London 1937.

Finch, G.I.: The Making of a Mountaineer. Arrowsmith. London 1924. DEUTSCH: Kampf um den Everest. Dt. v. Walter Schmidkunz. Leipzig 1925.

Green, Dudley: Mallory of Everest. John Donald. Burnley 1991.

Holzel, Tom und Salkeld, Audrey: The Mystery of Mallory and Irvine. Pimlico. London 1996.

Hopkirk, Peter: Trespassers on the Roof of the World. John Murray. London 1982. DEUTSCH: Der Griff nach Lhasa: die Erschließung Tibets im 19. Und 20. Jahrhundert. Dt. v. Götz Burghardt. München 1989.

Howard-Bury, C.K. u. a.: Mount Everest: the Reconnaissance. Edward Arnold. London 1921. DEUTSCH: Mount Everest. Die Erkundungsfahrt. Dt. v. W. Rickmer-Rickmers. Basel 1922.

Keay, John: Where Men and Mountains Meet. Century. London 1977.

Keynes, Geoffrey: The Gates of Memory. Clarendon Press. Oxford 1981.

Longstaff, T.G.: This My Voyage. John Murray. London 1950. DEUTSCH: Ein Alpinist in aller Welt. Dt. v. Carl Bach. Zürich 1951.

Lubbock, Percy (Hg.): The Diary of Arthur Christopher Benson, Hutchinson, London 1926.

Mallory, George H. L.: Boswell the Biographer. Smith, Elder & Co. London 1912.

Moorcroft, William und Trebeck, George: Travels in the Himalayan Provinces of Hindustan and the Punjab and in Ladakh and Kashmir, in Peshawar, Kabul, Kunduz and Bokhara. 2 Bde. 1837. Neu: Oxford University Press. Karachi 1979.

Morris, John: Hired to Kill. Rupert Hart-Davis Cresset. London 1960.

Murray, W.M.: The Story of Everest. Dent. London 1953. DEUTSCH: Das Buch vom Everest. Die Geschichte seiner Besteigung 1921-1953. Dt. v. W. Rickmer-Rickmers. München 1953.

Noel, J.B.: Through Tibet to Everest. Edward Arnold. London 1927.

Norton, E.F. u. a.: The Fight for Everest. Edward Arnold. London 1925. DEUTSCH: Bis zur Spitze des Mount Everest. Dt. v. W. Rickmer-Rickmers. Basel 1926.

Pye, David: George Leigh Mallory, a Memoir. Oxford University Press/Humphrey Milford. Oxford 1927.

Robertson, David: George Mallory. Faber & Faber. London 1969.

Ruttledge, Hugh: Everest 1933. Hodder & Stoughton. London 1934.

Salkeld, Audrey: People in High Places. Jonathan Cape. London 1991.

Somervell, Howard T.: After Everest. Hodder & Stoughton. London 1936.

Styles, Showell: The Forbidden Frontiers: The Survey of India from 1765 to 1949. Hamilton. London 1970.

Tyndale, H.E.G.: Mountain Paths. Eyre & Spottiswoode. London 1948.

AUSGEWÄHLTE BIBLIOGRAPHIE

Unsworth, Walt: Everest. Allen Lane. London 1981.

Wessels, C.: Early Jesuit Travellers in Central Asia. Martinus Nijhoff. The Hague 1924.

Wilford, J.N.: The Mapmakers. Junction Press. London 1981.

Young, Geoffrey Winthrop: On High Hills: Memories of the Alps. Methuen. London 1927. DEUTSCH: Meine Wege in den Alpen. Dt. v. Helen Henrich. Bern 1955.

Younghusband, Francis E.: The Heart of a Continent: A Narrative of Travels in Manchuria, Across the Gobi Desert, Through the Himalayas, and Chitral, 1884–1894. John Murray. London 1904.

Younghusband, Francis E.: The Epic of Mount Everest. Edward Arnold. London 1926. DEUTSCH: Der Heldensang vom Mount Everest. Dt. v. W. Rickmer-Rickmers. Basel 1928.

Younghusband, Francis E.: Everest: the Challenge. Nelson & Sons. London 1936. DEUTSCH: Der Himalaya ruft. Dt. v. Heinrich Erler. Berlin 1937.